Jürgen Roth
Verschlussakte S■■■

Jürgen Roth

Verschlussakte S■■■

Smolensk, MH 17 und
Putins Krieg in der Ukraine

Econ

Econ ist ein Verlag
der Ullstein Buchverlage GmbH

ISBN: 978-3-430-20162-9
Redaktionsschluss: 2. März 2015
© der deutschsprachigen Ausgabe
Ullstein Buchverlage GmbH, Berlin 2015
Redaktion: Michael Schickerling, schickerling.cc, München
Alle Rechte vorbehalten
Gesetzt aus der Wilke
Satz: Pinkuin Satz und Datentechnik, Berlin
Druck und Bindearbeiten: Druckerei Pustet, Regensburg
Printed in Germany

Inhalt

Prolog

Wer hat Angst vor dem alles Leben auslöschenden Atomkrieg? Niemand! Dieser Alptraum einer nuklearen Apokalypse war bis Anfang 2014 für alle vernünftig denkenden Bürger jenseits ihres Vorstellungsvermögens. Dann begann der Krieg zwischen der Ukraine und Russland – und binnen kurzer Zeit war diese längst begrabene Angst bei all den Bürgern wieder präsent, die den Kalten Krieg in den siebziger und achtziger Jahren erlebt hatten, mit der ständigen Bedrohung eines nuklearen Atomschlags entweder durch die USA oder die damalige Sowjetunion.

Es stellt sich die Frage, was eigentlich geschehen wäre, wenn der folgende Fall sich nicht am 10. April 2010, sondern vier Jahre später zugetragen hätte: Ein osteuropäisches Militärflugzeug stürzt unter höchst fragwürdigen Umständen auf russischem Gebiet ab, alle Insassen kommen ums Leben – unter anderem der Präsident eines osteuropäischen Nato-Staats sowie die Befehlshaber der Marine und Luftwaffe, der Zentralbankchef, der stellvertretende Parlamentspräsident, der Leiter des Büros für nationale Sicherheit sowie hohe politische und kirchliche Repräsentanten dieses Nato-Mitglieds. Wie hätte der Westen reagiert, wenn daraufhin die russische Regierung versucht hätte, die tatsächlichen Ursachen für den Absturz zu vertuschen? Wenn der russische Inlandsnachrichtendienst FSB die streng geheimen Verschlüsselungssysteme der Nato beschlagnahmen würde, ebenso die Handys der Todesopfer, um an vertrauliche Informationen des Präsidenten sowie anderer hochrangiger Politiker zu kommen? Und wenn dann noch bekannt geworden wäre, dass das Mobiltelefon des Präsidenten nur wenige Minuten nach dem Absturz von russischen Dienststellen gehackt und der Anrufbeantworter abgehört wurde?

Man muss über keine blühende Phantasie verfügen, um sich vorzustellen, dass das in der bereits propagandistisch aufgeladenen hochexplosiven Stimmung zwischen Russland und Europa beziehungsweise den USA vielleicht der Funke wäre, der einen heißen Krieg auslösen könnte. Und fern jeder Realität ist dieses bedrückende Szenario eines Funkens, der einen militärischen Flächenbrand auslösen kann, inzwischen leider nicht. Mitte November 2014 veröffentlichte die angesehene Londoner Denkfabrik European Leadership Network eine Studie, wonach es in den vergangenen acht Monaten mindestens drei hochriskante Zwischenfälle gegeben habe, hervorgerufen durch russische Aktivitäten, bei denen entweder Tote oder eine direkte militärische Konfrontation drohten. »Die Kombination der aggressiven russischen Haltung und die entschlossene Bereitschaft der westlichen Streitkräfte erhöhen das Risiko einer unbeabsichtigten Eskalation und die Gefahr, die Kontrolle über die Ereignisse zu verlieren.«[1]

Zyniker und Realpolitiker würden jetzt sagen: Das war doch Glück im Unglück für den Frieden in Europa, dass sich diese Flugzeugkatastrophe bereits am 10. April 2010 ereignete. Denn genau an diesem Tag stürzte das zuvor beschriebene osteuropäische Militärflugzeug nahe dem russischen Militärflughafen in Smolensk ab. An Bord der Tupolew TU-154M waren der polnische Präsident Lech Kaczyński und ein Teil der militärischen und politischen Elite des Nato-Staats Polen. Und es geschah genau das, was oben beschrieben wurde. Damals, im April 2010, konnte sich kein einigermaßen vernünftig denkender Mensch einen drohenden politischen oder militärischen Flächenbrand in Europa vorstellen. 2010 galt europäischen Realpolitikern die Kreml-Führung noch als verlässlicher und berechenbarer strategischer Partner.

Was also geschah an diesem 10. April 2010? Kein Passagier

des Flugs Warschau–Smolensk ahnt an diesem nasskalten frühen Samstagmorgen, dass es ein Flug ohne Wiederkehr werden wird. Auf dem Warschauer Flughafen Frédéric-Chopin begrüßt die Besatzung des Geschwaders 36 die ersten Passagiere.[2] Nachdem die meisten Passagiere eingetroffen sind, kommt kurz nach 7 Uhr MEZ der sechzigjährige polnische Präsident Lech Kaczyński mit seiner Ehefrau Maria an. Sie setzen sich in die Präsidentensuite hinter dem Cockpit. Um 7.27 Uhr MEZ startet der sechsunddreißigjährige Flugkapitän Arkadiusz Protasiuk die polnische Präsidentenmaschine mit siebenundzwanzigminütiger Verspätung. Arkadiusz Protasiuk ist ein erfahrener Pilot mit 2937 Flugstunden in der Tupolew TU-154M[3] und spricht gut Russisch.

Ziel des Flugs ist die 870 Kilometer östlich gelegene russische Stadt Smolensk. Nach knapp einer Stunde Flugzeit bereiten sich die insgesamt 96 Passagiere darauf vor, dass ihre Maschine auf dem kleinen Militärflughafen Smolensk-Nord landen wird. Kurz vor 8.20 Uhr fordert die Kabinenbesatzung die Passagiere auf, sich anzuschnallen, und um 8.35 Uhr bestätigt die Crew dem Piloten: »Ready for landing.« Sechs Minuten später, um 8.41 Uhr MEZ, zerschellt die Tupolew TU-154M nahe des Militärflughafens Smolensk.

Nach offiziellen Angaben überlebt keiner der 96 Passagiere, obwohl die Maschine im Landeanflug nur wenige Meter über dem sumpfigen Boden abstürzte. Neben dem polnischen Präsidenten Lech Kaczyński und seiner Ehefrau Maria Kaczyńska sind unter anderem die stellvertretende Senatspräsidentin, der stellvertretende Außenminister sowie zahlreiche Abgeordnete in der Regierungsmaschine. Mit an Bord befindet sich zudem die Spitze der polnischen Streitkräfte, wie Andrzej Błasik, der Kommandeur der Luftstreitkräfte, kurzum: ein Teil der politischen und militärischen Elite Polens.[4] Sie wollten an einer Gedenkfeier anlässlich des siebzigsten Jahrestags der Massaker an polnischen Offizieren im russischen Katyn teilnehmen.

Im Jahr 1940 liquidierte der sowjetische Geheimdienst allein in Katyn über viertausend polnische Offiziere, Teil eines Programms von Stalin zur Enthauptung der politischen und militärischen Elite Polens. Der Militärflughafen Smolensk liegt knapp 19 Kilometer westlich von Katyn.

Seine vorbereitete Ansprache konnte der polnische Präsident nicht mehr halten. Er wollte unter anderem Folgendes sagen: »Die tragischen Verbrechen von Katyn und der Kampf gegen die Lügen sind eine wichtige Erfahrung für künftige Generationen. Das ist Teil unserer Geschichte, unserer Erinnerungen und Identität – und es ist auch ein Teil der Geschichte Europas und der Welt. Es wird uns daran erinnern, dass Lügen mächtig sein können, aber es zeigt auch, dass die Menschen und Nationen selbst in schwierigsten Zeiten sich dafür entscheiden, die Freiheit zu wählen und die Wahrheit zu verteidigen.«[5]

War der Absturz in Smolensk ein tragischer Unfall, ein schicksalhaftes Zusammentreffen von Fehlern, Missverständnissen und Schlampereien auf russischer wie polnischer Seite – oder sogar ein Attentat? Grundsätzlich ist es Anmaßung, eine unwiderlegbare Wahrheit herausfinden zu wollen, insbesondere wenn es sich um ein politisch motiviertes Attentat handeln könnte. Irgendeine Wahrheit gefunden zu haben, wer kann das schon behaupten? Doch nur religiöse und politische Fundamentalisten oder Despoten. Trotzdem möchte ich es wagen, mich so weit wie möglich dem zu nähern, was tatsächlich am 10. April 2010 in Smolensk geschah, Widersprüche aufzuzeigen und Indizien zu präsentieren, damit sich der Leser ein eigenes Urteil bilden kann. Darum geht es in diesem Buch.

Als mir in Polen nach dem Absturz verschiedene Freunde voller Empörung erzählten, dies sei ein Attentat gewesen, klang das ziemlich abenteuerlich und unglaubwürdig. Ich dachte, hier wird die tragische Realität entweder durch blühende Phantasie ersetzt oder eine menschliche Tragödie schamlos ideologisch instrumentalisiert. Doch ich wunderte mich gleichzeitig darüber, wie schnell ohne jegliche Untersuchung festgestellt wurde, wer für den Absturz verantwortlich war: natürlich der Pilot der Präsidentenmaschine. Das jedenfalls ließen übereinstimmend die russische und die polnische Regierung nach dem Absturz verlautbaren. Er sei entgegen den Anweisungen der russischen Fluglotsen zu niedrig geflogen und hätte dadurch mit der linken Tragfläche eine Birke gestreift, so dass die Tragfläche auseinandergebrochen sei. Daraufhin habe sich das Flugzeug um die eigene Achse gedreht und sei etwa einen Kilometer vor der Landepiste mit dem Fahrwerk nach oben abgerutscht, Außerdem sei massiver psychischer Druck auf den Chefpiloten ausgeübt worden, trotz schlechter Wetterverhältnisse in Smolensk zu landen.

Warum wusste man so schnell über die angebliche Absturzursache Bescheid und tat alles, um diese Deutung zu verbreiten? Ein Abgeordneter der Bürgerlichen Plattform (PO), der Partei von Regierungschef Donald Tusk, berichtete dem früheren polnischen Brigadegeneral Sławomir Petelicki, sofort nach der Katastrophe sei eine SMS an einige Personen aus der Tusk-Partei geschickt worden. »Sie klang wie eine Anweisung. Es war die folgende SMS: ›Die Katastrophe verursachten die Piloten, die im Nebel über 100 Meter von der Landebahn abgekommen sind‹.« Und Jarosław Kaczyński, der Zwillingsbruder des polnischen Präsidenten, erhielt eine Stunde nach dem Absturz einen Telefonanruf vom polnischen Außenminister Sikorski. Der informierte ihn, dass es zu einer Katastrophe gekommen sei, dass es ein Pilotenfehler war und keine Überlebenden gegeben habe. Damit stand für die polnische Regierung schon kurz nach dem Absturz fest, wer für die Katastrophe verantwortlich war – der Flugzeugkapitän.

Die *Bild am Sonntag* titelte am Tag nach der Katastrophe: »Unser Nachbarland unter Schock. Polen, wir weinen mit

Dir!« Und gleich danach die fette Schlagzeile: »Dreimal startete die Tupolew TU-154M in Smolensk durch, weil die Piloten die Landebahn nicht sehen konnten. Beim vierten Versuch zerschellte die Regierungsmaschine im Birkenwald.«[6] Ähnlich war die Berichterstattung in der *Frankfurter Allgemeinen Sonntagszeitung* vom 11. April 2010: »Der Pilot habe vier Landeversuche unternommen, sagte der Vizechef Kommandeur der russischen Luftwaffe, Sergej Rasygrajew. Wegen des Nebels soll dem Piloten angeboten worden sein, im weißrussischen Minsk oder in Moskau zu landen.«[7] Doch der habe sich geweigert und sei trotzdem gelandet. Sogar die deutsche Pilotenvereinigung Cockpit meldete sich zu Wort: »Nach Ansicht der deutschen Pilotenvereinigung Cockpit deutet beim Absturz von Smolensk viel auf eine Beeinflussung des Piloten hin. Bis zur Auswertung der Flugschreiber könne man zwar nur über die Absturzursache spekulieren, sagte Jörg Handwerg zu *stern.de*. ›Doch dass vier Anflüge versucht wurden, legt nahe, dass hier Druck auf die Piloten ausgeübt wurde.‹ Vier Landeanflüge seien ›sehr ungewöhnlich‹, sagt Handwerg, selbst erfahrener Flugkapitän.«[8]

Mit dem jetzigen Wissensstand verglichen stimmt nicht viel an diesen Meldungen – und trotzdem prägen sie in der deutschen wie europäischen Öffentlichkeit bis heute das Bild dessen, was in Smolensk geschah. Tatsächlich gab es nie die in vielen Medien erwähnten vier Anflüge auf den Militärflughafen. Das wird der ansonsten höchst umstrittene Bericht der offiziellen Moskauer staatlichen Untersuchungskommission feststellen, der am 12. Januar 2011 in Moskau veröffentlicht wurde, weltweit auf breite Resonanz stieß und das öffentliche Meinungsbild bis heute auch in Deutschland entscheidend prägt.

Nach dem Absturz der Präsidentenmaschine ordnete der russische Präsident Dmitri Medwedew für den 12. April 2010 eine eintägige Staatstrauer an. »Im Namen des russischen Volkes spreche ich mein tiefstes und aufrichtiges Beileid aus.«[9] Sein amerikanischer Kollege Barack Obama sagte, der Tod Kaczyńskis sei »verheerend für Polen und die Welt«. Es waren große Worte, genau wie die des russischen Ministerpräsidenten Wladimir Putin. Ihn hatte Medwedew zum Leiter der staatlichen Untersuchungskommission ernannt, um die Unfallursachen aufzuklären. Wladimir Putin versicherte nach dem Unglück die vollständige Aufklärung und volle Kooperation mit den polnischen Behörden. Auch die russische Generalstaatsanwaltschaft eröffnete ein Verfahren, wegen »Verletzung der Sicherheitsbestimmungen«.[10] Aus dem Versprechen der russischen Regierung, für eine vollständige Aufklärung und Kooperation zu sorgen, ist nichts geworden. Bei meinen Recherchen stieß ich dafür auf zahlreiche offensichtliche Ungereimtheiten, Vertuschungsmanöver und Manipulationen hinsichtlich der Umstände des Absturzes.

Tatsache ist, dass die russische Regierung indirekt vom Absturz profitierte. Denn vollkommen unerwartet verfügte der Kreml nicht nur über die Handys und Blackberrys der politischen und militärischen polnischen Elite, sondern auch über streng geheime Verschlüsselungssysteme. Sie wurden von der Nato für eine sichere Satellitenkommunikation benutzt und waren im Besitz der Kommandeure der polnischen Marine und Luftwaffe, die beim Absturz ums Leben kamen.[11] Nach dem Absturz wurden die Codes zwar sofort geändert. Befürchtet wurde jedoch, dass mit den gehackten Nato-Codes der russische elektronische Nachrichtendienst, die Agentur für Regierungskommunikation und Information, künftig neue Codes knacken könnte. Ob Handys, Blackberrys oder geheime Dokumente – nichts davon wurde den polnischen Behörden jemals zurückgegeben.

Eine zentrale Frage blieb zudem bisher unbeantwortet: Warum haben sich die polnische und die russische Regierung einer unabhängigen internationalen Untersuchung des

Absturzes beharrlich verschlossen? Nach dem Absturz der malaysischen Passagiermaschine MH 17 im Sommer 2014 in der Ukraine forderte der polnische Premierminister Donald Tusk eine internationale Untersuchung der Absturzursache unter Mitwirking der EU. Eine solche internationale Expertenkommission wurde beim Flugzeugabsturz in Smolensk im Jahr 2010 von den Angehörigen der Opfer gefordert, aber von Regierungschef Donald Tusk blockiert und jeder Versuch unabhängiger internationaler Ermittlungen von der polnischen Regierung als Affront gegen Russland abgelehnt. Im April 2010 akzeptierte die Tusk-Regierung alle Bedingungen Russlands, wonach die Untersuchung in Moskau durchgeführt werden sollte. Deshalb waren die wesentlichen Ermittlungen in russischen Händen, mit der Folge, dass große Zweifel am Ergebnis dieser Untersuchungen bis heute das politische Klima in Polen vergiften. Im November 2010 flogen zum Beispiel zwei hochrangige Mitglieder der Partei Recht und Gerechtigkeit (PiS) nach Washington. Sie hatten einen offenen Brief mit dreihunderttausend Unterschriften dabei, in dem die US-Regierung aufgefordert wurde, eine internationale unabhängige Untersuchung zu unterstützen. Der damalige polnische Regierungssprecher Pawel Gras bezeichnete diese Aktion als »absoluten Skandal«.[12]

Andrej Illarionow war sechs Jahre Wirtschaftsberater von Wladimir Putin, bis er aus Protest gegen dessen Politik zurücktrat. Bereits im Mai 2010 warnte er in einem offenen Brief die polnische Regierung davor, den russischen Behörden blind zu vertrauen. Diese seien nicht daran interessiert, alle Ursachen des Unglücks zu erhellen. »Böse Zungen warnten: Die Art, wie in Russland heute Katastrophen aufgeklärt werden – man denke an den Untergang des U-Boots Kursk –, vertrage sich nicht mit einem rechtsstaatlichen Verfahren, in dem rückhaltlos alle Umstände offengelegt werden müssten.«[13]

Je intensiver ich mich mit diesem Flugzeugabsturz beschäftigte, umso offensichtlicher wurde, dass das, was im 21. Jahrhundert im Herzen Europas wieder möglich schien, schlicht meine Vorstellungskraft überforderte. Von Hirngespinsten, wie ich anfangs glaubte, konnte jedenfalls keine Rede sein. Dafür gibt es bis zum heutigen Tag einfach viel zu viele Fragen, die sowohl von der polnischen wie der russischen Regierung, aus welchen Gründen auch immer, nicht beantwortet wurden.

»Ich glaube, die Wahrheit ist so erschreckend, dass man die Wahrheit heute nicht aussprechen darf.« Das sagte mir Oberst Andrzej Kowalski, zur Zeit des Absturzes stellvertretender Chef des polnischen militärischen Nachrichtendiensts, der nur unter konspirativen Umständen in der Nähe Warschaus zu treffen war. Als Protest gegen die in seinen Augen mangelnde Bereitschaft des militärischen Nachrichtendiensts, den Absturz in Smolensk aufzuklären, trat er von seinem Posten zurück. Der polnischen Regierung wirft er »Manipulation und Zensur« vor.[14] Er hat wie ungewöhnlich viele andere Amtsträger, die mit der Aufklärung der Vorgänge in Smolensk zu tun haben, Angst – große Angst sogar. Gab es doch in den letzten Jahren im Zusammenhang mit dem Absturz in Smolensk einige mysteriöse Selbstmorde – was ja schon wieder wie eine billige Verschwörungstheorie klingt.

Der siebenundsechzigjährige Antoni Macierewicz ist ein sehr konservativer Politiker, dessen Sympathien gegenüber der russischen Regierung und insbesondere dem russischen Geheimdienst FSB gegen null gehen. In seinem Warschauer Büro fallen die Heiligenbilder und ein Kreuz auf, sichtbares Zeichen seiner tiefen religiösen Gläubigkeit. 90 Prozent der Polen sind Katholiken, die meisten davon so religiös, dass sie dem neuen Papst Franziskus eher sehr distanziert gegenüberstehen. Antoni Macierewicz war in den Jahren 1991 bis 1992 Innenminister und damals wie heute bekannt für seine antikommunistische Einstellung, bedingt durch seine Erfahrungen in der kommunistischen Volksrepublik Polen, als er politisch verfolgt wurde. Er ist Mitbegründer von Solidarność und wurde im Jahr 2006 zum Vizeminister für Verteidigung berufen. Heute ist er Abgeordneter der Partei Recht und Gerechtigkeit (PiS) im polnischen Parlament, dem Sejm, und seit Juli 2010 Vorsitzender der parlamentarischen Kommission seiner Partei, die es sich zur Aufgabe gemacht hat, die vielen Rätsel im Zusammenhang mit der Katastrophe von Smolensk zu lösen.

Antoni Macierewicz bestätigte mir, dass es »innerhalb von drei Jahren nach dem Absturz einige rätselhafte Todesfälle von Staatsfunktionären und Personen gegeben habe, die mit dem Fall Smolensk zu tun haben könnten«. Am 2. Dezember 2012 wurde zum Beispiel Dariusz Szpineta, ein Berufspilot und Anteilseigner einer Fluggesellschaft, im Badezimmer eines Hotels in Indien tot aufgefunden. Er war dort zusammen mit seiner Familie im Urlaub und hatte sich mit dem Kabel seines Computers erhängt.[15] In seinen Veröffentlichungen hatte der Experte kritisch die offizielle Version der Absturzursache in Smolensk analysiert. Alle Mitglieder seiner Reisegruppe sagten aus, er sei die gesamte Zeit gut gelaunt und fröhlich gewesen und habe mit der Reisegruppe zahlreiche Sehenswürdigkeiten besichtigen wollen. Nach dem Bekanntwerden des Selbstmords behaupteten anonyme Quellen im Internet, er sei auch in den Handel mit Waffen und Kunstgegenständen verstrickt gewesen. »Das war auf jeden Fall kein Selbstmord«, sagte mir dazu Antoni Macierewicz. Aber ob sein Tod überhaupt etwas mit der Flugzeugkatastrophe von Smolensk zu tun hatte, bleibt unbewiesen. Am 14. August 2014 wurde der ehemalige Chef der Abteilung des Büros für Regierungsschutz Marek Koperski in seiner Wohnung tot aufgefunden. Nach Aussagen der Ermittler war die Todesursache ein akutes Kreislaufversagen. Drei Jahre zuvor starb Adam A. in Kasachstan, ein Sprengstoffspezialist, ebenfalls aus dem

Büro für Regierungsschutz, der sich mit der Überprüfung der Präsidentenmaschine sowohl vor als auch nach der Katastrophe in Smolensk beschäftigt hatte. Nach Auskunft der Staatsanwaltschaft war die Todesursache Herzversagen.

Sicher ist, dass das Verhalten der offiziellen Dienststellen nach dem Absturz, sowohl der russischen wie der polnischen Regierung, bei der Aufklärung der Katastrophe von Smolensk viel Raum für Mutmaßungen über die Ursachen des Absturzes der Präsidentenmaschine bot und Verschwörungstheorien entsprechend sprießen konnten. Sehr schnell wurde zum Beispiel behauptet, dass die russische Regierung oder der russische Geheimdienst FSB für den Absturz in Smolensk mitverantwortlich seien. Nein, erklärten die russische und die polnische Regierung kategorisch, das sei Unsinn. Wer etwas anderes behaupte, sei ein Märchenerzähler und beute den tragischen Unfall für politische Zwecke aus.

Soll ich wegen dieser Erklärungen ein Dokument des deutschen Bundesnachrichtendiensts (BND) nicht beachten? Es datiert vom März 2014. Damals schickte ein BND-Agent eine Depesche an die BND-Zentrale in Pullach, nachdem er mit einem hochrangigen polnischen Regierungsmitglied und einem führenden Agenten des russischen Inlandsgeheimdienstes (FSB) gesprochen hatte. In dem BND-Papier wird unter anderem Folgendes behauptet: »Eine mögliche Erklärung der Absturzursache der TU-154 am 10.04.2010 in Smolensk liegt mit hoher Wahrscheinlichkeit in einem Sprengstoffattentat, ausgeführt durch eine Abteilung des FSB im ukrainischen Poltava, geführt durch General Juri D. aus Moskau.« Es handelt sich dabei im FSB um die Abteilung 3 für wissenschaftliche und technische Dienstleistungen. Zu den Unterabteilungen zählen die Verwaltung zum Einkauf von Waffen, Militärgütern und Sonderausstattung sowie das Management für operativ-technische Maßnahmen. Weiter heißt es in dem BND-Dokument: »Alle weiteren Vorgänge betr. Ausführung,

Sprengstoffbeschaffung, Kommunikation, konnten trotz intensiver Vorgehensweise nicht aufgeklärt werden, da eine massive Gefährdung vor Ort operierender Quellen nicht auszuschließen wäre.« Wie alle Informationen des BND kann man das glauben oder auch nicht. Doch sie fügen sich in ein Puzzle aus Fakten und Indizien ein, wonach diese BND-Informationen nicht aus der Luft gegriffen sein dürften.

Es war der inzwischen verstorbene CDU-Bundestagsabgeordnete Andreas Schockenhoff, ehemaliger Koordinator für die deutsch-russische zwischengesellschaftliche Zusammenarbeit, der im Februar 2013 auf der Münchner Sicherheitskonferenz Folgendes erklärte:»Wir wissen, dass es zahlreiche Spekulationen über die Ursachen und die Verantwortung für den Flugzeugabsturz in Smolensk gibt. Es ist klar, dass die Spekulation nur durch die Offenheit und Transparenz beendet werden kann und deshalb ist die Haltung von Moskau sehr verwirrend. Russland behandelt die gesamte Angelegenheit geheim, was uns zur Frage für die Gründe einer solchen Haltung führt.«[16] Das war Anfang 2013. Bis Anfang 2015 hatte sich an dieser Haltung der russischen Regierung nichts geändert.

Über die Skrupel, sich mit einer Tragödie zu beschäftigen

Während meiner Recherchen fragte ich mich immer wieder: Was mache ich, wenn diejenigen, die erwarten, dass die europäische Öffentlichkeit endlich wachgerüttelt wird, mir politisch nicht einmal ansatzweise nahestehen? Dazu zählt die rechtskonservative Politik von Lech Kaczyński und seiner Partei Recht und Gerechtigkeit (PiS). Sie befürchten, dass durch die Globalisierung ihre katholischen und patriotischen Werte bedroht werden. Ich lernte den tief religiösen Lech Kaczyński am 19. November 2005 in Krakau persönlich kennen. Bei dem Gespräch war mir nach kurzer Zeit klar, dass er kein inniger Freund Deutschlands war und ein erbitterter Gegner des russischen Präsidenten Wladimir Putin. Geprägt von seinen Erfahrungen während der kommunistischen Diktatur in Polen bis 1989, mit Gefängnis und Leben im Untergrund, war Wladimir Putin für ihn der Repräsentant eines Unrechtssystems.

Muss ich deshalb Abstand von weiteren Recherchen nehmen, weil nicht nur Lech Kaczyński, sondern die meisten Opfer der Tragödie, sowohl in Westeuropa wie in Russland, als politische Störenfriede galten, wegen ihrer geradezu obsessiven Einstellung gegen Wladimir Putin? Oder weil sie als national-konservative politische Kraft nicht dem propagierten politischen Ideal einer aufgeklärten liberalen europäischen Gesellschaft entsprachen? Interessiert sich deshalb bis heute in den westlichen Regierungen niemand für die unzähligen offenen Fragen, die mit der Katastrophe von Smolensk verbunden sind? Oder will man davon nichts wissen, weil rechte polnische Bewegungen die Tragödie instrumentalisierten, um ihre extrem nationalistische, teilweise vom Hass geprägte Propaganda verbreiten zu können? Ich erinnere mich an eine Demonstration in Warschau im Frühjahr 2014, anlässlich des vierten Jahrestags des Absturzes in Smolensk, bei der Plakate mit folgenden Aussagen zu sehen waren: »Die Zeit der Märsche und Proteste ist vorbei. Es ist Zeit, die Plattform zu reinigen.« Mit Plattform ist die Partei Bürgerplattform des damaligen Regierungschefs Donald Tusk gemeint. Oder ein anderes Plakat: »Die alten Parteidämonen kehren mit der Plattform zurück.« Und schließlich: »Heute ist der Tag des Blutes und der Ehre. Polen steht auf. Polen bereitet eure Waffen vor.«

Dieser rechtsextreme Einfluss prägte in Teilen auch die Politik des Mainstreams. »Das ließ sich beispielsweise am 29. September 2012 in Warschau beobachten, als eine Demonstration mit 50 000 Teilnehmern unter dem Motto ›Polen erwache!‹ stattfand, die gemeinsam von PiS, der Gewerkschaft Solidarność und der rechts-katholischen Bewegung von Radio Maria unter der Führung des politischen Strippenziehers Pater Tadeusz Rydzyk organisiert worden war.«[17] Dieser Pater, der große politische Autorität in den national-religiösen Kreisen Polens besitzt und über ein einflussreiches Medienimperium verfügt, sagte über Lech Kaczyński, der sei »ein Betrüger«, den die »jüdische Lobby in der Tasche hat«. Seine Frau sei eine Hexe, die die Euthanasie unterstütze, und solle sich besser selber »der Euthanasie unterziehen«. Ein Aufschrei war die Folge: Das Simon-Wiesenthal-Zentrum in Los Angeles nannte den Pater »Joseph Goebbels im Priesterkragen«.[18] Antisemitismus spielt in diesen Kreisen eine nicht zu unterschätzende Rolle. Radio Maria gehörte zu den Stimmen, die gleich nach der Flugzeugkatastrophe von einem Attentat sprachen, ohne dass es damals dafür einen einzigen Beweis gab.

Polen ist also ein politisches und kulturelles Minenfeld, gerade in Bezug auf den Absturz in Smolensk und die daraus entstandenen ideologisch-politischen Grabenkämpfe. Einen Dialog zwischen der national-konservativen Partei Recht und Gerechtigkeit und der liberal-konservativen Bürgerplattform von Donald Tusk gab es nach dem Absturz in Smolensk nicht. Das machte nicht nur die Aufklärung der Katastrophe von Smolensk ungewöhnlich schwierig, sondern vergiftete das gesamte politische Klima in Polen. Jeder glaubt bis heute, recht zu haben. Dabei muss fairerweise gesagt werden, dass Abgeordnete der Partei Recht und Gerechtigkeit und jene Wissenschaftler, die nicht an die offizielle Version der Absturzursache glaubten, immer wieder den Dialog mit der Regierung Donald Tusk suchten – vergeblich.

Über diese menschliche wie politische Katastrophe ein Buch zu einer Zeit zu veröffentlichen, in der die weltweiten Konflikte das Leben so unsicher machen wie nie zuvor in den letzten Jahrzehnten, in der sich gleichzeitig die krudesten Verschwörungstheorien wie ein Krebsgeschwür ausgebreitet haben und zudem ein bizarrer Informationskrieg herrscht, schien mir lange Zeit höchst problematisch. Trotz weit fortgeschrittener Recherchen hatte ich es noch im Spätherbst 2014 daher aufgegeben, das Buch über die Katastrophe von Smolensk zu schreiben. Freunden sagte ich, es habe keinen Sinn. Wer interessiert sich angesichts der aktuellen weltpolitischen Krisen für die Hintergründe eines vier Jahre zurückliegenden Absturzes, selbst wenn dort ein Teil der polnischen Elite ausgelöscht wurde?

Dann stellte ich jedoch fest, dass es zwischen dem Absturz in Smolensk und dem heutigen von Russland initiierten militärischen Konflikt mit der Ukraine, der auch auf Westeuropa ausstrahlt, einen direkten Zusammenhang gibt. In Wirklichkeit geht es um die zentrale Frage, wie, von wem, mit welchen Mitteln und warum politische Brandherde geschürt werden. Kurzum: wie durch Desinformation blinder Hass zwischen den Völkern und ein heißer Krieg entfacht werden können, während gleichzeitig die demokratische Staatsform von immer mehr Menschen nicht nur in Deutschland abgelehnt wird – eine gefährliche, ja teuflische Mixtur.

Sei es nun in Polen, Russland oder der Ukraine, in den USA oder in Deutschland – überall herrscht eine selektive Wahrnehmung der komplexen globalen Realität. Auf der einen Seite, wie in der Russischen Föderation und selbst einigen östlichen Mitgliedstaaten der EU, triumphiert eine national-autoritäre freiheitslähmende Ideologie. Auf der anderen Seite, in Europa und den USA, wird dem autoritären Neoliberalismus gehuldigt. In beiden Lagern geht es darum, die Bürger zu unmündigen Objekten zu degradieren, die hilflos unterschiedlich agierenden imperialen Machtinteressen ausgesetzt sind. Auf der Strecke bleiben in Europa der soziale Rechtsstaat und die demokratische humanistische Bürgergesellschaft.

Dieser Unsinn, der im Zusammenhang sowohl mit dem Absturz in Smolensk wie auch dem Krieg zwischen Russland und der Ukraine verbreitet wurde, und die daraus entstehende Feindseligkeit gegen die sicher unvollkommene Demokratie auch in Deutschland schienen mir unerträglich. Und natürlich sah ich mit Erschrecken, dass viele jener Bürger, die Front gegen Putin machen, gleichzeitig alles, was mit Sozialismus oder demokratischem Sozialismus zu tun hat, in die kommunistische Ecke verbannten. Den neokonservativen und neoliberalen Kräften im Westen lieferte dieser Krieg in der Ukraine viel Futter für ihre eigene Propaganda. Das war der Zeitpunkt, an dem ich sagte: Jetzt reicht es mir! Deshalb konnte und durfte sich das Buch nicht mehr ausschließlich mit der Katastrophe von Smolensk am 10. April 2010 beschäftigen.

Die große Angst

Im Frühjahr 2014 herrschte nicht nur, aber besonders in Polen und in den baltischen Staaten panische Angst. Ausgelöst wurde sie durch den politischen Konflikt zwischen der Ukraine und Russland, die völkerrechtswidrige Annexion der Krim durch russische Spezialeinsatzkommandos sowie die militärische Unterstützung prorussischer Separatisten in der Ostukraine durch Russland. Die litauische Präsidentin Dalia Grybauskaitė sprach davon, dass Russland Europa praktisch den Krieg erklärt habe.[19] Typisch für die Stimmung war der Bericht in einer polnischen Boulevardzeitung: Darin wurden die Bürger aufgefordert, sich auf einen kommenden Krieg vorzubereiten. Sie sollten Lebensmittel horten, unter anderem Mehl, Konserven, Fertiggerichte in Gläsern, Milch in Kartons, Mineralwasser, Öl, große Vorräte an Zucker, Nudeln und Reis.[20] Viele Polen folgten diesem Aufruf. Und während einer Demonstration anlässlich des vierten Jahrestags der Flugzeugkatastrophe von Smolensk wurde in Warschau am 10. April 2014 ein großes Transparent aufgestellt: »Das ist kein Attentat. Das ist eine Hinrichtung: Smolensk, Kiew, Krim – und der Rest von Europa später.« Die Spekulationen wucherten, insbesondere in Polen.

Anfang September 2014 rief mich vollkommen aufregt ein polnischer Freund an. »Weißt du schon, dass Putin dem ukrainischen Präsidenten Poroschenko gedroht hat, Atombomben auf Vilnius und Warschau zu feuern?« Dummes Zeug, antwortete ich. »Nein, es stand in allen polnischen Zeitungen.« Das hieße ja noch lange nicht, dass es stimme, antwortete ich ihm. »Doch, doch.« Er war nicht von seiner Meinung abzubringen. Tatsächlich beherrschte am 7. September 2014 eine Schlagzeile alle polnischen Medien: »Wird Putin eine Atombombe auf Warschau werfen?!« Hinter der Schlagzeile standen sowohl ein Frage- als auch ein Ausrufezeichen. Auf dem Titelfoto wurde der russische Präsident Wladimir Putin inmitten eines weißroten Atompilzes gezeichnet, im Hintergrund das Stadtbild von Warschau.[21]

Die markigen Schlagzeilen in der polnischen Presse bezogen sich auf den Artikel des US-Journalisten Jeffrey Tayler in der Zeitschrift *Foreign Policy*.[22] Unter der Überschrift »Putins nukleare Option. Ist der russische Präsident wirklich bereit, einen Dritten Weltkrieg zu beginnen?« zitierte er Andrei Piontkovsky, den ehemaligen Direktor des Moskauer Zentrums für strategische Studien. Und Andrei Piontkovsky glaubte, dass bei einer kriegerischen Auseinandersetzung zwischen der Nato und Russland die Nato mit konventionellen Mitteln überlegen wäre. »Daher hat Putin nur eine Option, den nuklearen Angriff. Keine massiven Schläge mit Interkontinentalraketen auf die USA oder Westeuropa, das würde einen selbstmörderischen automatischen Holocaust bedeuten, aber einen kleinen, taktischen Angriff gegen zwei Nato-Mitglieder – das wäre möglich. Warschau, gegen das Russland bereits die Simulation eines Nuklearangriffs durchgeführt hat, kommt mir als Erstes in den Sinn. Oder, sagen wir, Vilnius, die Hauptstadt von Litauen.«[23] Solche Gedankenspiele mögen in verbohrten nationalistischen russischen Denkfabriken, die dem Kreml nahestehen, durchaus einige Befürworter finden, sie haben mit der politischen Realität glücklicherweise *noch* nichts zu tun. Auch wenn Andrey Ilarionow, ein ehemaliger Berater des russischen Präsidenten Wladimir Putin, in einem Interview Anfang Dezember 2014 erklärte, dass »man in der gegenwärtigen politischen Situation nicht von einem Kalten Krieg sprechen kann, sondern dass Insider im Kreml vom Vierten Weltkrieg reden würden«.[24]

Aber was wichtiger ist: In dem Artikel findet sich keine Zeile, dass der russische Präsident Wladimir Putin persönlich drohte, eine Atombombe auf Warschau abzufeuern. Genau das brannte sich jedoch aufgrund der Schlagzeilen in den Köpfen vieler Polen ein. Nahrung erhielten diese Ängste vor Russland durch Aussagen wie die von Dmitri Smirnow, dem Oberhaupt der russisch-orthodoxen Kirche. Er verkündete öffentlich: »Wir sind es gewohnt, dass Russland groß ist, Russland stark ist, Russland großartig ist, dass wir viele Atomknöpfe haben, dass wir die ganze Welt vernichten können. Ja, im Prinzip können wir das. Aber wir haben jetzt keine Menschen mehr, die genug Mut haben, um diese Knöpfe zu drücken. Unser Volk ist seelisch geschrumpft.«[25]

Ein notwendiger Rückblick, der nach vorne weist

Das undurchdringliche Gestrüpp von Halbwahrheiten und Vertuschungen, das im Zusammenhang mit dem Absturz am 10. April 2010 in Smolensk offensichtlich wurde, ist ohne die nun folgenden Erkenntnisse und Erfahrungen nicht einmal ansatzweise zu verstehen. Denn bei der Aufklärung – oder eher wohl der Blockade der Aufklärung – des Absturzes in Smolensk spielte Wladimir Putin eine entscheidende Rolle. Und um das zu verstehen, ist es notwendig zu erkennen, dass seine Haltung Teil eines Systems russischer Politik geworden ist.

Der rote Faden der Geschichte beginnt 1999, kurz vor Wladimir Putins Amtsantritt als Präsident in Russland, mit dem Beginn des 2. Tschetschenienkrieges, führt über den Krieg in Georgien im Jahr 2008, den Flugzeugabsturz in Smolensk im April 2010, die Besetzung der Krim im Frühjahr 2014 hin zum Absturz der malaysischen Passagiermaschine MH 17 in der Ostukraine im Juli 2014. Und er endet vorläufig in dem blutigen Bürgerkrieg in der Ukraine. Diese scheinbar unterschiedlichen Vorgänge erklären vieles von dem, was im Zusammenhang mit dem Absturz in Smolensk im April 2010 vorschnell als Verschwörungstheorie fehlgedeutet werden könnte. War die Tragödie in Smolensk vielleicht nur das Vorspiel zu dem, was später in der Ukraine geschah, einen Krieg auslöste und die bisherige europäische Friedensordnung zerbrechen ließ?

Der Bürgerkrieg in der Ukraine hat mit dem Absturz in Smolensk insofern zu tun, als im Hintergrund der russische Präsident Wladimir Putin als zentraler Player auftaucht, und zwar in Verbindung mit dem FSB, dem russischen Inlandsnachrichtendienst. Der FSB ist das Schwert von Wladimir Putin geworden, wie einst der KGB das Schwert der KPdSU war. Insbesondere der FSB spielte und spielt in Polen eine bedeutende Rolle. Diese beschrieb mir Antoni Macierewicz, der Vorsitzende der parlamentarischen Untersuchungskommission der Partei Recht und Gerechtigkeit (PiS) zur Aufklärung des Absturzes in Smolensk, folgendermaßen: »Es gibt keine wichtigere gesellschaftliche, wirtschaftliche Struktur, die in Polen nicht mehr oder weniger vom FSB kontrolliert wird. Wenn es um russische Dienste geht, rede ich auch vom weißrussischen Nachrichtendienst. Er ist sehr aktiv, aber abhängig von den russischen Diensten. Ihre Arbeitsergebnisse werden sofort den Russen geliefert. Sie sind sehr erfolgreich.«[26] Und wieder einmal geht es um die Frage, was Vorurteil und Desinformation und was die Realität ist.

Während ich diese Zeilen am 17. Oktober 2014 schreibe, kann ich live im Internet miterleben, wie um den ostukrainischen Flughafen Donezk zwischen ukrainischen Truppen und den prorussischen Rebellen gekämpft wird, trotz eines auch von Putin unterstützten offiziellen Waffenstillstandsabkommens zwischen der ukrainischen Regierung in Kiew und den prorussischen Rebellen. Der Donner der Artilleriegeschütze, das grell gelbrote Aufblitzen der Einschüsse – alles ist live im Internet zu verfolgen. Nur die Zerstörungen, die menschlichen Tragödien, die Toten sieht man nicht. Der unabhängige Twitter-Dienst *Conflict News* meldete dazu: »Russische Streitkräfte greifen an.«

Als diese Meldung veröffentlicht wurde und im Internet der Krieg im Donezk live verfolgt werden konnte, hielt sich Wladimir Putin anlässlich des Europa-Asien-Gipfels in Mailand auf. Nach seinen Worten sei Russland bereit, sich weiterhin in der Krise zu engagieren, sei aber kein Teilnehmer des Konflikts. Und im Übrigen hätten die westlichen Regierungschefs eine »absolut voreingenommene Haltung und keinen großen Willen gezeigt, die Lage in der Ukraine objektiv zu erörtern«.[27] Russland jedoch werde sich an alle Vereinbarungen halten.

28

Daher die notwendige Rückblende: Im Frühjahr 2010, als in Smolensk die polnische Regierungsmaschine mit dem Präsidenten an Bord abstürzte, galt Wladimir Putin als verlässlicher Partner Europas und der USA. Die Beziehungen zwischen den europäischen Regierungen und dem Kreml waren damals von einer geradezu rührenden Politik der Anpassung durch Annäherung geprägt, auch strategische Partnerschaft genannt – wobei nicht so sehr die universellen Menschenrechte, sondern die gut geschmierten Wirtschaftsbeziehungen im Mittelpunkt allen europäischen Handelns standen.

»Damals« muss man sagen, weil es bereits Geschichte ist. Im Januar 2010 analysierte der Russlandexperte Andreas Umland die politische Dauerkrise in Kiew folgendermaßen: »Vertreter des russischen politischen Mainstreams kokettieren zwar gelegentlich mit der Idee, dass die Krim oder zumindest Sewastopol ›eigentlich zu Russland gehören‹. Allerdings scheint es im Kreml kein ernsthaftes Interesse an der Umsetzung einer ›Wiedervereinigung‹ der Krim mit der Russischen Föderation zu geben … Während die heutige russische Führung als international weitgehend rational agierend eingestuft werden kann, darf nicht vergessen werden, dass es in der politischen Landschaft Russlands weiterhin ultranationalistische Gruppierungen mit Verbindungen in die Staatsduma bzw. den Kreml gibt.«[28] Damals, im Jahr 2010, schien das eine abenteuerliche Spekulation zu sein. Vier Jahre später hat Putin die Krim annektiert, sie ist nun Teil der Russischen Föderation. Mitte Dezember 2014 erklärte der russische Außenminister Sergei Lawrow: »Krim ist nun Teil des Staates … In Übereinstimmung mit dem internationalen Recht hat Russland jede Möglichkeit, über sein nukleares Arsenal zu verfügen, um seine Interessen und internationalen Verpflichtungen zu erfüllen.«[29] Was heißen soll, dass der Kreml Nuklearwaffen auf der Krim stationieren darf und will und dass die Krim für immer russisches Staatsgebiet bleiben wird.

Wie der polnische Präsident eine heile Welt störte

Das führt wieder zum Absturz der Präsidentenmaschine in Smolensk im April 2010 zurück. Denn einer der wenigen hochrangigen westlichen Politiker, die Wladimir Putin nie als verlässlichen Partner sahen, war zweifellos der national-konservative Lech Kaczyński. Sein tiefsitzendes Misstrauen gegenüber der russischen Politik unter Putin artikulierte er zwei Jahre vor seinem Tod. Als Anfang August 2008 russische Truppen in Georgien einmarschierten, reisten am 12. August 2008 – auf seine Initiative hin – die Präsidenten der Ukraine, Lettlands, Litauens, Estlands und Polens nach Tiflis. Dort verdeutlichte der polnische Präsident vor Zehntausenden Georgiern in einer öffentlichen Rede seine Position und die der mitreisenden Staatschefs aus den baltischen Staaten: »Wir sind hier, um zu kämpfen. Unser Nachbar hat sein wahres Gesicht gezeigt, das wir seit Jahren kennen. Es ist Russland, das sich seine Nachbarländer unterordnen will. Wir sagen dazu Nein! (…) Wir werden uns diesen Handlungen widersetzen können, wenn Europa gemeinsame Werte verkörpert. Alle 27 EU-Mitgliedsstaaten sollten eigentlich hier sein!«[30]

Die im Auftrag der Europäischen Union tätige Untersuchungskommission Independent International Fact-Finding Mission on the Conflict in Georgia (IIFFMCG) legte im September 2009 ihren Bericht zum Kaukasus-Konflikt vor. Die Fact-Finding-Mission der EU stellte fest, dass russische Streitkräfte, unterstützt durch Luftangriffe, tief in georgisches Territorium eingedrungen seien und erst kurz vor Tiflis gestoppt hätten.[31] Hinzugekommen sei der Einsatz von Söldnern und Kriegsmaterial aus dem Territorium der Russischen Föderation.[32] Ganz anders sah das die russische Seite: Zum ersten Mal, klagte der ehemalige FSB-Chef Nikolai Patruschew, »hat Washington direkt eine ausländische Regierung unterstützt, die russische Bürger und Friedenstruppen attackiert«.[33] Nicht

30

nur das erinnert an die Intervention in der Ukraine im Frühjahr 2014. Die georgische Außenpolitik war nach der Orangenen Revolution Ende 2004 prowestlich orientiert und wurde von den USA finanziell und personell zweifellos massiv unterstützt. Mit den geopolitischen Interessen des Kremls, der Georgien immer noch als sein direktes Einflussgebiet beanspruchte, war das nicht vereinbar – nationale Souveränität hin, nationale Souveränität her. Altbundeskanzler Gerhard Schröder, der inzwischen für den russischen Erdgaskonzern Gazprom tätig war, nannte den georgischen Präsidenten Micheil Saakaschwili einen »Hasardeur«. Er sehe nicht, dass man das Konzept der »strategischen Partnerschaft« zwischen Berlin und Moskau wegen der jüngsten Ereignisse aufkündigen müsse, sagte Schröder: »Ich halte überhaupt nichts von einer Dämonisierung Russlands. Ich begreife Russland als Teil Europas.«[34]

Bei vielen Anlässen warnte Lech Kaczyński vor der russischen Politikerkaste, die für ihn und seine Anhänger so etwas wie das Reich des Bösen darstellte, eine expansionistische dunkle Macht. Anlässlich des Gedenkens an den siebzigsten Jahrestag des deutschen Überfalls auf Polen auf der Westerplatte bei Danzig im September 2009 »sagte der Präsident in Anwesenheit Putins, damals habe Polen durch das ›bolschewistische Russland‹ einen ›Messerstich in den Rücken‹ erhalten. Als die polnischen Soldaten den deutschen Angreifern noch Widerstand leisteten, sagte Kaczyński, sei die Rote Armee am 17. September 1939 in Ostpolen einmarschiert.«[35] Die russische Nachrichtenagentur RIA Novosti kommentierte die Rede Kaczyńskis in einem Artikel: »Lech Kaczyński, Polens Präsident und Vorsitzender der Partei ›Recht und Gerechtigkeit (PiS)‹, demonstrierte altpropagandistische Klischees. Anders als die Russen hätten die Polen nichts zu bereuen, sagte er und verglich wie ein wahrer Populist die Erschießung der polnischen Offiziere in Katyn mit dem Holocaust … Die

Dokumente der sowjetischen Geheimpolizei NKWD über die Erschießung in Katyn und den Aufenthalt der polnischen Offiziere in Russland (sie wurden in der UdSSR bereits 1989 bis 1991 veröffentlicht) bezeugen: Die Offiziere wurden nicht als Polen, sondern aufgrund des Klassenprinzips, als ›sozial fremde‹ Elemente, getötet.«[36]

Anfang November 2008, während die Außenminister der Europäischen Union den EU-Russland-Gipfel und das dazugehörende Partnerschaftsabkommen berieten, kritisierte der polnische Außenminister Radosław Sikorski eine gemeinsam von Lech Kaczyński und Litauens Präsidenten Valdas Adamkus verfasste Erklärung. In ihr sprachen sich die beiden Politiker gegen die Verhandlungen über das Partnerschaftsabkommen zwischen der Europäischen Union und Russland aus. Von der polnischen Regierung ebenso wie in Moskau, in Berlin und in Brüssel wurde Lech Kaczyński deshalb heftig kritisiert. Auf der anderen Seite plante Lech Kaczyński anlässlich des fünfundsechzigsten Jahrestags des Siegs über Nazi-Deutschland am 9. Mai 2010 nach Moskau zu fliegen. Er hatte General Wojciech Jaruzelski, dem letzten kommunistischen Regenten der Volksrepublik Polen, angeboten, mit ihm nach Moskau zu fliegen. Dazu sollte es jedoch nicht mehr kommen.

Lügen, verdrängen, täuschen:
Sowjetische Politik gestern
und russische Politik heute

Der Eindruck drängt sich auf, dass wir in Europa derzeit anscheinend in einem politischen Irrenhaus leben. Irrationalität, gepaart mit dem Virus ideologischer Verblendung, ist in viel zu vielen Köpfen der Bürger dominant geworden. Demnach werde zum Beispiel die westliche Presse von der Regierung in Washington und/oder der CIA gleichgeschaltet und daher auf antirussischen Kurs programmiert. War bei den Nazis einst die »jüdisch-bolschewistisch-plutokratische Weltverschwörung« das Feindbild, so ist es heute die von den USA gesteuerte oder manipulierte Weltregierung, die alle Macht an sich reißen will, und einzig der unbeugsame Wladimir Putin stellt sich diesem westlichen Herrschaftsanspruch entgegen. Kritisches differenziertes Denken, wo ist es geblieben?

Im Prinzip geht es um die zentrale Frage, wie Putin und seine Politik zu beurteilen sind – und was ihm alles zuzutrauen ist, ob zum Beispiel der Tschetschenienkrieg Ende 1999, der Flugzeugabsturz in Smolensk im April 2010, der Krieg in der Ukraine seit Frühjahr 2014 oder der Abschuss des Malaysia-Airlines-Flugs MH 17 am 17. Juli 2014 in seinem Auftrag oder mit seiner klammheimlichen Duldung ermöglicht wurden. Die Argumentationskette von Putins vehementesten Verteidigern in den westlichen demokratischen Staaten sieht so aus, dass er ein starker Führer eines Landes sei, dass Russland von der Nato und den USA bedroht werde und dass für den Konflikt mit der Ukraine die USA, wahlweise die Nato, die CIA und/oder mächtige europäische wirtschaftliche Interessengruppen verantwortlich seien. Außerdem würden im

Westen die nationalen wie strategischen Interessen Russlands beziehungsweise Putins entweder nicht verstanden oder bewusst verletzt. Letztere Argumentation wird gerne von einigen deutschen Politikern und vielen deutschen Konzernchefs ins Feld geführt, um die Politik Wladimir Putins zu erklären.

Entlang dieser Argumentationskette wurden insbesondere die sozialen Medien gefüttert. Ein typisches Argument: »Es findet somit eine Schuldzuweisung auf der Grundlage wilder Spekulationen, von Wunschdenken und vor allem aufgrund politischer Interessen gegenüber Russland statt, die jeglichen rechtsstaatlichen Ansprüchen auf hinreichende Beweislagen widersprechen. Und mit diesen bislang nicht bewiesenen Beschuldigungen wird die Sanktionsspirale gegen Russland hochgedreht.«[1] Das ist nichts anderes als eine Verschwörungstheorie – und diese blühen in Europa und besonders in Deutschland auf den verschiedensten gesellschaftlichen Ebenen, verkleistern die politische Vernunft. Verschwörungstheorien sind bekanntlich darauf angelegt, »für jeden Übelstand persönlich Schuldige zu finden. Sie laufen auf Feinderklärungen hinaus, und zwar – da es ums Ganze geht – auf absolute Feinderklärungen.«[2] Deshalb lohnt an dieser Stelle ein kurzer Rückblick.

Der Aufstieg von Wladimir Putin

Wladimir Putin – ohne Zweifel ist das eine einzigartige politische wie persönliche Erfolgsgeschichte. Alles begann im Jahr 1990: Der zweiundvierzigjährige KGB-Oberleutnant Wladimir Putin kehrte wieder in seine Geburtsstadt Leningrad zurück, nachdem er fünf Jahre lang als treuer Geheimdienstagent der UdSSR in Dresden gedient hatte. Wie sollte es nun weitergehen? Die Sowjetunion existierte im Grunde nicht mehr, und das Ansehen des Schwerts der KPdSU, des KGB, war auch schon einmal besser. Doch Putin hatte Glück und wurde im gleichen Jahr Berater von Anatoli Sobtschak, dem Chef des Leningrader Stadtparlaments. Ein Jahr später war Putin bereits verantwortlich für das städtische Komitee für Außenbeziehungen.

Zur gleichen Zeit herrschten in Leningrad, das am 5. September 1991 in Sankt Petersburg umbenannt wurde, kriminelle Brigaden, wirtschaftliches Chaos und eine katastrophale Lebensmittelknappheit. Wladimir Putin sollte Lebensmittel für die hungernden Menschen besorgen. Das Prinzip war einfach: Verkauf von Rohstoffen in den Westen, um mit den Erlösen Lebensmittel einzukaufen, sogenannte Bartergeschäfte. Putin versprach den Bürgern »Butter – zweitausend Tonnen; Trockenmilch – zweitausend Tonnen«.[3] Die Rohstoffe im Wert von über 100 Millionen US-Dollar wurden über dubiose Joint Ventures nach Westeuropa geliefert.

Seltsam empfanden die hungernden Bürger, dass die versprochenen Lebensmittel nie bei ihnen ankamen, ein Teil davon jedoch auf dem Schwarzmarkt in anderen russischen Städten landete. Das Sankt Petersburger Stadtparlament setzte deshalb einen Untersuchungsausschuss ein, um die undurchsichtigen Vorgänge im Zusammenhang mit diesen Bartergeschäften zu überprüfen. Ende 1992 entschied die Stadtverordnetenversammlung, dass Putin angeklagt werden müsste, weil er für das Desaster mitverantwortlich zeichnete.[4] Doch sein damaliger Mentor, Oberbürgermeister Anatoli Sobtschak, hielt schützend seine Hände über ihn und lehnte den Antrag der Stadtverordnetenversammlung als politisches Manöver der Opposition ab. Putin bestritt, von diesen Bartergeschäften finanziell profitiert zu haben. Dieser Vorgang, bei dem sowohl kriminelle Banden wie korrupte Apparatschiks involviert waren, wurde strafrechtlich nie untersucht. Verfahren gegen Putin, die es gab, mussten eingestellt werden – trotz heftigen Widerstands der Ermittler.

Damals war Putin bereits als Vizebürgermeister regional sehr bedeutend, galt er doch, nach den Worten von Stanislaw Belkowski, dem ehemaligen Direktor des Moskauer Instituts für nationale Strategie, als »Mittelsmann der Stadtverwaltung zu den in Sankt Petersburg mitregierenden kriminellen Strukturen«.[5] Davon profitierten seine vielen engen Freunde in Sankt Petersburg, die inzwischen alle zu politischen Ehren und unvorstellbarem Reichtum in Russland gekommen sind. Ein altes Sprichwort sagt: Der Wolf wechselt sein Haar, nicht seinen Geist. Trifft das auch auf Wladimir Putin zu?

Knapp fünfundzwanzig Jahre nach seiner Ankunft in Sankt Petersburg ist er zum dritten Mal gewählter Präsident der Russischen Föderation. Anfang 2015 verlieh ihm die unabhängige Journalistenorganisation OCCRP (Organized Crime and Corruption Reporting Project) den Negativpreis »Mann des Jahres 2014«. OCCRP ist eine Vereinigung unabhängiger investigativer Journalisten, überwiegend aus Osteuropa. Sie enthüllen Fälle von Korruption und organisierter Kriminalität, insbesondere in Osteuropas politischer und wirtschaftlicher Elite. »Wladimir Putin wurde ausgezeichnet, weil er Russland in ein bedeutendes Geldwäschezentrum verwandelt hat ... und eine Regierungspolitik fördert, wonach die Zusammenarbeit mit kriminelle Gruppen Teil der staatlichen Politik geworden ist.«[6]

Damit erklärt sich vielleicht auch Folgendes, wie dem *Global Wealth Report 2013* der Schweizer Bank Credit Suisse zu entnehmen war: Mit einer Einwohnerzahl von 143 Millionen Menschen hat Russland »das höchste Niveau an Vermögensungleichheit in der Welt, abgesehen von kleinen Karibik-Nationen, wo Milliardäre wohnen. Weltweit besitzen Milliardäre insgesamt ein bis zwei Prozent des gesamten Haushaltsvermögens; in Russland besitzen heute 110 Milliardäre fünfunddreißig Prozent des gesamten Vermögens. Hingegen besitzen 93,7 Prozent der erwachsenen Bevölkerung Russlands weniger als 10 000 Dollar.«[7] Einer der Autoren der Studie, Anthony Shorrocks, erklärte dazu: »Zur Situation in Russland gibt es keine Parallelen. Wenn Sie sich anschauen, wie die Russen an ihr Geld gekommen sind und welche politischen Verbindungen notwendig sind, es zu behalten, dann gibt es nur sehr wenige Orte, wo die Situation ähnlich ist.«[8]

Die Propagandamaschinerie und ihre Folgen

Es ist unbestritten, dass der ukrainische Nachrichtendienst SBU, das ukrainische Verteidigungsministerium und das Innenministerium nicht weniger als der Kreml perfekt das System von Verschwörungstheorien, Fälschungen und Manipulationen beherrschen. Die Moskau-Korrespondentin der ARD, Golineh Atai, berichtete darüber: »Auch die ukrainischen Medien verdrehen die Tatsachen. Hier behauptet der Moderator, dass Separatisten das Haus eines Oligarchen angezündet hätten. Das Foto ist ein Fake. Ein ukrainischer Politiker inszeniert sich im Wahlkampf als unerbittlicher Durchgreifer. Doch der Separatist, den er hier hart angeht, ist ein Schauspieler.«[9]

Im Gegensatz zu Russland gibt es jedoch in Kiew inzwischen eine kritische Medienlandschaft: So demonstrierten ukrainische Journalisten gegen ein neu geschaffenes Informationsministerium, das russische Propaganda bekämpfen soll. Die Journalisten befürchteten, dass dies das Ende der Pressefreiheit in der Ukraine bedeuten könnte. Am 2. Dezember 2014 beschloss das ukrainische Kabinett die Einrichtung eines Ministeriums für Informationspolitik. Geführt wird es von Juri Stets, ehemaliger Journalist, Abgeordneter der Poroschenko-Fraktion und Vorsitzender der Informationssicherheitsabteilung der Nationalgarde, was schon nichts Gutes verheißt. Seine Botschaft lautet: Der Informationskrieg gegen Russland kann nur mit diesem Ministerium gewonnen werden. Zu den Aufgaben des Ministeriums wird unter anderem die Implementierung einer staatlichen Informationsstrategie gehören. Dazu zählen Maßnahmen, um die Bürger vor unwahren und unglaubwürdigen Informationen zu bewahren. Tatsächlich bedeutet es einen massiven Angriff auf die Presse- und Informationsfreiheit, für die die Euromaidan-Demonstranten einst auf die Straße gegangen waren. »Es gibt Befürchtungen, dass das Ministerium nicht so sehr den externen Feind bekämpfen will, sondern die interne Opposition.«[10]

Noch lässt sich die Ukraine nicht mit der Situation von Medien und kritischen Journalisten in Russland vergleichen. Hier sind die Medien bereits mit Ausnahme der Moskauer Tageszeitungen *Novaja Gazeta* oder *The Moscow Times* ein Instrument der inneren und äußeren Kriegsführung. Der Kreml entwickelte dazu die asymmetrische Kriegsführung. »Statt dem Westen direkt die Stirn zu bieten, konzentriert er sich auf eine nicht-kinetische Strategie, gepaart mit minimalen und verdeckten Militäraktionen«, analysiert der in London lebende Autor Peter Pomerantsev die russische Politik und zitiert für seine These den russischen Generalstabschef Waleri Gerassimow: »Zur Durchsetzung politischer und strategischer Ziele gewinnen nichtmilitärische Mittel an Bedeutung und sind oft wirksamer als die Macht der Waffengewalt. Der Schwerpunkt der Konfliktmethoden verlagert sich hin zum Einsatz politischer, wirtschaftlicher, informatorischer, humanitärer und anderer nichtmilitärischer Mittel. All das wird flankiert von militärischen Mitteln verdeckter Natur wie Informationskonflikten und Sonderkommandoeinsätzen‹.«[11]

Im Dezember 2013 wurde die Nachrichtenagentur Rossija Sewodnja (Russland heute) gegründet und in die Liste der strategisch wichtigen Unternehmen Russlands aufgenommen, was bemerkenswert ist. Auf dieser Liste der Unternehmen, die »eine strategische Bedeutung für die Gewährleistung der Verteidigungsfähigkeit und Sicherheit des Staates sowie für den Schutz der Moral, der Gesundheit, der Rechte und legitimen Interessen der Bürger haben«, stehen auch der Rüstungskonzern Kalaschnikow und das staatliche Postunternehmen Potschta Rossii.[12] Der zu 100 Prozent vom Kreml finanzierte Fernsehsender soll auch hier über den Kanal »RT deutsch« (ehemals »Russia Today«) dafür sorgen, dass nicht nur objektiv über Russland, sondern auch über »unterdrückte Wahrheiten« im Westen berichtet wird. Wladimir Putin ist stolz auf den neuen Sender RT: »Das Recht auf Information ist eins der wichtigen und grundlegenden Menschenrechte. Zu den alternativen Informationsquellen zählt gerade der Sender RT, der die Methoden der aggressiven Aufdrängung der eigenen Meinung den Zuschauern gegenüber nicht anwendet.«[13]

Das ist insofern geradezu kafkaesk, weil die Pressefreiheit in Russland mit den Füßen getreten wird und unabhängige Berichterstattung, wenn überhaupt, nur marginal möglich ist. Kritische Medien wie der Internetsender Doschd-TV geraten regelmäßig unter Druck; im Januar 2014 verbannten viele Kabelbetreiber diesen letzten unabhängigen TV-Kanal. Journalisten müssen mit Gewalt oder gezielten Anschlägen rechnen. Die Täter, sofern sie überhaupt gefasst werden, bleiben meist straffrei. Strenge Internetgesetze ermöglichen das schnelle und unbürokratische Sperren unliebsamer Webseiten. »Kurz vor Beginn der Olympischen Spiele in Sotschi weitete Russland die Internetüberwachung weiter aus. Blogs von Regierungskritikern werden zum Teil ganz gelöscht. Da neunzig Prozent der Erwachsenen die Welt nur aus dem Fernsehen kennen, ist ihr Urteil dementsprechend geprägt. Denn die großen TV-Sender sind alle unter der Kontrolle des Kremls. Im Ranking der Pressefreiheit, erstellt von Reporter ohne Grenzen, steht Russland auf Platz 148 von insgesamt 180 Ländern.«[14]

Erfolgreicher hingegen sind die gleichgeschalteten russischen Medien, wenn es darum geht, Feindbilder aufzubauen. Yuri Saprykin war Geschäftsführer des populären Magazins *Afisha*. Den Posten gab er im Juli 2014 auf, denn er meint, es gehe Journalisten nicht mehr um die Wahrheit, sie begriffen sich vielmehr als Soldaten. »Ihre Philosophie ist: Nicht nur wir benutzen Medien als Waffen. Sondern alle.« Im Interview mit der ARD-Korrespondentin Golineh Atai erklärte er: »Wenn Sie und ich jetzt hier miteinander sprechen, dann nur weil der deutsche Geheimdienst ihnen einen solchen Auftrag gegeben hat. Und umgekehrt muss ich Ihnen Widerstand leisten und darf Ihnen nicht erlauben, Ihre umstürzlerische Arbeit hier zu erfüllen.«[15]

In Berlin unterhält der Sender RT eine Dependance. Er will dem einseitigen und oft interessengeleiteten Mainstream in Deutschland etwas entgegensetzen. Während der Kreml in Russland das von ihm dominierte landesweite Fernsehen nutzt, um seine Macht zu sichern und mit der Kraft kontrollierter Bilder seine Sicht auf die Welt zu vermitteln, will er das nun auch in Europa und Deutschland erreichen – deshalb RT Deutschland. Die in Berlin arbeitenden jungen Journalisten, die am finanziellen Tropf des Kremls hängen, als unabhängige Journalisten zu bezeichnen wäre deshalb arg vermessen. Der Chefredakteur Iwan Rodionow, gerngesehener Gast in Talkshows wie *Günther Jauch*, *Hart aber fair* oder *Studio Friedman*, entpuppte sich als eine Art Kreml-Sprecher. In der Talkshow von Michel Friedman klang das so: Putins Intervention auf der Krim zu verurteilen, gab dort Rodionow von sich, das sei, »als reduziere man den Zweiten Weltkrieg darauf, dass Stalins Truppen den demokratisch gewählten Reichskanzler in den Selbstmord trieben«.[16] Putin als Unschuldsengel – das war und ist die Botschaft. Denn, so ist auf seiner Webseite zu lesen: »Objektivität ist nur ein anderes Wort für Russland-Bashing.«[17]

Die Verzerrungen, die auf dem Sender RT verbreitet werden, zeigen sich an folgendem Beispiel: In einem Bericht vom 17. November 2014 wurde unter der Überschrift »Spiel mit dem Feuer – Die nuklearen Provokationen der NATO gegenüber Russland«, behauptet, dass die renommierte Stiftung Wissenschaft und Politik (SWP), die auch die Bundesregierung berät, Sorge vor einer »Nuklearisierung des aktuellen Konflikts mit Russland« äußere und in einer aktuellen Studie davor warne, das nukleare Expansionsstreben der Nato in Osteuropa könne eine schwer kontrollierbare Eskalationsdynamik auslösen. »Vom nuklearen Expansionsstreben der Nato ist bei der SWP mit keinem Wort die Rede. Schon zu Beginn des Textes ›Die nukleare Dimension der Krise‹ aus dem Oktober, auf den sich RT bezieht, wird deutlich, dass er in eine völlig andere Richtung geht, als RT suggeriert. ›Während auf dem Territorium der Ukraine eine hybride militärische Auseinandersetzung stattfindet, verleiht Russland dem Konflikt auch eine nukleare Dimension. Durch rhetorische Andeutungen, Manöver, Tests und Dislozierungen will Moskau seine Atomwaffen als politische Instrumente einsetzen. Die Nato zeigt bislang keine erkennbare Gegenreaktion auf diese Drohgebärden‹.«[18] Eine »harte Nummer«, kritisierte der Autor des SWP-Textes, Oliver Meier, diese Manipulation seiner Studie durch den russischen Propagandasender: »Das ist nicht nur etwas verdreht, das ist das genaue Gegenteil von dem, was ich beschreibe: Russland als aktiver Treiber und ein zögerndes Reagieren der Nato«, das sagte er *Zeit online*.[19]

Nicht weniger typisch für diesen Sender ist folgende Schlagzeile bei RT Deutschland: »Bayern ist gerüstet – Atombunker gegen den russischen Einmarsch.«[20] Tatsächlich hatte ein Elektriker aus Niederbayern für sich und seine Familie einen Atombunker gebaut, wo die Polizei auch Waffen und Sprengstoff fand – für den Kommentator ein Beispiel dafür, dass aufgrund der einseitigen Berichterstattung gegen Russland die Ängste vor einem Atomkrieg geschürt würden. Bereits Tage vor dieser scheinbar exklusiven Meldung hatten viele deutsche Medien über den Vorgang berichtet.[21]

Während der Ukraine-Krise wurden Trolle in den sozialen Netzwerken, also destruktiv-manipulative Diskussionsteilnehmer, zu einem wichtigen Instrument im Informationskrieg. Dadurch soll die Meinungshoheit erobert werden. Was ein ukrainischer Bürger in Berlin Anfang März 2014 erlebte, ist geradezu charakteristisch für die inzwischen von totaler Unkenntnis beladene Haltung vieler Menschen in Deutschland: »Anfang März stieß ich in der Berliner Innenstadt auf eine Demonstration aus Protest gegen ›Neonazis auf dem Maidan‹. Ich versuchte mit den dort stehenden Aktivisten zu sprechen, aber sie antworteten auf alle meine Kommentare nur mit der Frage: ›Sind Sie Mitglied der faschistischen Partei Swoboda?‹ Bis zu diesem Zeitpunkt waren mir die Auswirkungen der Putin'schen Propaganda in Deutschland sowie die Tatsache, dass das Thema der Ukraine bald zu einer der wichtigsten Trennlinien innerhalb der deutschen Gesellschaft werden wird, nicht wirklich bewusst.«[22]

Fast immer werden Medien, die sich kritisch mit Russland beschäftigen, mit meist anonymen Kommentaren bombardiert, einem gezielten Shitstorm, so dass viele Online-Medien ihre Kommentarseiten gesperrt haben. Der Herausgeber der britischen Tageszeitung *Guardian* beispielsweise berichtete von vierzigtausend Kommentaren täglich und bezeichnete sie als eine orchestrierte Pro-Kreml-Kampagne. Die *Moscow Times* informierte ihre Leser mit folgendem Kommentar: »Aufgrund der wachsenden Zahl von persönlichen Angriffen, Spam, Trolls und beleidigenden Kommentaren sind wir nicht mehr in der Lage, unser Forum als eine Seite für konstruktive und intelligente Debatte aufrechtzuerhalten. Wir haben uns daher zu unserem Bedauern entschlossen, die Kommentarfunktion für unsere Artikel auszusetzen.«[23]

Ziel dieser Kommentare und Trolle ist es, ein mediales Paralleluniversum zu installieren. Demnach befinden sich keine russischen Truppen in der Ukraine: Dies mögen »Freiwillige« sein oder einige Fallschirmjäger, die sich verirrt hätten, aber es gebe keine regulären Truppen in der Ukraine. Andere behaupten, dass die neue ukrainische Junta einen Völkermord im Osten plane und die Russen deshalb keine andere Alternative hätten, als die ethnischen Russen dort zu schützen. Oder die Panzer und schweren Waffen, die aus Russland in die Ukraine transportiert werden, seien nur eine optische Täuschung.

Besonders deutlich werden diese unterschiedlichen Darstellungen der Realität am Beispiel der Massengräber, die im September 2014 im umkämpften ostukrainischen Donezk offensichtlich von prorussischen Rebellen entdeckt wurden. Verantwortlich für die Hinrichtungen seien ukrainische Truppen gewesen. Die Meldung verbreitete sich weltweit. »Mehr als 400 Leichen in Massengräbern bei Donezk entdeckt«, meldeten die russischen Medien.[24] Ähnliche Schlagzeilen waren auch in Deutschland zu lesen.[25] In einem im November 2014 veröffentlichten Weißbuch des russischen Außenministeriums über die *Verletzung der Menschenrechte in der Ukraine* steht dazu: »Massengräber mit Körpern, die Anzeichen von Massenhinrichtungen zeigen, wurden in der Donezk- und Lugansk-Region entdeckt.«[26] In dem Weißbuch wurden, als Beweis, Fotos von diesen Massengräbern mit folgendem Text abgedruckt: »Zuvor wurde dieses Gebiet durch ukrainische Sicherheitskräfte und das ukrainische Bataillon Aidar kontrolliert.«[27]

Doch Wochen später meldete die Menschenrechtsorganisation Amnesty International, dass es keine »überzeugenden

Beweise« für Massengräber im umkämpften ostukrainischen Donezk gebe, wie sie prorussische Separatisten entdeckt haben wollen. »Einige der Fälle, über die berichtet wurde, seien ›besonders in russischen Medien enorm übertrieben‹ worden, erklärte John Dalhuisen von Amnesty International. In einem Bericht über Hinrichtungen wirft die Organisation sowohl prorussischen als auch proukrainischen Kräften falsche Angaben über die Greueltaten der jeweils anderen Seite vor.«[28] Auch der in der Ukraine eingesetzten UN-Beobachtermission für Menschenrechte lägen keine Angaben über Massengräber vor, berichtete Mitte Dezember 2014 sogar ein russischer Nachrichtensender[29] und bezog sich auf die Vorstellung des achten Berichts der UN-Beobachtermission am 15. Dezember 2014 in Genf durch den zuständigen Regionaldirektor Gianni Magazzeni.

Putins politische Romanzen

Neben der Platzierung medialer Nebelschwaden gelang es dem Kreml, vor allem in den demokratisch strukturierten Ländern Europas politische Amigos zu finden, die Putin als bedeutenden Führer der Welt ansehen, weil er wie sie Front gegen die Allmacht der USA und die liberale Verkommenheit des Westens macht. Dabei erwächst sein Charisma aus nichts anderem als aus dem Bruch von Menschenrechten, Gesetz, Verfassung und internationalen Normen. Das scheint nicht nur in Russland viele zu faszinieren. Die kremlnahe russische Denkfabrik Zentrum für strategische Kommunikation feierte Wladimir Putin bereits Ende Dezember 2013 als den »neuen Führer des Welt-Konservatismus«.[30] Die jüngsten Entwicklungen würden nämlich zeigen, »dass die Welt eine neue Füh-

44

rung sucht«. Putin sei der Mann mit einem rationalen Ansatz, mit Engagement für die Werte der Familie, der seine Versprechen konsequent umsetze. »Und deshalb ist Wladimir Putin der neue Führer«, konstatiert Dmitri Abzalow, Präsident des Zentrums für strategische Kommunikation. »Für den Kreml geht es um reine Machttechnik. Er beansprucht, die Speerspitze der Konservativen in Europa zu sein, um seinen Einfluss strategisch auszuweiten. Das Projekt einer Eurasischen Union von Wladiwostok bis Lissabon soll Moskau wieder ins Spiel bringen, soll mit dem alten Traum vom Ost-Rom die Trauer um die verlorene Sowjetmacht kurieren.«[31]

Anfang 2013 offenbarte Wladimir Putin persönlich sein neues außenpolitisches Konzept, das er im Februar 2013 unterzeichnete und dem Sicherheitsrat der Russischen Föderation präsentierte. Dieses schreibt sowohl ideologisch wie propagandistisch »eine strategische Positionierung als Gegenpart des Westens fest, in der konservativ-autoritäre Werte und die Ordnung des Machtstaats als weltweites Beispiel dem ›moralischen Verfall‹ des Westens durch libertäre Gesetzgebung gegenübergestellt wird. Dabei wird nun neben den USA auch die Europäische Union als Gegner wahrgenommen.«[32] Um sich vor diesem Gegner des friedliebenden Russlands zu schützen, muss militärisch aufgerüstet werden. Am 11. Dezember 2014 verbreitete der russische Sender RIA Novosti eine Erklärung des russischen Generalstabschefs Valeri Gerassimow: »In diesem Jahr hat die russische Armee 38 ballistische Interkontinentalraketen, mehr als 250 Flugzeuge und Hubschrauber, etwa 280 gepanzerte Kampffahrzeuge und mehr als 5000 Fahrzeuge bekommen.« Zudem seien neue Luftabwehrsysteme und Radaranlagen geliefert worden. Die Kriegsmarine sei mit zwei neuen U-Booten, zwei Raketenbooten, drei Landungsbooten und einem Küstenschutzschiff verstärkt worden. »In den nächsten Jahren ist geplant, jährlich zwischen 70 und 100 Flugzeuge, mehr als 120 Hubschrauber, bis zu 30 Schiffe und U-Boote sowie bis zu 600 Panzerwagen zu beschaffen.«[33]

Zu den geistigen und politischen Alliierten des autoritären national-konservativen Messias aus Russland gehören rechtspopulistische und rechtsradikale europäische Parteien, die zunehmend erheblichen Einfluss in den nationalen Parlamenten gewonnen haben und dort deutlich mächtiger sind als Neonazis in der Ukraine. Zum Beispiel Marine Le Pen, die Vorsitzende der französischen rechtsradikalen Front National, ein Sammelbecken rechtspopulistischer und rechtsradikaler Franzosen: Bei den Europawahlen 2014 wurde sie in Frankreich stärkste Kraft, mit knapp 26 Prozent aller Stimmen. Für sie ist Wladimir Putin ein wahrer Patriot und Verteidiger der europäischen Werte. Marine Le Pen sah in Putin sogar »den Verteidiger des christlichen Erbes der europäischen Zivilisation«.[34] Nach den europäischen Parlamentswahlen am 25. Mai 2014, aus denen die Front National als großer Sieger hervorging, gratulierte ihr Putin zu ihrem enormen Erfolg – was später mit einem Kredit für die Front National bekräftigt wurde. Sicher ist: Das Herz der Putin-Anhänger in Frankreich schlägt in der Front National und bei den französischen Neonazis.

Zu den Putin-Anhängern zählt auch Nigel Farage, der Vorsitzende der britischen Anti-EU-Partei UKIP. Er nannte Putin einen brillanten Strategen, der den Westen austricksen könne.[35] Gefragt, welchen Führer der Welt er am meisten bewundere, nannte er Wladimir Putin.[36] In Bulgarien wiederum erhält Wladimir Putin Unterstützung durch die rechtsradikale Partei Ataka. Der Führer dieser Partei, Wolen Siderow, reiste nach Moskau, um den sechzigsten Geburtstag von Putin zu feiern.[37] Nach der russischen Annexion der Krim drohte er, dass seine Partei die Koalitionsregierung verlassen werde, wenn sie weiteren Sanktionen gegen Russland zustimmen sollte.

Schließlich gibt es noch Heinz-Christian Strache, den

Vorsitzenden der weit rechts angesiedelten österreichischen FPÖ. Er lobte Putin als puren Demokraten. Wer lobt da wen? »Strache ist ein strammer Nationalist. Er war befreundet mit Rechtsextremisten wie Norbert Burger, mit dessen Tochter er einst liiert war, und ließ sich mit Sturmhaube, Tarnanzug und Gewehr filmen. Seine Partei sucht die Unterstützung der serbischen Nationalisten, die die Massaker an Moslems in Bosnien leugnen.«[38] Nicht vergessen werden sollte, dass sich 29 Prozent der österreichischen Wähler Heinz-Christian Strache, den manche österreichischen Politologen einen Rechtsextremisten nennen, als Bundeskanzler vorstellen können. Im Sommer 2014 nahm seine Partei bei den demoskopischen Umfragen den ersten Platz ein.[39]

Man könnte einwenden, Putin und der Kreml könnten nichts dafür, von diesen neokonservativen und rechtsradikalen, teilweise antisemitischen europäischen Parteiführern gehuldigt zu werden. Es ist aber nicht bekannt, dass er sich von diesen Parteien und ihren Führern jemals distanziert hätte. Putins Bemühungen, seinen politischen Einfluss in Europa auszubauen, wären jedoch nicht ausreichend, wenn er sich auf diese rechten Kräfte allein verlassen würde. Wichtiger sind für ihn die politischen und wirtschaftlichen Führungskräfte aus den EU-Ländern – wie Tschechien. Hier ist es Präsident Milos Zeman, der Russland ein Recht auf die Krim zusprach und behauptete, dass es in der Ukraine schlichtweg um nichts anderes als um einen »normalen Bürgerkrieg« gehe wie seinerzeit in Spanien. Deshalb seien die westlichen Sanktionen gegen Moskau ungerecht und zudem schädlich für alle Seiten. »In Moskau wurde Zeman diese Woche regelrecht gefeiert, weil er solche Ansichten im russischen Staatsfernsehen auch noch auf Russisch zum Besten gab.«[40]

Nicht zu vergessen ist der ungarische Regierungschef Viktor Orban, der die bürgerlichen Freiheitsrechte mit Füßen tritt und den demokratischen Grundkonsens in der ungarischen

Gesellschaft aufgekündigt hat. Er bezeichnete Wladimir Putin als »erfolgreichen Staatsmann« und unterzeichnete mit russischen Konzernen lukrative Milliardenverträge.

Die deutsche Putin-Connection

Am deutlichsten ist die merkwürdige Affinität gegenüber Wladimir Putin in Deutschland bei einem erklecklichen Teil der wirtschaftlichen und politischen Elite zu beobachten. Das mag damit zusammenhängen, dass der Kreml bereits in den vergangenen Jahren zahlreiche Freunde unter den wirtschaftlichen und politischen Entscheidungsträgern in Deutschland gefunden hat. Ein Beispiel dafür, wie die Beeinflussung funktionierte, ist die russische Akademie zu Fragen der Sicherheit, der Verteidigung und der Rechtsordnung (ABOP). Präsident dieser Akademie war der frühere General des KGB und ehemalige Chef der Spionageabwehr der strategischen Raketenstreitkräfte Viktor Schewtschenko. Die meisten der zahlreichen Vizepräsidenten der ABOP sind oder waren ebenfalls Generäle des KGB oder FSB und anderer Sicherheitsorgane.

Gegründet wurde die Akademie kurz nach Putins Amtsübernahme im Jahr 1999. Aussagen von General Viktor Schewtschenko zufolge sei die Akademiegründung auf Anregung von Putin selbst geschehen. Besonders aktiv und erfolgreich war diese Akademie in Deutschland. In Bayern, im kleinen Denkendorf, gründete sie 2006 sogar eine Repräsentanz.[41] Die Akademie hatte ein ganzes System von Orden und Auszeichnungen ins Leben gerufen, mit denen sie Politiker und Wirtschaftsführer sowie andere Entscheidungsträger beglückte. Im Rahmen des Empfangs der ABOP-Repräsentanten im bayerischen Innenministerium wurden zum Beispiel insgesamt fünfundfünfzig Orden der ABOP an Personen verliehen, die sich um die deutsch-russische Freundschaft verdient gemacht hatten, darunter viele Lehrer und regionale Politiker.

Die höchste Auszeichnung der ABOP ist der Orden »Peter der Große«. Zu den Ordensträgern gehörten auffallend viele Diktatoren wie der weißrussische Präsident Alexander Lukaschenko, der Präsident Kasachstans Nursultan Nasarbajew, der bosnische Serbenführer und inzwischen als Kriegsverbrecher verurteilte Radovan Karadžić, der Präsident Turkmenistans Saparmurat Nijazov sowie der russische rechtsradikale Politiker Wladimir Schirinowski. Aber auch rund hundert deutsche Politiker, Wissenschaftler, Offiziere und hohe Polizeibeamte tragen den Verdienstorden »Peter der Große«. Das hat der Historiker Dmitrij Chmelnizki im Dezember 2006 in einer Studie gezeigt, die diese undurchsichtige Organisation und ihre Ordensträger intensiv durchleuchtete.[42] Die Gunst, Empfänger dieses Ordens zu sein, wurde beispielsweise auch dem damaligen brandenburgischen Ministerpräsidenten Matthias Platzeck zuteil.[43] Wladimir Kotenjow, der damalige russische Botschafter in Berlin, verlieh ihm am 22. Juni 2005 persönlich den glitzernden Orden – eine besondere Ehre für den Politiker, der kurzfristig sogar SPD-Vorsitzender war. Auf der Rückseite des ihm verliehenen Ordens steht übrigens: »Für die Stärkung des russischen Staates«.

Im Jahr 2008 wurde die ABOP aufgelöst, nachdem bekannt geworden war, dass sie eine Tarnorganisation des russischen Inlandsgeheimdienenst FSB war. Matthias Platzeck hingegen ist bis heute noch besonders verständnisvoll gegenüber der imperialen Politik Wladimir Putins. »Die Annexion der Krim muss nachträglich völkerrechtlich geregelt werden, so dass sie für alle hinnehmbar ist«, sagte der SPD-Politiker der *Passauer Neuen Presse*. Putin sei ein Garant für ein politisch stabiles Russland, erklärte Platzeck. Er forderte: »Wir müssen also eine Lösung finden, bei der Putin nicht als Verlierer vom Feld geht.«[44] Das scheint ein wenig viel Verständnis für einen Aggressor.

Eine weitere Schlüsselperson aus Russland, die über Jahre hinweg engste Kontakte zu deutschen Entscheidungsträgern pflegte, war der seit 2004 in Berlin residierende russische Botschafter Wladimir Kotenjow, bekannt auch als Partylöwe. Bereits während seiner Zeit als höchster russischer Diplomat empfahl er Journalisten, anstelle des US-Senders CNN den englischsprachigen Sender Russia Today einzuschalten, und beschwerte sich über die negative Russland-Berichterstattung.[45] Dem Moskauer *Focus*-Korrespondenten Boris Reitschuster drohte er ganz unverblümt: »Das was ich schreibe, sei gefährlich für meine Gesundheit, und mein Chefredakteur solle sich Gedanken um meine Sicherheit machen. Ein Teilnehmer einer Botschaftsrunde steckte mir (bestellt oder nicht?), Kotenjow habe gesagt, ich gehöre erschossen. Die hohe Schule der Sowjet-Diplomatie eben.«

Berühmt war Kotenjow für seine traditionellen russischen Sommerbälle. Da waren sie alle zu sehen: »Königliche Hoheiten und Bundesminister, Modeschöpfer und Diplomaten, Filmstars und Industriemagnaten, geschasste und aufstrebende Wirtschaftsbosse, einstige und vielleicht künftige Regierungschefs.«[46] Gerne dabei war auch der Sportfunktionär Franz Beckenbauer, dem im Juli 2013 ein Posten beim russischen Energiekonzern Gazprom zugeschanzt wurde. »Dass bei dem einstigen Fußballkaiser purer Idealismus am Werk ist, scheint wenig wahrscheinlich. Auf die Frage, wie viel Beckenbauer mit seinem Werbedeal bei Gazprom verdiene, lächelt dieser nur verschmitzt und verweist auf seinen Manager Marcus Höfl. Auch der schüttelt den Kopf: ›Die genaue Summe habe ich vergessen‹, sagt er.«[47]

Und natürlich durfte in diesem illustren Reigen der umtriebige Altbundeskanzler Gerhard Schröder nicht fehlen. Er nannte auf der einen Seite Wladimir Putin einen »lupenreinen Demokraten« und erhielt auf der anderen Seite einen lukrativen Posten bei der Gazprom-Tochtergesellschaft North-Stream. »Schröder und seine Bekannten aus den Führungsetagen begrüßen sich mit viel Schulterklopfen und großem Hallo. Der Ex-Kanzler scheint den Rummel zu genießen.«[48] Im Sommer 2010 nahm der russische Botschafter seinen Abschied und wurde durch einen bislang in Warschau diensthabenden Kollegen ersetzt. »Und passend zum Abschied, sagt der ehemalige Bundeskanzler Gerhard Schröder, es mache ihn wehmütig, Kotenjow zum letzten Mal zu sehen. Und fügt mit seinem verschmitzten Lächeln hinzu: ›Alles hat mal ein Ende!‹«[49]

Es dauerte nicht lange, und Wladimir Kotenjow stellte sich als neuer Hauptgeschäftsführer des Berliner Unternehmens Gazprom Germania vor. Eine seiner ersten Handlungen war, dass er am 21. August 2010 zum traditionellen »Vorabendkonzert der Potsdamer Schlössernacht« in die Orangerie, einst Gästehaus für Zar Nikolaus I., einlud. Und wieder kamen sie alle – diesmal zum Gazprom-Botschafter: unter anderem Thomas Gottschalk, Günther Jauch, Georg Friedrich Prinz von Preußen, Event-Unternehmerin Isa von Hardenberg sowie die Ex-Politiker Lothar de Maizière und Michael Glos. Nach dem Sektempfang und der Teilnahme an dem Open-Air-Konzert mit dem Moskauer Tschaikowsky Symphonieorchester lud Wladimir Kotenjow seine Gäste zum gemeinsamen Spaziergang durch den festlich illuminierten Schlosspark Sanssouci ein, damit sie das Feuerwerk bewundern konnten. »Damit leistet Gazprom einen weiteren Beitrag zum deutsch-russischen Kulturaustausch.«[50] Man kann es auch Honigfalle nennen. Auf jeden Fall gelang es ihm, die öffentliche Meinung, insbesondere ausgesuchte Politiker und Wirtschaftsführer für sich zu einzunehmen. Daran änderte sich auch in den folgenden Jahren wenig.

Der Höhepunkt der Verharmlosung des russischen Staatspräsidenten und seiner aggressiven Politik war ein öffentlicher Appell deutscher Politiker, Unternehmer und Kulturschaffender unter der Überschrift »Wieder Krieg in Europa? Nicht in unserem Namen!«. Er wurde Anfang Dezember 2014 veröffentlicht. Zu den überwiegend älteren und sehr alten Persönlichkeiten, die den Appell unterzeichneten, gehörten unter anderem Bundeskanzler a. D. Gerhard Schröder, der Vorsitzende des Ost-Ausschusses der Deutschen Wirtschaft Eckhard Cordes, der Unternehmer und Stuttgarter Honorarkonsul der Russischen Föderation Klaus Mangold, Bundespräsident a. D. Roman Herzog, Ministerpräsident a. D. und Mitglied des Sankt Petersburgers Dialogs Lothar de Maizière und die einstige Moskau-Korrespondentin Gabriele Krone-Schmalz. Wahrscheinlich schlossen sich diesem Appell auch Personen an, die glaubten, wenn ihn so honorige Männer und Frauen wie die ehemalige Ratsvorsitzende der Evangelischen Kirche (EKD) Margot Käßmann unterschrieben, könne man vielleicht vom Glanz profitieren. In diesem ziemlich interessegeleiteten Aufruf hieß es unter anderem: »Wir, die Unterzeichner, appellieren an die Bundesregierung, ihrer Verantwortung für den Frieden in Europa gerecht zu werden. Wir brauchen eine Entspannungspolitik für Europa. Das geht nur auf der Grundlage gleicher Sicherheit für alle und mit gleichberechtigen, gegenseitig geachteten Partnern … Das Sicherheitsbedürfnis der Russen ist so legitim und ausgeprägt wie das der Deutschen, der Polen, der Balten und Ukrainer.« Und auch an die Medien wird appelliert: Nämlich »ihrer Pflicht zur vorurteilsfreien Berichterstattung überzeugender nachzukommen als bisher. Leitartikler und Kommentatoren dämonisieren ganze Völker, ohne deren Geschichte ausreichend zu würdigen … Es geht darum, den Menschen wieder die Angst vor Krieg zu nehmen. Dazu kann eine verantwortungsvolle, auf soliden Recherchen basierende Berichterstattung eine Menge beitragen.«

Natürlich ist in dem Appell kein Wort zur undemokratischen und aggressiven Politik von Putin zu finden, oder zur massiven russischen Militärhilfe für die Separatisten in der Ostukraine. In Polen wird man diesen Aufruf besonders aufmerksam gelesen haben. Denn, so steht in dem Appell: »Seit dem Wiener Kongress 1844 gehört Russland zu den anerkannten Gestaltungsmächten Europas.« In Polen erinnert man sich besonders gut an diese Art der »Gestaltung« durch den verhängnisvollen Molotow-Ribbentrop-Pakt, in dem Polen zwischen Nazi-Deutschland und dem Diktator Stalin aufgeteilt wurde.

In einem Kommentar schreibt der *FAZ*-Journalist Klaus-Dieter Frankenberger:»Aber vielleicht sollten sie nicht gänzlich unbeachtet lassen, dass der nationalistische Furor in Russland und die Herrschaftsverhältnisse dort maßgeblich daran Anteil haben, dass viele Illusionen, die man nach der europäischen Zeitenwende über die Zukunft des Verhältnisses Russlands zum Westen hatte, mittlerweile begraben sind. Der Vorwurf, Leitartikler dämonisierten ›ganze Völker‹, ist dummes Zeug.«[51] In der *taz* kommentierte Dominic Johnson:»Es gehe nicht um Putin, mahnt der Aufruf. Richtig. Es geht um Europa. Aber das bedeutet eben nicht, einen Kotau vor Putin zu machen, der Europas extreme Rechte unterstützt und gerade vor seinem Parlament ›Nationalstolz‹ und ›absolute Souveränität‹ als Werte hochhielt, die Europa ›vergessen‹ habe.«[52]

Die ziemlich einhellige Kritik am Appell in den Medien wurde wiederum von den Befürwortern des Appells als Beleg für die »politisch motivierte mediale Konformität« gewertet.[53] Auf den Appell reagierten wenige Tage später einhundert Osteuropaexperten, insbesondere aus der Wissenschaft, aber auch aus Politik, nichtstaatlichen Organisationen und Medien. »Die überwiegende Mehrheit der sich aus wissenschaftlicher, zivilgesellschaftlicher oder journalistischer Perspektive mit dem heutigen Ukrainekonflikt auseinandersetzenden deutschen Forscherinnen, Aktivisten und Reporterinnen sind sich in ihrem Urteil einig: es gibt in diesem Krieg einen eindeutigen Aggressor, und es gibt ein klar identifizierbares Opfer. ... Deutsche Osteuropapolitik sollte auf Erfahrungswerten, Faktenwissen und Analyseergebnissen und nicht auf Pathos, Geschichtsvergessenheit und Pauschalurteilen basieren. Niemand ist auf militärische Konfrontation mit Russland aus oder möchte den Dialog mit dem Kreml abbrechen. Die territoriale Integrität der Ukraine, Georgiens und Moldaus kann jedoch nicht der ›Besonnenheit‹ deutscher (und österreichischer) Russlandpolitik geopfert werden.«[54]

Die seit Jahren geknüpften engen Beziehungsgeflechte zwischen Wladimir Putin einerseits und der politischen und wirtschaftlichen Elite Deutschlands andererseits sind auch ein wesentliches Motiv dafür, dass die kritische Medienberichterstattung über die Politik des russischen Präsidenten im Verlauf der Ukraine-Krise bei manchen deutschen Politikern, Journalisten und insbesondere bei Konzernchefs, die blendende Geschäfte mit dem korrupten russischen Staat machen konnten, auf heftigen Widerspruch stieß. Die westlichen Medien würden, lautete mehr oder weniger unisono ihre Kritik, Putin zur Schreckensperson stilisieren, und jede Kritik an ihm sei antirussische Propaganda, die nur den USA nütze. Plötzlich ist von Mainstream-Medien die Rede, die Front gegen Putin machten und nicht objektiv genug über den Krieg zwischen der Ukraine und Russland berichteten. Man müsse doch mehr Verständnis für Putin aufbringen.

Antiamerikanismus ist die ideologische Klammer, die alle Kritiker der Medienberichterstattung über den Ukraine-Konflikt verbindet. Zweifellos lässt sich an der US-Außenpolitik unendlich viel kritisieren – und genau das geschieht in aller Regel. Seltsamerweise wird dabei nie der Unterschied zwischen einem autoritären und einem demokratischen System thematisiert, sie werden vielmehr auf eine gleiche Ebene gestellt. Man müsse doch verstehen, dass die russische Bevölkerung noch nicht reif für die Demokratie sei, wie sie der Westen geradezu impertinent propagiere, pflegen die Putin-Freunde zu argumentieren.

Dass nach den russischen Parlamentswahlen am 4. Dezember 2011 sowie den darauffolgenden Wochen in Moskau und in Sankt Petersburg Hunderttausende Bürger auf die Straße gingen, um gegen Putin und sein System zu demonstrieren, wird gerne verschwiegen. Die russischen Bürger, die weiße Luftballons in den Händen hielten, weiße Bänder trugen und teilweise weiß gekleidet waren – deshalb war die Rede von der »Schneerevolution« –, forderten nicht nur den Rücktritt von Ministerpräsident Wladimir Putin, sie forderten auch die Annullierung der gefälschten Parlamentswahlen und ein neues demokratisches Wahlgesetz. Nach den Worten des Menschenrechtlers Ewgeni Ichlow war der Aufstand »nicht politisch, sondern moralisch. Denn die Menschen fühlen sich von diesem Staat moralisch entfremdet bis angewidert.«[55] Dass ähnliche Protestdemonstrationen in anderen russischen Städten verboten wurden, bleibt ebenfalls unerwähnt, wenn es um die demokratische Reife der russischen Bevölkerung geht. Für die russischen Medien wiederum war dieser Protest ein von der CIA abgearbeitetes Drehbuch der farbigen Revolutionen – was sich wohl auf die Orangene Revolution im November 2004 in Kiew bezog. Spätestens im März 2012 war die romantische und euphorische Stimmung der vorangegangenen Monate verebbt: Die Demonstranten hatten begriffen, dass sie, nur bewaffnet mit ihren weißen Luftballons und weißen Bändern, gegen die schwerbewaffnete Spezialeinheit OMON keine Chance haben. Im Mai 2012 wurde Wladimir Putin für seine dritte Amtszeit als Präsident vereidigt, die Medien wurden noch massiver in der kritischen Berichterstattung eingeschränkt, und das Versammlungsgesetz wurde weiter verschärft.

Trotzdem, oder gerade deswegen, wurden in den sozialen Medien die vielen Desinformationen aus der Kreml-Propagandaküche verbreitet. Empfänger der russischen Propaganda in Deutschland sind jene Bürger, die entweder einem autoritären Nationalismus nachtrauern oder das demokratische System ablehnen. Beispielhaft dafür, was sich in vielen Köpfen zusammenbraute, war einer von Hunderten Kommentaren nach einer *Hart-aber-fair*-Diskussion in der ARD zum Thema »Wladimir Putin – der gefährlichste Mann Europas«. Im Online-Forum zur Sendung schrieb ein Zuschauer: »Übrigens: Die Überheblichkeit des Westens ist zum Kotzen. Die Politiker labern von moralischer Überlegenheit und Demokratie. Erstens ist dies keine echte Demokratie, weil das Volk kaum mitbestimmen kann und massiv manipuliert wird. Zweitens kann ich über die moralische Überlegenheit nur lachen: Die Dekadenz im Westen ist unschlagbar.« So weit des Volkes Stimme.

Ob Zynismus oder primitive Propaganda regiert, ist schwer auseinanderzuhalten, wenn es in diesem Zusammenhang um die Aussage einer »Russland-Expertin« geht, die gerne in deutsche Talkshows eingeladen wird. Im September 2011 hielt auf einer Veranstaltung der Frankfurter Industrie- und Handelskammer (IHK) die einstige ARD-Korrespondentin Gabriele Krone-Schmalz und Professorin einer privaten Hochschule in Iserlohn einen Vortrag über »Vorurteile und andere Wahrheiten«. Sie mahnte, die deutsche Öffentlichkeit neige dazu, mit zweierlei Maß zu messen. Man solle sich nicht wie ein Lehrmeister gegenüber Russland aufführen, das sei verletzend und schade den Wirtschaftsbeziehungen. Die einfache Bevölkerung habe in den vergangenen zwanzig Jahren so viele Veränderungen erlebt, dass deren Bedarf an ›Reformen‹ mehr als gedeckt sei. Die Russen erwarteten nicht ständig neue Vorschläge für ihr politisches System, sondern zum Beispiel Ideen und Konzepte für notwendige

Infrastrukturmaßnahmen.[56] Im Kreml wird übrigens ähnlich argumentiert: Da beklagt man unter anderem immer wieder den von den USA initiierten »demokratischen Messianismus« des Westens samt dem beliebten seichten Argument der Doppelmoral. Gabriele Krone-Schmalz ist übrigens stolz auf die Puschkin-Medaille. Sie wurde ihr im Jahr 2008 aufgrund eines Erlasses von Präsident Wladimir Putin verliehen, und zwar »in Anerkennung ihres Beitrages zur Festigung der Freundschaft und Zusammenarbeit zwischen Russland und Deutschland«. In seiner Laudatio würdigte in Berlin der damalige Botschafter Russlands Wladimir Kotenjow die Preisträgerin, weil sie auf die »Diskrepanz zwischen der Realität in Russland und der zunehmend negativen westlichen Wahrnehmung« hinweise. Im Gegensatz zu ihr lehnte der niederländische Übersetzer Hans Boland die Puschkin-Medaille ab, die ihm im Jahr 2014 in Moskau verliehen werden sollte. Er hat die Werke Puschkins, Achmatowas und Dostojewskis in seine Muttersprache übersetzt. Seine Ablehnung begründete er folgendermaßen: »Mit großer Dankbarkeit würde ich diese Ehre annehmen, wenn da nicht Ihr Präsident wäre, dessen Verhalten und dessen Art zu denken ich ablehne. Er stellt eine große Gefahr für die Freiheit und den Frieden auf unserem Planeten dar. Jede Verbindung zwischen Putin und mir, seinem Namen und dem Namen Puschkins ist mir abstoßend und unerträglich.«[57]

In den Reigen derjenigen, die das System Putin verteidigen, könnte man außerdem die »Ständige Publikumskonferenz der öffentlich-rechtlichen Medien« hinzufügen. Penibel wird durch selbsternannte Journalistenwächter fast ausschließlich die Berichterstattung in den öffentlich-rechtlichen Medien über die Ukraine und Russland verfolgt. Durch möglichst viele Programmbeschwerden sollen die Verantwortlichen in den Rundfunkanstalten quasi gezwungen werden zu erkennen, wie falsch und einseitig ihre Berichterstattung über Russland und Wladimir Putin ist. Kritik, dass vielleicht zu positiv über Putin berichtet werde, findet sich nicht. Der prinzipielle Tenor spiegelt sich in folgender Aussage wider: »Sanktionen gegen die Ukraine sind angebracht. Ein Putschisten-Regime, das Krieg mit Jagdflugzeugen, Panzern und Bomben gegen einen Teil der eigenen Bevölkerung führt. Unglaubliche Zustände! Das sollte unbedingt mit Sanktionen belegt werden. Und nicht von Berlin und Brüssel hofiert und finanziert werden! Der Niedergang von EU, Nato und USA nimmt immer katastrophalere Züge an.«[58]

Die geballte Kritik an der vermeintlich einseitigen Berichterstattung in den öffentlich-rechtlichen Medien führte unter anderem dazu, dass der Programmbeirat der ARD im Juni 2014 in einer ziemlich kühnen Stellungnahme behauptete, die Kritik sei berechtigt, denn es würde zu einseitig berichtet werden, und »scharf und einstimmig« die »Unausgewogenheit«, »antirussische Tendenzen« und »Voreingenommenheit« bei der Berichterstattung über die »Krise in der Ukraine« verurteilte. Da wird in dem Bericht des Programmbeirats eine Schwarzweiß-Zeichnung zugunsten der Euromaidan-Bewegung in den ARD-Sendungen kritisiert, »obwohl hier auch das rechte, extrem nationalistische Lager beteiligt war, eine Berichterstattung zu Lasten der russischen und der abgesetzten ukrainischen Regierung, denen nahezu die gesamte Verantwortung zugeschoben wurde«. Es seien »antirussische Tendenzen zu erkennen«, und eine »mögliche westliche Mitverantwortung am Entstehen der Krise« wurde nicht thematisiert, noch beispielsweise die demokratische Legitimation der Übergangsregierung oder der Euromaidan-Bewegung in der Ukraine in Frage gestellt. Außerdem sei die Berichterstattung tendenziell gegen Russland und die russischen Positionen gerichtet. Zwar wurde nur ein Bruchteil der Berichterstattung über Russland und die Ukraine ausgewertet, aber das Signal war eindeutig: Journalisten seid vorsichtig!

Der Programmbeirat der ARD soll eine »bunte Mischung von Menschen repräsentieren, die ganz unterschiedliche gesellschaftliche Gruppen vertreten und so die gesellschaftliche Vielfalt widerspiegeln«, heißt es in der Selbstdarstellung des Gremiums. Davon kann jedoch nur bedingt die Rede sein: Der Vorsitzende des Beirats ist Banker bei der Bayerischen Hypo- und Vereinsbank, als Vorstandsmitglied zuständig für Immobilienfinanzierung, ein Mitglied des Programmbeirats gehört der Partei Die Linke an und ist Abgeordneter im Landtag von Sachsen-Anhalt, ein Programmbeiratsmitglied ist Personalreferentin im Dekanat Saarbrücken der katholischen Kirche, ein anderes Programmbeiratsmitglied wurde im Jahr 2006 durch Papst Benedikt XVI. zum Kaplan seiner Heiligkeit mit dem Titel Monsignore ausgezeichnet. »Sie neigen«, kritisierte die *Welt* sehr zurückhaltend, »offenbar zu ganz erstaunlicher Einfalt«.[59] Von dieser Einfalt lebt die russische Propaganda.

Der Prozess der Desillusionierung

Man muss schon besonders einfältig sein, um die Kluft zwischen dem, was Wladimir Putin öffentlich erklärt, und seiner realen Politik nicht zu erkennen. Seine Freunde nennen ein solches Verhalten »strategisches Denken«. Man könnte es auch eine Politik der Lügen nennen. Bestes Beispiel dafür ist die Besetzung der Krim im Frühjahr 2014. Noch Anfang März 2014 erklärte Wladimir Putin in einer Pressekonferenz, dass er sich von den separatistischen Bewegungen auf der Krim distanziere. »Moskau unterstütze den Separatismus auf der ukrainischen Halbinsel nicht, betonte Putin am Dienstag in Moskau.«[60] Zugleich trat er Berichten entgegen, wonach die russische Armee die Krim unter ihre Kontrolle gebracht habe. Zu den Spezialeinheiten, die ohne Kennzeichen, aber exquisit bewaffnet für Ruhe und Ordnung nach russischem Muster sorgten, erklärte Putin, das seien keine russischen Einheiten. Diese Uniformen könne sich jeder kaufen. Tage später wurde die Krim von russischen Sondereinheiten besetzt, die ukrainische Armee musste kapitulieren, und die Krim wurde faktisch ein Teil Russlands.

Mitte April offenbarte Wladimir Putin in einer Fernsehdiskussion, dass in der Tat russische Soldaten für Ruhe und Ordnung gesorgt hätten, um die Bewohner der Krim zu schützen.[61] Und am 16. November 2014 sagte er in einem Interview in der ARD ganz offen: »Ja, und ich versuche es nicht, zu vertuschen. Natürlich, das ist eine Tatsache, und wir wollten sie nie vertuschen. Unsere Streitkräfte, sagen wir es offen, haben die ukrainischen Streitkräfte blockiert, die auf der Krim stationiert waren. Aber nicht deswegen, um jemanden dazu zu zwingen, zu den Wahlen zu gehen – und das ist auch nicht möglich –, sondern deshalb, um Blutvergießen zu vermeiden, um den Menschen die Möglichkeit zu geben, ihre eigene Meinung zu äußern darüber, wie sie ihre Zukunft und die Zukunft ihrer Kinder gestalten wollen.«[62] In seiner Rede zur Lage der Nation, Anfang Dezember 2014, begründete er, warum die Krim eigentlich schon immer zu Russland gehörte: Denn sie »habe für das russische Volk eine besondere Bedeutung, ›weil auf der Krim unsere Leute wohnen, und das Territorium selbst strategisch wichtig ist‹. Dort liege, so der Präsident, der geistige Ursprung der großen russischen Nation. Die Krim sei für Russland, was der Tempelberg in Jerusalem für die Juden sei.«[63] In einem Kommentar schrieb die *Neue Zürcher Zeitung*: »Der Kreml hat schon vor langem eingeräumt, dass seine insistente anfängliche Behauptung, die geheimnisvollen, gut bewaffneten und ausgerüsteten ›grünen Männchen‹ seien Selbstverteidigungseinheiten gewesen, nicht stimmte. Doch dass der russische Präsident sich selber und seine Propagandamaschine so offen der Lüge bezichtigte, überraschte dennoch.«[64]

Nicht anders sieht die Situation in den von prorussischen Separatisten besetzten Gebieten in der Ostukraine aus. Es ist das gleiche Muster, wenn darüber diskutiert wird, ob russische Soldaten in der Ukraine die prorussischen Rebellen unterstützten, während doch sowohl die prorussischen Rebellen als auch der Kreml und Wladimir Putin ständig überzeugend erklärten, es gäbe keine russischen Soldaten in der Ukraine und es würden keine schweren Waffen an die Rebellen geliefert. Dem steht nicht nur diese Analyse der Heinrich-Böll-Stiftung entgegen:»Mehr und mehr haben sich gut ausgebildete russische Soldaten an den Kämpfen beteiligt. Dass das, wie einer der Freischärlerkommandeure diese Woche behauptete, Freiwillige seien, die dafür extra Urlaub von der russischen Armee genommen haben, glaubt selbst in Russland kaum jemand (was übrigens nicht bedeutet, dass ihr Einsatz nicht von einer Mehrheit gutgeheißen würde). Doch auch der vermehrte Einsatz von russischen Soldaten in den Reihen der Freischärler scheint die Kämpfe nicht zu ihren Gunsten gewendet zu haben. Daraufhin eröffneten offenbar reguläre russische Truppen eine weitere Front im Süden an der Küste des Asowschen Meeres.«[65]

Fest steht jedenfalls, dass der Krieg bislang mindestens 5000 Opfer gefordert hat.»Nach Angaben nachrichtendienstlicher Quellen und russischer Menschenrechtsorganisationen kämpfen Tausende regulärer russischer Truppen, zusammen mit einer großen Zahl lokaler Rebellen.«[66] Unabhängige Überprüfungen gibt es bisher nicht. Sicher dürfte jedoch sein, dass viele freiwillige Kämpfer aus Russland in der Ostukraine gegen die ukrainischen Truppen kämpfen, unterstützt mit modernstem Kriegsmaterial aus russischen Beständen. Und wie sagte doch Wladimir Putin auf seiner Jahrespressekonferenz am 18. Dezember 2014: »Alle Menschen, die dem Ruf des Herzens folgen oder freiwillig an irgendeinem Kampf teilnehmen – einschließlich in der Ukraine –, sind keine Söldner, da sie dafür kein Geld bekommen.«[67] Er bezog diese Aussage auf die russischen Soldaten, die in der Ostukraine auf der Seite der prorussischen Rebellen kämpfen. Und das ist schon wieder eine offensichtliche Verdrehung der Tatsachen.

2008: Das unbekannte Vorspiel zur Ukraine-Krise im Jahr 2014

Einige Mitglieder der polnischen Regierung wussten anscheinend sehr früh von Putins imperialen Ambitionen, die von Lech Kaczyński so nachhaltig wie heftig kritisiert wurden. Der damalige polnische Außenminister und heutige Parlamentspräsident Radosław Sikorski erzählte am 19. Oktober 2014 in einem Interview dem Journalisten eines amerikanischen Magazins beiläufig, dass Russland versucht habe, Polen für eine Teilung der Ukraine zu begeistern, und zwar anlässlich eines Besuchs von Premierminister Donald Tusk in Moskau im Januar 2008. »Er wollte, dass wir uns an der Aufteilung der Ukraine beteiligen, dass Polen Truppen in die Ukraine schickt. Das waren die Signale, die er uns sandte … Wir wussten seit Jahren, wie er denkt. Eines der ersten Dinge, die Putin meinem Premierminister Donald Tusk sagte, als er Putin in Moskau besuchte, dass ›die Ukraine ein künstliches Gebilde ist und Lemberg eine polnische Stadt, und warum tun wir uns bei der Teilung nicht zusammen‹. Glücklicherweise antwortete ihm Donald Tusk nicht, denn er wusste, dass alles aufgezeichnet wird.«[68]

Nachdem in der internationalen Presse diese Aussage von

Radosław Sikorski zitiert worden war, ruderte der ehemalige Kandidat für den Posten des EU-Außenministers eilig zurück. In einer ersten Stellungnahme erklärte er, man habe ihn überinterpretiert. Tage später tat er gegenüber der polnischen Presse kund, dass er an dem Gespräch zwischen Tusk und Putin überhaupt nicht teilgenommen habe. Bei einer zweiten Pressekonferenz räumte er ein, dass es kein bilaterales Treffen zwischen Tusk und Putin in Moskau gegeben habe. Doch dann äußerte sich der ehemalige Präsident Georgiens Micheil Saakaschwili gegenüber dem polnischen Fernsehsender TVN24. Demnach habe Putin tatsächlich dieses Angebot gegenüber Tusk und »ähnliche Kommentare gegenüber den ungarischen und rumänischen Staatschefs gemacht«.[69]

Die Aussage des ehemaligen Außenministers Radosław Sikorski wie die des früheren georgischen Präsidenten Micheil Saakaschwili zur Aufteilung der Ukraine steht in engem Zusammenhang mit der bürgerlichen revolutionären Bewegung in der Ukraine im Jahr 2014 und der Besetzung der Krim durch russische Eliteeinheiten. Denn in dem Interview sagte Sikorski ja auch, dass die Russen kalkulierten, wie sie die Krim einnehmen könnten, und zwar indem sie den damaligen ukrainischen Präsidenten Viktor Janukowitsch erpressten. »Ich weiß von meinen Gesprächen und Treffen mit Janukowitsch, dass er dem EU-Ukraine-Assoziierungsabkommen beitreten wollte. Aber im November 2013 geschah irgendetwas. Aufgrund unserer Gespräche hatte ich den Eindruck, dass ihm Putin in Sotschi irgendetwas erzählte. Ich denke, dass Putin Kompromat [Erpressungsmaterial] über ihn hatte: Wir wissen, dass es wöchentlich, zweiwöchentlich einen Lastwagen gab, in dem das [aus dem ukrainischen Haushalt] gestohlene Geld in bar transferiert wurde. Und ich denke, dass er ihm sagte: ›Unterzeichne nicht das Assoziierungsabkommen, sonst werden wir die Krim besetzen.‹«[70] Ob diese Spekulation stimmt, wird nie überprüft werden können. Auf jeden Fall hat sich Radosław Sikorski davon nicht distanziert. Aber natürlich ist seine Glaubwürdigkeit angekratzt.

Erste, nicht ernst genommene Warnungen

Tatsächlich wurde die ukrainische Regierung bereits 2008 davor gewarnt, der Nato beizutreten. Die damals ausgesprochenen Drohungen aus Moskau erinnern fatal an das, was knapp fünf Jahre später geschah. Das ergibt sich zwangsläufig aus einem vertraulichen Gesprächsprotokoll zwischen der damaligen ukrainischen Premierministerin Julia Timoschenko und Viktor Tschernomyrdin, dem inzwischen verstorbenen russischen Botschafter in Kiew. Das Gespräch fand kurze Zeit nach dem Besuch der polnischen Regierungsdelegation in Moskau am 4. Februar 2008 im Privathaus Julia Timoschenkos außerhalb von Kiew statt.

Einziges Thema war der geplante Beitritt der Ukraine zur Nato, der vom damaligen Präsidenten der Ukraine Victor Juschtschenko vehement vorangetrieben wurde. Tschernomyrdin erklärte demnach, dass weder der jetzige Präsident noch dessen Nachfolger einen Beitritt der Ukraine zur Nato hinnehmen würden. Ein solcher Beitritt würde bedeuten, dass Russland darauf drängen werde, dass die Ukraine aus der Gemeinschaft Unabhängiger Staaten (GUS) ausgeschlossen und die Energieversorgung der Ukraine sofort von Russland eingestellt werde, dass Russland verlangen werde, die ausstehenden Schulden für alle wirtschaftlichen Produkte sofort zurückzuzahlen, und seinen Einfluss auf andere GUS-Mitglieder nutzen werde, damit auch diese wirtschaftliche Sanktionen gegen die Ukraine einleiteten. Er wies Julia Timoschenko auf weitere Sanktionen hin: So werde Russland seinen militärischen Einfluss nutzen, innerhalb der Ukraine separatistische Bewegungen zu unterstützen. Russland werde die Ostukraine und die Krim bei ihren Unabhängigkeitsbestrebungen beziehungsweise ihren Bestrebungen zum Anschluss an Russland unterstützen. Russland werde alle seine Investitionstätigkeiten in der Ukraine einstellen und sein Kapital vollständig zurückziehen. Der russische Botschafter Viktor Tschernomyrdin machte deutlich, dass diese Drohungen sehr ernst zu nehmen seien. Man sehe in Russland die Entwicklung in der Ukraine mit Sorge und befürchte, dass es im Nachbarland zu einem Bürgerkrieg kommen könne.

Julia Timoschenko zeigte sich von diesem massiven Druck beeindruckt. Trotz ihres verbalen Bekenntnisses zur Nato, zuletzt abgegeben bei ihrem Aufenthalt in Brüssel, erkannte sie die auf die Ukraine zukommenden schweren Probleme im Falle eines Nato-Beitritts. Ihre größte Befürchtung war demnach, dass sie die reale Möglichkeit des Anschlusses der Ostukraine und der Krim an Russland sah. Sie erklärte, im Moment sei ein unmittelbarer Beitritt zur Nato nicht zu befürchten, weil die Parlamentsmehrheit nicht für Juschtschenko stehe, dieser hätte ohne ihre Fraktion überhaupt keine Chance. Sie tendiere im Gegensatz zum Präsidenten zuerst für eine wirtschaftliche Stabilisierung der Ukraine. Juschtschenko dränge hingegen unter Einfluss des amerikanischen Präsidenten Bush auf einen schnellen Beitritt zur Nato, finde aber dafür im Moment keine Mehrheit. Bush wolle den Beitritt, um ihn als politischen Erfolg verkaufen zu können. Sie, Timoschenko, warte die Entwicklung in Russland nach den Präsidentenwahlen im März 2008 ab.

Genau diese Warnungen entsprachen dem, was im Frühjahr 2014 in der Ukraine geschah. Diesmal ging es jedoch nicht um den Beitritt zur Nato, sondern um das EU-Assoziierungsabkommen.

Bürgerbewegung versus Machtpolitik

Viktor Janukowitschs überraschende Ablehnung des EU-Assoziierungsabkommens wiederum war der Auslöser dafür, dass Ende November 2013 Hunderttausende ukrainische Bürger mehrere Monate lang gegen ihre korrupte Regierung und die sie stützenden Oligarchen demonstrierten, deren Präsident Viktor Janukowitsch nachweisbar Milliarden Euro während seiner Regierungszeit für sich und seinen Clan gehortet hatte. Die Situation in der Ukraine während dieser Phase beschrieb der ukrainische Schriftsteller Juri Andruchowytsch folgendermaßen:»Die sowjetische und postsowjetische, antiliberale und nationalistische, fremdenfeindliche und rassistische Ukraine ist ein so fest geschlungener Knoten von vernachlässigten und chronischen Problemen, dass die Schwierigkeiten der EU mit der Integration einiger neuer Mitglieder wie ein Kinderspiel oder ein Warm-up vor dem eigentlichen Test erscheinen.«[71]

Die Euromaidan-Bewegung war der Versuch, sich nicht nur vom ukrainischen Präsidenten Viktor Janukowitsch, der Verflechtung von Wirtschaftseliten und Staatsmacht und den damit versteinerten Strukturen zu befreien, sondern sich intensiver auf Europa hinzubewegen, weg vom beherrschenden Einfluss der durch und durch korrupten politischen und wirtschaftlichen Elite. Zumindest war das in der Westukraine der Fall. Die Hoffnung wurde durch den trügerischen Glauben genährt, dass die Zuwendung zur Europäischen Gemeinschaft automatisch wirtschaftliche Prosperität, kulturellen und gesellschaftlichen Fortschritt, Presse- und Meinungsfreiheit, kurzum mehr demokratische Freiheiten bedeuten würde. Mit der Hinwendung zu Europa wäre auch der Kampf gegen die strukturelle Korruption einfacher, der in der Ukraine bislang nicht geführt wurde, weil die Staatsbediensteten wie die herrschenden Oligarchen-Clans integraler Bestandteil des korrupten Systems waren und immer noch sind.

Nicht besonders attraktiv für die Bürger in der Ukraine dürfte hingegen der Tatbestand sein, dass die soziale und gesellschaftliche Spaltung zwischen Arm und Reich in den letzten Jahren in Europa ständig größer geworden ist. Aber der liebenswerte, naive Glaube, dass eine positive strukturelle Veränderung möglich sei, trieb Menschen in der Ukraine auf die Straßen. Sie hatten sich endlich als Subjekte der politischen Prozesse verstanden, die als Bürgerbewegung Einfluss auf die Politik nehmen wollen. Denn bislang gab es zwar einen Generationenwechsel in der Politik, der jedoch zu keinem Wandel der politischen Kultur führte. Die meisten jungen Politiker stammten aus den alten Politikerfamilien oder den Clans der Oligarchen.

Die Euromaidan-Bewegung begann am 21. November 2013 auf dem Maidan-Nezalezhnosti-Platz in Kiew, als gerade einmal zweitausend Bürger auf die Straße gingen, um gegen die Entscheidung der Regierung zu demonstrieren, dem EU-Assoziierungsabkommen nicht beizutreten. Sehr schnell wurden es immer mehr Bürger, die sich den Protest der überwiegend jungen Ukrainer anschlossen, um jetzt auch gegen das korrupte System des Präsidenten Viktor Janukowitsch zu protestieren. Es wurden Zehntausende, dann Hunderttausende und schließlich über eine Million Menschen. Es war zweifellos eine bürgerliche Revolution, die auf die Westukraine beschränkt war. Blutige Straßenschlachten in Kiew folgten, bei denen die gefürchteten Berkut-Sondereinheiten des Präsidenten Viktor Janukowitsch wehrlose Bürger niederprügelten, entführten und folterten. Das alles führte dazu, dass Viktor Janukowitsch im Februar 2014 aus dem Präsidentenpalast in Richtung Russland flüchtete, beladen mit Koffern voller Geld.

Daraufhin übernahmen teilweise die Vertreter der Euromaidan-Bewegung – in einer zweifellos konfliktreichen Zusammensetzung hinsichtlich der Beteiligung nationalistischrechtsradikaler Parteien – das politische Ruder. Das Parlament arbeitete weiter, und zwar zusammen mit der Partei von Viktor Janukowitsch, der Partei der Regionen. Doch von einem Putsch, wie es bis heute auch der russische Botschafter in Berlin behauptet, konnte keinerlei Rede sein. Nach russischer Ansicht habe, postulierte Nikolai Patruschew, der Sekretär des Nationalen Sicherheitsrats und der Verantwortliche für die russische Sicherheitspolitik, »in der Ukraine mit amerikanischer Unterstützung ein Staatsstreich stattgefunden, der dem klassischen Schema folgt, das in Lateinamerika, Afrika und dem Nahen Osten entwickelt wurde«.[72]

Die geopolitischen Interessen Russlands hinsichtlich der Ukraine waren hingegen klar, konstatierte Nikolai Patruschew: »Niemals zuvor hat ein solcher Putsch die russischen Interessen so direkt berührt.«[73] Mit den immer wiederholten Schlagworten vom »faschistischen Staatsstreich« oder der »Kiewer Junta« wurde die gesamte Euromaidan-Bewegung diskreditiert. Das galt insbesondere für die jungen Ukrainer, die eine demokratische Veränderung erhofften, die dafür gekämpft und ihr Leben eingesetzt hatten. Doch dass es zu einem Bürgerkrieg kommen würde, war für die Euromaidan-Bewegung unvorstellbar, ebenso dass der Kreml plötzlich die territoriale Integrität der Ukraine militärisch verletzen würde. Dazu gehörten die völkerrechtswidrige Eingliederung der Krim in das russische Staatsgebiet und die logistische und militärische Unterstützung prorussischer Separatisten in der Ostukraine.

Am 7. April 2014 riefen die Separatisten auf dem Gebiet des ukrainischen Verwaltungsbezirks Donezk und am 27. April 2014 auf dem Gebiet des Verwaltungsbezirks Lugansk die eigene Volksrepublik aus. Ziel war die Gründung des Staates Neurussland. Mitschuldig an der Teilung des Landes war zweifellos auch die Regierung in Kiew, die nicht nur die Bedürfnisse der überwiegend Russisch sprechenden

Bevölkerung sträflich vernachlässigt hatte, sondern selbst mit brutaler Gewalt gegen die Menschen in der Ostukraine vorgegangen war. Nicht vergessen ist für viele Menschen in der Ostukraine der 2. Mai 2014: An diesem Tag kam es zu bürgerkriegsähnlichen Auseinandersetzungen zwischen prorussischen Aktivisten und proukrainischen Demonstranten. Die prorussischen Aktivsten flüchteten in das Gewerkschaftshaus, das plötzlich in Flammen stand, während jubelnde ukrainische Nationalisten weiter Molotowcocktails darauf schleuderten. Niemand kam den Eingeschlossenen zur Hilfe, sechsundvierzig Menschen kamen qualvoll ums Leben, keiner der Verantwortlichen wurde bis heute zur Rechenschaft gezogen. »Die Teufel sollen in der Hölle brennen«, schrieb die nationalistische Abgeordnete Irina Farion am Abend der Katastrophe auf Facebook. Die Folge war wieder nationalistischer Hass zwischen den prorussischen und prowestlichen Bevölkerungsgruppen.

Inzwischen herrschen in den von den prorussischen Separatisten dominierten Volksrepubliken Donezk und Lugansk postsowjetische Verhältnisse, Hunderttausende flohen aus ihren umkämpften Dörfern, mindestens fünftausend Menschen wurden getötet. Der gegenseitige Hass führte dazu, dass sowohl die ukrainischen Regierungstruppen, unterstützt von rechtsradikalen Freiwilligenverbänden, wie auch die prorussischen Separatisten schwere Menschenrechtsverletzungen begingen. »Ukrainische Artilleriegeschosse treffen oft Wohngebiete und töten Zivilisten. Laut Human Rights Watch setzte die Ukraine dabei offenbar auch international geächtete Streubomben ein. Oft ist ihr Feuer die Antwort auf Beschuss durch Rebellen, die ausgerechnet in Wohnhäusern Stellung beziehen.«[74]

Bei den sogenannten »freien Wahlen« am 2. November 2014, die von der UN als Bruch von Verfassung und nationalen Gesetzen bezeichnet wurden, siegten die von Moskau gestützten Separatisten – auch aufgrund der von ukrainischen Truppen und Freiwilligenbataillonen begangenen Menschenrechtsverletzungen und Zerstörungen von Wohnhäusern. Wenig bemerkenswert ist, dass Moskau die Wahlen als fair anerkannte; hingegen um so mehr, wer als Wahlbeobachter aus Europa eingeladen war: allesamt Repräsentanten der europäischen rechtspopulistischen und rechtsradikalen Parteien und Bewegungen. Unter anderem kam aus Polen der rechtsextreme Politiker Mateusz Piskorski.[75]

Auch in der Ukraine fanden wenige Tage zuvor, am 26. Oktober 2014, Parlamentswahlen statt. Gewinner waren konservative, westlich orientierte Parteien, die rechtsradikalen Parteien hingegen spielten keine Rolle mehr. Der Oligarch Petro Poroschenko, der Präsident der Ukraine, verlor knapp gegen Premierminister Arsenij Jazenjuk, der einst die undurchsichtige Julia Timoschenko gestützt hatte. Insbesondere scheiterten die ukrainischen Rechtsradikalen vom Rechten Sektor mit gut 2 Prozent an der 5-Prozent-Hürde. Und auch die national-rechte Swoboda-Partei, die in der letzten Regierung immerhin noch drei Ministerposten gestellt hatte, wurde von den Wählern ausgebremst.

Das änderte allerdings nichts daran, dass die Oligarchen und ihre Statthalter im neuen Parlament, der Rada, wieder wie zu alten Zeiten um die wichtigsten Posten innerhalb des Staatsapparats und um ihr Territorium der Macht kämpfen. Ob es also wirklich die von der Euromaidan-Bewegung geforderten notwendigen strukturellen Reformen für eine demokratische Ukraine geben wird, steht noch in den Sternen. Denn, so beschrieb es das vorbildlich arbeitende Anti-Corruption Action Centre (AntAC) in Kiew: »Für die Zukunft der Ukraine ist die Korruption gefährlicher als russische Panzer.«[76] Ebenso brandgefährlich ist das in der Ukraine implementierte System des Neoliberalismus. Es wird die Gesellschaft tief spalten.

Terrorismus oder die Hexenküche
des russischen Geheimdiensts

Lügen und Vertuschen sind im Zusammenhang mit dem Ukraine-Konflikt so offensichtlich wie selten zuvor. Wie das auf einer ganz anderen Ebene funktioniert, zeigt folgender Vorgang besonders deutlich, der in jene Zeit fällt, als Wladimir Putin gerade seine ersten politischen Weihen empfing. Diesen Vorgang ausführlich zu schildern ist deshalb notwendig, weil sich hier der Widerspruch zwischen Erlebnissen und Erfahrungen der Betroffenen auf der einen Seite und der staatlichen Reaktion auf der anderen Seite deutlich zeigt. Und dieser Vorgang demonstriert zugleich, wie schnell wir wichtige Ereignisse schon vergessen oder verdrängt haben. Die folgenden Vorgänge verliefen jedoch nach demselben Muster, wie Jahre später mit dem Absturz der Präsidentenmaschine in Smolensk im Jahr 2010 umgegangen wurde oder mit dem Absturz der Malaysia-Airways MH 17 im Jahr 2014 in der Ostukraine, dem Gebiet, das von prorussischen Rebellen beherrscht wurde.

Es geht um den blutigen Krieg im Nord-Kaukasus. Die wegen ihrer kritischen Reportagen über Kriegsverbrechen in Tschetschenien am 7. Oktober 2006 in Moskau ermordete Anna Politkowskaja fand aufgrund ihrer Erfahrungen sehr früh deutliche Worte dazu, was Wladimir Putin unter Wahrheit versteht: »Bei seinem Deutschlandbesuch im Dezember 2004 wiegelte Putin von vornherein sämtliche Fragen zum Tschetschenien-Krieg ab und beschied den Fragesstellern dummdreist, sie könnten getrost nach Haus gehen und ihre Weihnachtsgans verspeisen, denn es gäbe keinen Krieg.«[77]

Im August 1999 – Wladimir Putin, Chef des Inlandsnachrichtendiensts FSB, war kurz zuvor vom russischen Präsidenten Boris Jelzin zum Premierminister ernannt worden –

überrollte eine Welle von Terroranschlägen russische Städte. Hunderte Menschen starben. Obwohl niemand die Verantwortung für die grausamen Attentate übernahm, beschuldigte der FSB sofort tschetschenische Terroristen. Putin setzte sich als Vergeltung für die blutigen Anschläge für eine Bombardierung Tschetscheniens ein. Der zweite Tschetschenienkrieg begann Anfang Oktober 1999 und sicherte Wladimir Putin hohe Zustimmung in der russischen Bevölkerung. Heute ist vergessen, dass seit Beginn des Kriegs Tausende von Zivilisten, vorwiegend junge tschetschenische Männer, unter dem Vorwurf des Terrorismus verschleppt, gefoltert und ermordet wurden.

Anna Politkowskaja kritisierte damals, dass von russischen Gerichten verurteilte »Kriegsverbrecher« kein ordentliches Gerichtsverfahren erhielten. »Nach ihrer Verurteilung hatten die tschetschenischen Rebellen in den entlegenen Arbeitskolonien und Gefängnissen nicht mehr lange zu leben, sie kamen nach kurzer Zeit um: ›Unter ungeklärten Umständen.‹ Dass sie auf Wunsch von oben beseitigt wurden, bezweifeln Meinungsumfragen zufolge nicht einmal mehr diejenigen in Russland, die die Position der Regierung und des Präsidenten im Hinblick auf den Tschetschenien-Krieg unterstützen.«[78] Gleichzeitig wurden die tschetschenischen Rebellen, die für Unabhängigkeit kämpften, immer radikaler und brutaler, insbesondere nachdem die extreme wahhabitische Doktrin in der Widerstandsbewegung zunehmend an Einfluss gewonnen hatte.

Die Bombenanschläge – das dürfte unumstritten sein – ebneten Putin den Weg zu seiner Präsidentschaft, nachdem klar war, dass der bisherige Präsident Boris Jelzin zurücktreten würde, »und viele der Beweise vermitteln den Eindruck, dass Putin und seine ehemaligen Kollegen vom FSB Bombenanschläge orchestriert« hatten.[79] Ist das auch eine Verschwörungstheorie? Es wäre so, gäbe es nicht eine Vielzahl von

Aussagen, die einer Verschwörungstheorie widersprechen. Am deutlichsten wurde das bei einem verhinderten Bombenanschlag in der russischen Stadt Rjasan. Die Rjasan-Akte ist bis heute eines der meistgehüteten Geheimnisse im Kreml.

Rjasan in Zentralrussland zählt knapp 520 000 Einwohner und liegt 200 Kilometer südöstlich von Moskau. Am 22. September 1999, um 21.10 Uhr, bemerkte der Busfahrer Alexej Kartofelnikow neben seinem Haus Nummer 14 in der Nowoselow-Straße, dass zwei Männer und eine Frau aus dem Kofferraum eines weißen Personenwagens irgendwelche Säcke abluden und sie in den Keller des nebenstehenden Hauses trugen. Gleichzeitig sah er, dass sowohl das vordere als auch das hintere Kennzeichen mit einem Blatt Papier überklebt waren, mit der Nummer 62 für Rjasan. Er meldete seine Beobachtung der Miliz, die erst eine Stunde später kam, als das Auto längst weg war. Im Keller des Hauses wurden jedoch drei 50 Kilogramm schwere Säcke mit einem Zünder sichergestellt.

Andrej Tschernyschow leitete damals die Polizeistreife, die zuerst vor Ort war. Mit ihm sprach der Journalist Pawel Woloschin von der Tageszeitung *Nowoja Gazeta*. Demnach war der Polizist fest davon überzeugt, dass die Situation damals sehr ernst war. Die Polizei war sich sicher, einen Terroranschlag verhindert zu haben, dass der Busfahrer Hunderten von Menschen das Leben gerettet hatte. Denn er hatte selbst die Säcke, die Drähte und den Zünder gesehen. Juri Tkatschenko, Obersprengmeister im Kreis Rjasan, berichtete Ähnliches: »Dort lagen drei Säcke, der mittlere Sack war aufgeschnitten. Darin lag eine digitale Uhr mit nach innen in den Sack verlaufenden Drähten. Ich habe meine Hände in den Sack gesteckt und alles langsam aus dem Sack herausgezogen.«

Am 24. März 2000, zwei Tage vor den Präsidentschaftswahlen, zeigte der russische Fernsehsender NTV eine Diskussion, die sich kritisch mit dem mutmaßlichen Anschlag auseinandersetzte. Eingeladen waren die Bewohner des Hauses, in dem die Säcke mit dem Sprengstoff gefunden wurden, Vertreter des FSB aus Rjasan und aus der Zentrale in Moskau, Milizangehörige, die an der Operation beteiligt waren, und unabhängige Experten. Eine junge Bewohnerin zum Beispiel erinnerte sich folgendermaßen: »Sie gingen mit Widerwillen in den Keller, denn der wurde von manchen als eine Toilette benutzt. Als sie wieder herauskamen, waren ihre Gesichter nicht dieselben.« Ein anderer Bewohner: »Die Polizisten fingen damit an herumzulaufen, zu klingeln, zu klopfen, das Haus sei vermint, alle müssten raus. Nach dem, was in Moskau passierte, sprangen die Leute aus ihren Wohnungen, noch in Bademänteln und Hausschuhen.«

Alexander Sergeew, der ehemalige Leiter der FSB-Abteilung in Rjasan, erklärte in der gleichen Fernsehsendung: »Ich kam um 22.15 Uhr dort an und habe den Einwohnern erklärt, dass wir vom Dachstuhl bis zum Keller alles überprüft haben. Das Haus sei sauber. Und sie könnten in ihre Wohnungen zurückkehren.« In Wahrheit verbrachten die Bewohner die ganze Nacht auf der Straße oder in einem benachbarten Kino. »Um 5.30 Uhr des 23. September hörten die Bewohner, die im Gegensatz zu der Aussage des FSB immer noch im Kino warteten, eine Verlautbarung von Radio Rossiy über den Bombenfund. Der Vorgang wurde beschrieben, und es wurde gesagt, dass die Bombe um 5.30 Uhr explodiert wäre. Im Kino herrschte danach Stille.«[80]

Aufgrund der Untersuchungsergebnisse leitete die Staatsanwaltschaft in der gleichen Nacht ein Strafverfahren ein, wegen Planung eines Terroranschlags. Eintausendzweihundert Polizeibeamte und Soldaten wurden eingesetzt, um die Verdächtigen zu suchen. Doch dann hörte eine Telefonistin ein verdächtiges Telefongespräch mit Moskau ab. Die gewählte Nummer begann mit den Ziffern 224, der Vorwahl der Moskauer FSB-Zentrale. »Kommt aus Rjasan getrennt raus, überall gibt es Polizeikontrollen.« Nach dem Telefonanruf in der FSB-Zentrale fand die Miliz sehr schnell die Wohnung, in der sich die mutmaßlichen Terroristen aufgehalten hatten. Seit der Entdeckung der Bomben waren gerade einmal 24 Stunden vergangen.

Doch dann geschieht Seltsames. Zwei Minister äußerten sich recht unterschiedlich. Öffentlich verkündete der russische Innenminister, dass in Rjasan ein Terroranschlag verhindert wurde:»Es gibt eine positive Entwicklung. Das bestätigt die gestrige Vereitlung eines Terroranschlags in Rjasan.« Kurz darauf dementierte FSB-Chef Nikolai Patruschew:»Das war keine Explosion, die verhindert wurde. Das war eine Übung. In den Säcken war Zucker. Dort gab es überhaupt keinen Sprengstoff.« Eugen Savostjanov, ehemaliger Leiter der FSB-Zentrale in Moskau, wunderte sich in der Fernsehdiskussion über diese Aussage des Moskauer FSB-Chefs:»Ich kann es nicht verstehen. Wieso hat man zwei Tage gebraucht, um zu klären, dass es eine Übung war?«»Die Zeit war nötig«, antwortete ihm Alexander Zdanowitsch, der Moskauer FSB-Sprecher,»um die ganze Kette der Handlungen zu prüfen. Die FSB-Mitarbeiter in Rjasan wurden von der FSB-Zentrale über die Sonderoperation wegen Geheimhaltung nicht informiert.« Die wiederum hatten den Sprengstoff und den Zünder selbst gesehen.

Entsprechend empört reagierten die FSB-Mitarbeiter aus Rjasan auf diese Aussage und veröffentlichten ein Dokument, in dem unter anderem zu lesen ist:»Diese Nachricht überraschte uns sehr und erreichte uns zu dem Zeitpunkt, als der Aufenthaltsort der mutmaßlichen Bombenleger ermittelt wurde und ihre Festnahme unmittelbar bevorstand.« Denn genau in dem Moment, als die Verhaftung der FSB-Mitarbeiter drohte, veröffentlichte FSB-Chef Nikolai Patruschew seine überraschende Erklärung, dass es sich um eine Übung gehandelt habe. Ein Hausbewohner empörte sich in der Fernsehsendung:»Die Herren vom FSB versuchen uns zu überzeugen, dass es eine Übung war. Wir glauben es aber nicht. Sind wir zu blöde, das zu verstehen, oder sie lügen nicht überzeugend genug.« Und eine andere Bewohnerin äußerte sich ähnlich kritisch – was damals noch möglich war: »Sie halten uns für Idioten, die Untersuchung der Übung vom FSB leitet der FSB selbst. Das Ergebnis ist doch absehbar. Ich habe Angst, darüber zu sprechen. Aber ich denke, dass es keine Übung war, das war ein versuchter Anschlag.«

Ein anderer Hausbewohner fragte: »Wer ist befugt, den Befehl zu geben? Der Präsident oder sonst jemand?« Der ehemalige Leiter der FSB-Zentrale in Moskau Eugen Savostjanov dazu: »Ich nehme an, die Bombe war echt und das war eine echte Provokation mit der Absicht, den Kaukasus-Konflikt zu verschärfen. Können wir hier eine klare Antwort erhalten, was hier tatsächlich passiert ist? Ich befürchte, wir werden nichts erfahren.«

Doch was geschah mit dem Sprengstoff, der plötzlich nur noch harmloser Zucker war? Ein Bewohner des Hauses, in dem die Säcke lagerten, erinnerte sich: »Ich habe diese Säcke aus einer Entfernung von drei Metern gesehen. Der Inhalt war ein Granulat, wie kleine Nudeln, und sie waren gelblich.« Frage des Moderators an den FSB-Repräsentanten im Studio: »Wenn man davon ausgeht, dass in den Säcken Zucker war, dann stellt sich die Frage, warum weder FSB noch Polizeiexperten vor Ort erkennen konnten, dass sie es hier mit Zucker zu tun haben?« Die Antwort lieferte Raphael Gilmanov, Experte für Explosionsschutz: »Derjenige, der jemals Hexogen gesehen hat, wird ihn nie mit Zucker verwechseln können. Macht man den Zungentest, wird man sofort feststellen, kein einziger Sprengstoff schmeckt süß.«

Für die Untersuchung, ob es nun Hexogen oder Zucker war, benötigten die Labors des FSB in Moskau über ein halbes Jahr. »Die Säcke, wie der FSB behauptet, mit Zucker«, so der Journalist der *Novaja Gazeta*, »wurden beschlagnahmt, und uns wurde gesagt, man führt eine weitere Untersuchung der Säcke durch. Aber wenn ihr sicher seid, dass es Zucker ist, wozu braucht ihr eine Expertise? Später haben sie die Säcke auch noch gesprengt.« Frage des Moderators:»Kann ein Gasanalysator Zucker und Hexogen verwechseln?«»Nein, das ist ausgeschlossen.« Natürlich gab es auch keinen Zünder, lautete die offizielle Erklärung des Moskauer FSB. Man habe einfach drei Batteriezellen, eine Jagdpatrone und ein paar Drähte gekauft, die Attrappe eines Zünders gebastelt und auf die Zuckersäcke gelegt. Nicht erwähnt wird die Hauptkomponente des Zünders, die digitale Uhr.

Über massiven Druck des Kremls auf die kritische unzensierte Berichterstattung beklagte sich Igor Malaschenko, Direktor von Media-Most, einer Tochtergesellschaft des Fernsehsenders NTV. Nach seinen Worten habe die Ausstrahlung der Sendung *Ryazan Sugar* zu erheblichen Problemen mit dem FSB und der russischen Regierung geführt. Der damalige Informationsminister Michail Lesin habe ihm bei verschiedenen Anlässen gesagt,»dass die NTV-Show die rote Linie überschritten habe und wir in ihren Augen Outlaws seien«.[81] Am 11. Mai 2000 durchsuchte der Generalstaatsanwalt der Russischen Föderation mit Unterstützung des FSB und der Steuerpolizei vier Büros von Media-Most. Nach den Worten von Igor Malaschenko nahmen die Untersuchungsorgane Rache für die Berichte über Tschetschenien und die Vorgänge in Rjasan. Ein Jahr später übernahm der Gazprom-Konzern den Sender und trimmte ihn auf Kreml-Linie.

Als später noch einmal ein Journalistenteam der unabhängigen Tageszeitung *Novaja Gazeta* nach Rjasan fuhr, um weiterzurecherchieren, wurden sie von Männern in Zivil angesprochen. Pawel Woloschin, der zu den Journalisten gehörte, erinnert sich an eine Begegnung der besonderen Art: »Sie haben uns aufgeklärt, wie gefährlich es auf den Straßen von Rjasan sei, denn hier gedeihe die Kriminalität. Die Autofahrer in Rjasan seien sehr unaufmerksam.« Und sie fragten: »Wer wird es verantworten, wenn euch etwas zustoßen sollte? Dann wurde uns empfohlen, Rjasan umgehend zu verlassen.« Auf der Rückfahrt nach Moskau wurde er von der Polizei wegen der Fahrt nach Rjasan verhört. Vergeblich versuchten auch die Bewohner des Hauses, den FSB anzuklagen: Die Ermittlungen waren geheim, die entsprechenden Dokumente bleiben fünfundsiebzig Jahre lang verschlossen.

John B. Dunlop, der Direktor des Instituts für russische, osteuropäische und eurasische Studien an der Universität in Stanford, analysierte in seiner Untersuchung *The Moscow Bombings of September 1999* ausführlich die Hintergründe der Bombenanschläge, die tschetschenischen Terroristen angelastet wurden, auch die Vorgänge in Rjasan. Für ihn weisen die Erkenntnisse darauf hin, »dass die russischen Geheimdienste eine entscheidende Rolle bei der Durchführung der Bombenanschläge spielten«.[82] Ob es jemals eine befriedigende Aufklärung dieses Attentatsversuchs in Rjasan geben wird, ist zu bezweifeln. Die Staatsanwaltschaft beendete ihre Ermittlungen am 30. April 2003.

Typisch für das politische System staatlicher Desinformation und der Versuche, das Zutagekommen unangenehmer Wahrheiten unter allen Bedingungen zu verhindern, ist das Schicksal des Moskauer Rechtsanwalts Michail Trepaschkin. Er gehörte bis 1998 dem FSB an und arbeitete danach als Anwalt. Trepaschkin war, auf Einladung des liberalen Duma-Abgeordneten Sergej Kowaljow, Berater einer unabhängigen Untersuchungskommission. Sie sollte eine Reihe von Sprengstoffanschlägen untersuchen, die 1999 an Wohnhäusern in Moskau und anderen Städten des Landes verübt wurden. Gleichzeitig gab es konkrete Hinweise, wonach der russische Inlandsnachrichtendienst FSB eine Mitschuld an der Bombenserie trug. Zwei führende Mitglieder dieses Untersuchungsausschusses, Sergej Juschenkow, Duma-Abgeordneter und Vorsitzender der Partei Liberales Russland, sowie der Journalist Juri Schekotschikin, starben im Jahr 2003 bei Mordanschlägen. Sie hatten behauptet, dass der FSB in die Anschläge verwickelt sei. Juri Schekotschikin wurde mit radioaktivem Thallium ermordet.

Ähnlich erging es dem ehemaligen FSB-Offizier Alexander Litwinenko: Auch er hatte öffentlich erklärt, dass sein ehemaliger Arbeitgeber FSB für die Anschläge verantwortlich sei. Am 23. November 2006 starb er in London qualvoll an einer Vergiftung mit dem radioaktiven Polonium-210. Die britische Regierung forderte vergeblich von Russland die Auslieferung der beiden Killer, übrigens ehemalige FSB-Agenten. Einer von ihnen, Andrej Lugowoi, mit engen Beziehungen zum engen Machtzirkel um Wladimir Putin, ist inzwischen Abgeordneter der Duma und genießt Immunität. Für eine britische Untersuchungskommission, die Abschriften von Telefongesprächen zwischen Moskau und London durch die NSA erhalten hatte, ist daher klar, dass es »eine Exekution im Auftrag des Staates war«.[83] Das erklärte zumindest Ex-Richter Sir Robert Brown, der Vorsitzende der britischen Untersuchungskommission (public inquiry), die inzwischen den Fall neu aufrollt. Die Protokolle der öffentlichen Anhörungen werden im Internet veröffentlicht und bieten tiefe Einblicke in die Hintergründe des Mordes.[84] Durchgesetzt hatte diese Untersuchungskommision übrigens die Witwe des ermordeten Alexander Litwinenko, und zwar gegen den Willen der britischen Regierung.

So gesehen hatte Michail Trepaschkin noch Glück, als er am 22. Oktober 2003 *nur* in eine Polizeikontrolle geriet und man ihn *nur* beschuldigte, in seinem Auto eine Pistole aufbewahrt zu haben. Er bestritt diesen Vorwurf vehement: Die Miliz habe ihm die Pistole untergeschoben. Es nutzte nichts: Ein Militärgericht verurteilte ihn 2004 zu vier Jahren Haft in einer Strafkolonie. Im August 2006 wurde er auf Bewährung aus der Strafkolonie entlassen, aber wenige Wochen später in seiner Moskauer Wohnung erneut verhaftet und anschließend in die Strafkolonie von Nischnij Tagil gebracht.[85] Er habe gegen die Bewährungsauflage verstoßen, weil er erklärt hatte, die Untersuchungen im Zusammenhang mit den Bombenanschlägen fortzusetzen. Amnesty International beschäftigte sich mehrmals in einer Urgent Action mit seinem Fall und schrieb am 31. Mai 2006 in einer Presseerklärung: »amnesty international befürchtet, dass seine Strafverfolgung dazu dienen sollte, seine weiteren Recherchen als Anwalt im Zusammenhang mit den Sprengstoffanschlägen zu unterbinden.«[86] Ende November 2007 konnte er die Strafkolonie verlassen – als schwerkranker Mann.

Kritiker des Systems Putin lebten auch später gefährlich. Am 27. Februar 2015 erschossen Auftragskiller den 55-jährigen Boris Nemzow, einen der wichtigsten Oppositionspolitiker und heftigsten Kritiker von Wladimir Putin. Und das am bestbewachten Ort in Moskau, nahe des Kreml. Nemzow wollte die Beteiligung regulärer russischer Truppen im Ukraine-Krieg beweisen. Nach dem kaltblütigen und gut geplanten Mord erklärte Wladimir Putin, er wolle persönlich die Aufklärung des Mordes übernehmen – was aufgrund der Erfahrungen mit politischen Auftragsmorden in Russland nichts anderes bedeutet, als dass die Drahtzieher nie gefasst werden. Die Ermittlungen leitet ein Studienfreund von Wladimir Putin, der auch gleich absurde Ermittlungsansätze verkündete: Boris Nemzow sei zu einer Art sakralem Opfer geworden für jene, die vor nichts Halt machen, um ihre politischen Ziele zu erreichen; ukrainische Extremisten könnten hinter dem Mord stecken oder er sei womöglich in undurchsichtige Geschäfte verwickelt und aus kommerziellen Gründen ermordet worden. Merkwürdig war, dass die Kameras, die die Umgebung des Kreml kontrollieren, zur Tatzeit entweder ausgefallen waren oder gerade repariert wurden. Auffällig ist zudem, dass schon kurz nach dem Attentat die Wohnung von Boris Nemzow durchsucht und alle seine Unterlagen und Computer beschlagnahmt wurden.

Diese systemimmanente Politik der Desinformation und der Unterdrückung von Wahrheiten führt geradewegs zum Abschuss von Flug MH 17 wie dem Flugzeugabsturz von Smolensk. Bei Letzterem spielt zwar kein Zucker wie in Rjasan eine bedeutende Rolle, aber Hexogen – also ein Sprengstoff.

Der Abschuss von Flug MH 17 und der Flugzeugabsturz von Smolensk

Es war Punkt 10.31 Uhr, als am 17. Juli 2014 vom Amsterdamer Flughafen Schiphol Flug MH 17, eine Boeing 777 der Fluggesellschaft Malaysia Airlines, in Richtung Kuala Lumpur startete. Geschätzte Flugzeit: zehn Stunden. Die zweihundertachtundneunzig Passagiere, unter anderem einhundertzweiundneunzig Bürger aus den Niederlanden, dreiundvierzig aus Malaysia, siebenundzwanzig Australier, zwölf Indonesier, vier Deutsche und zehn Briten, sollten ihren Bestimmungsort jedoch nie erreichen. Um 13.19 Uhr meldete sich MH 17 zum letzten Mal in einer Höhe von 10 Kilometern. Der Flug verlief bis zu diesem Zeitpunkt vollkommen normal. Wenige Sekunden später brach jeder Kontakt zur MH 17 ab. Sie befand sich zu diesem Zeitpunkt 60 Kilometer östlich von Donezk, dem von prorussischen Rebellen kontrollierten ukrainischen Territorium.

Der Hauptteil des Wracks, also die Triebwerke, das Fahrwerk, das Heckteil und eine der Tragflächen, wurden 8,5 Kilometer von der letzten bekannten Flugposition der MH 17 am Dorfrand von Grabowo gefunden. Die Einzelteile waren über ein Gebiet von rund 50 Quadratkilometer verteilt. Von den Passagieren und Besatzungsmitgliedern überlebte niemand. Die Absturzursachen und wer dafür verantwortlich war, stehen immer noch nicht hundertprozentig fest. Aber sehr schnell war klar, dass die Passagiermaschine MH 17 abgeschossen wurde. Es gab keine Hinweise auf einen technischen Defekt, auf einen Pilotenfehler oder eine andere Notsituation.

Offensichtlich sind einige Parallelen zu dem Absturz in Smolensk. Die Opfer, ob in Smolensk oder der Passagiermaschine MH 17, wurden politisch instrumentalisiert, und die Verschwörungstheorien blühten. Sowohl von polnisch-russischer Seite in Smolensk wie von ukrainischer und russischer Seite im Fall der MH 17 wurde manipuliert mit dem einzigen Ziel, die Verantwortlichkeit und die Gründe für die beiden Flugzeugkatastrophen zu leugnen. Doch im Gegensatz zum Flugzeugabsturz in Smolensk auf russischem Staatsgebiet ging es im Fall der MH 17 um einen bewaffneten Konflikt zwischen der vom Westen unterstützten ukrainischen Regierung und den von Moskau aus gesteuerten Rebellen in der Ostukraine. Das bedeutete, der Absturz in der Ukraine hatte eine internationale Dimension. Nach dem Flugzeugabsturz der MH 17 schrieb Ewa Blasik, die Ehefrau des in Smolensk beim Absturz ums Leben gekommenen Generals Andrzej Błasik, an die Familien der Opfer des Flugs MH 17 einen Brief. »Sie haben eine viel bessere Position als wir vor vier Jahren. Sie haben die Unterstützung nicht nur ihrer eigenen Regierung, sondern von anderen westlichen Ländern. Wir hatten nur uns selbst, eine parlamentarische Kommission und unabhängige Medien. Seit dem Tod unserer geliebten Angehörigen kämpfen wir für die Wahrheit.« Der niederländische Sicherheitsrat übernahm kurz nach dem Absturz auf Bitten Kiews die internationale Untersuchung des Falls. Aber erst Ende November 2014 erlaubten es die Sicherheitslage und ein Abkommen mit den Separatisten, die wichtigsten Überreste der Boeing zu bergen.

Andrej Purgin, einer der Anführer der selbsternannten »Volksrepublik von Donezk«, wollte, dass die Flugschreiber an die Zwischenstaatliche Luftfahrtkommission der Gemeinschaft Unabhängiger Staaten (MAK) übergeben werden. Gleich nach dem Abschuss erklärte er: »Am sichersten übergeben wir die Flugschreiber an die MAK nach Moskau. Dort arbeiten die Experten mit höchsten Qualifikationen, die die Ursache der Katastrophe präzise feststellen können, obwohl die Ursache bereits klar ist.« Das war kühn, denn genau diese MAK zeichnete sich im Fall Smolensk durch plumpe Fälschungen aus.

Obwohl Wladimir Putin nach dem Unglück erklärte, dass internationalen Experten Zugang zur abgestürzten MH 17 gewährt werden müsse, war das Trümmerfeld am ukrainischen Absturzort Grabowo Tage nach dem Absturz nicht abgesperrt. Der OSZE-Vertreter Michael Bociurkiw klagte gegenüber dem Fernsehsender CNN: »Das Problem ist, dass es keine Absperrung des Orts gibt wie sonst üblich. Jeder kann da rein und womöglich mit Beweisstücken herumhantieren.«[87]

In der *FAZ* vom 21. Juli 2014 beschrieb Konrad Schuller die Situation vor Ort: »Jetzt sind die ersten Fachleute in der Ostukraine eingetroffen, um die Leichname und die Trümmer des Flugzeugs zu untersuchen. Schwerbewaffnete Rebellen begleiten sie mit Schäferhunden, Maschinengewehren, Panzerfäusten. Es ist auf den ersten Blick nicht klar, ob sie da sind, um die Niederländer und die OSZE-Beobachter zu beschützen oder bei ihrer Arbeit zu behindern. Jedenfalls geben sie permanent Kommandos: Hier lang. Da lang. Stopp.«[88] Als OSZE-Experten versuchten, die Absturzstelle zu inspizieren, durften sie sich nur in einem Umkreis von 200 Metern bewegen. Warnschüsse wurden abgegeben, als ein Beobachter die vorgeschriebene Zone verlassen wollte. Aus Sicherheitsgründen mussten sich die OSZE-Vertreter in die von den prorussischen Separatisten kontrollierte Regionalhauptstadt Donezk zurückziehen. Der russische Außenminister Sergej Lawrow wiederum erklärte am 28. Juli 2014 in Moskau, die internationale unbewaffnete Polizeigruppe könne nicht zum Trümmerfeld gebracht werden, da dort ukrainische Panzer aufgefahren seien – was insofern nicht der Realität entsprach, als zu diesem Zeitpunkt das Trümmerfeld von prorussischen Separatisten besetzt war.

Augenzeugen behaupteten außerdem, dass an der Absturzstelle geplündert worden sei. »Diverse Journalisten, die Zugang zur Absturzstelle hatten, berichteten etwa via Twitter von geleerten Geldbeuteln, Computer- und Kamerataschen zwischen den Trümmern.«[89] Am Absturzort seien Wrackteile der abgeschossenen Boeing 777 auf Lastwagen verladen und in unbekannte Richtung transportiert worden. Zum Vergleich: 2010 wurden in Smolensk die Überreste der Präsidentenmaschine von russischen Kräften zersägt, teilweise vernichtet oder von Plünderern vom Absturzort entfernt. Wochen nach der Katastrophe wurde das gesamte Absturzgebiet zubetoniert. Noch im Jahr 2012 wurden um die Katastrophenstelle herum menschliche Überreste sowie Wrackteile gefunden.

Das Eigentum der Opfer wie Gepäck, Eheringe, Armbanduhren, Geld oder Kreditkarten wurde bei beiden Katastrophenstellen gestohlen. Die Rebellen in der Ukraine nahmen Kameras, Fotoapparate, Handys, Laptops, Speicherkarten sowie andere Kommunikationsmittel an sich, die bei der Dokumentation des Verlaufs der Katastrophe hätten behilflich sein können. 2010 wurden in Smolensk Wrackteile gestohlen und als Schrott verkauft. Vom Konto des polnischen Passagiers Andrzej Przewoźnik wurden aufgrund gestohlener Kreditkarten zirka 6000 Złoty ausgezahlt. Diese Kreditkarten wurden dreimal in Smolensk benutzt, erstmals bereits am Tag nach der Katastrophe.

In Smolensk, im April 2010, beschuldigte Russland von Anfang an die polnischen Piloten, für die Tragödie verantwortlich zu sein. Gleichzeitig verschwanden wichtige Beweismittel wie die Videoaufnahmen des Smolensker Flugkontrollzentrums, die sowohl die Arbeit der Kontrollinstrumente im Tower als auch die der Kontrolleure registrieren sollten: So wurden die Videorekorder im Tower von Mitarbeitern des FSB entfernt und danach behauptet, dass sie außer Betrieb gewesen seien. Die polnische Journalistin Anita Gargas ging dieser Spur nach. »Wir haben einen Zeugen gefunden, der sich sicher ist, dass die Geräte intakt waren. Es ist der Mitarbeiter der Peilfunkstation.« Er erzählte der Journalistin Aufschlussreiches: »Es ist doch dort der Videorekorder montiert worden. Die Kamera überwacht alle Landungsparameter. Die Kamera registriert die vier Bildschirme der Kontrolleure: des Flugs, der Landung, des Radarsystems der Landung und die Funkortung des näheren Navigationssystems. Als Erstes, wenn etwas passiert, sofort kommen Herrschaften, sie bitten um die Videoaufnahmen und Tonbänder.« Und wenn es die nicht gibt? Der Mitarbeiter der Peilfunkstation antwortete ihr: »Wenn es sie nicht gibt, dann geht derjenige, der für solche Aufnahmen sorgen sollte, ins Gefängnis. Und ins Gefängnis möchte keiner gehen.«

Im Fall des Absturzes der MH 17 war das ukrainische Militär verantwortlich, behaupteten der Kreml und fast alle russischen Medien. Für die ukrainische Regierung in Kiew hingegen waren die Schuldigen die russische Regierung, auf jeden Fall aber die prorussischen Separatisten. Gekämpft wurde um die Deutungshoheit, ob ukrainische Kampfjets die Boeing abgeschossen hatten, um einen Konflikt mit Russland zu provozieren. Oder war es das den prorussischen Separatisten von Russland zur Verfügung gestellte Luftabwehrsystem

Buk-1M? Dieses in den achtziger Jahren entwickelte russische Luftabwehrsystem besitzen sowohl russische als auch ukrainische Streitkräfte.

Für den russischen Politikexperten Pawel Swjatenkow von der nichtstaatlichen Organisation Stiftung der historischen Perspektive war klar, dass es nur eine ukrainische Provokation gewesen sein kann. Im Radio Stimme Russland wird er mit den Worten zitiert, dass Russland am meisten daran interessiert sei, die Wahrheit herauszufinden: »Russland muss möglichst schnelle und objektive Untersuchungsergebnisse fordern – und wird das auch tun. Mit sehr hoher Wahrscheinlichkeit handelt es sich bei dem Abschuss der malaysischen Boeing um eine Provokation der ukrainischen Regierung. Man hat Russland einen wesentlichen Imageschaden zugefügt. Wir werden die Wahrheit einfordern.«[90]

Das ukrainische Innenministerium wiederum veröffentlichte ein Video, das einen Buk-Raketenwerfer mit drei statt vier Raketen zeigt, der am frühen Morgen in Richtung russischer Grenze unterwegs gewesen sei. Ein anderes Video würde den gleichen Raketenwerfer in der von Separatisten kontrollieren Region zeigen. Der Sprecher des Rebellenführers Alexander Borodai erklärte gegenüber der Nachrichtenagentur AP, die Rebellen verfügten über keine Waffen, die hochfliegende Objekte abschießen könnten. Das sei falsch, erklärte gegenüber der Nachrichtenagentur AP ein hochrangiger Rebellenführer mit direktem Zugang zum inneren Kreis der Führung im Donezk. Demnach glaubten die Rebellen, dass sie auf ein ukrainisches Militärflugzeug feuern würden. Zuvor hatte es tatsächlich Abschüsse ukrainischer Militär- und Transportmaschinen gegeben.

Kurz vor der Katastrophe informierten Putins Massenmedien, unter anderem Itar-Tass, ihre Leser, dass die Milizen ein Buk-Raketensystem besäßen. Mit diesen Worten wurde zumindest der Putin-Propagandist Sergej Kurginjan am 15. Juli

2014 zitiert: »Mit großer Freude erfuhr ich, dass es den tapferen Milizen gelang, eines der ukrainischen Buk-Systeme zu erbeuten, die Elektronik war leider zerstört, aber unsere genialen Elektroniker werden alles reparieren. Ich glaube, sie haben das bereits gemacht.«

In einer Fernsehsendung verkündete Jekaterina Andrejewa, Moderatorin der wichtigsten Nachrichtensendung im russischen TV, kurz nachdem die Nachricht vom Absturz der MH 17 bekannt geworden war, dass der Abschuss eigentlich Wladimir Putin gegolten habe. Seine Maschine habe beim Rückflug aus Brasilien die identische Flugroute wie die MH 17 genommen, und zwar genau eine Stunde zuvor. »Die Umrisse des Flugzeugs und die Länge sind absolut identisch, und ihre Farben sind auf eine solche Entfernung nicht zu unterscheiden.«[91] Diese Behauptung verschwand schnell aus den sozialen Medien, weil sie einfach viel zu konstruiert war.

Dafür präsentierte der russische Generalstab in Moskau der internationalen Presse Satellitenaufnahmen und Karten mit Flugbahnzeichnungen vom Absturztag. Demnach habe sich ein ukrainischer Suchoi-25-Abfangjäger, der mit Luft-Luft-Raketen bewaffnet gewesen sei, der MH 17 bis auf 5 Kilometer genähert.[92]

Die These, dass sich ein ukrainischer Abfangjäger der MH 17 genähert habe, bestätige das russische Verteidigungsministerium, publiziert auch auf der Internetseite der russischen Botschaft in Berlin: »Am 18. Juli 2014 präsentierte das Verteidigungsministerium Russlands zehn Fragen an die Regierung der Ukraine, die eine objektive Vorstellung über die Katastrophe am Himmel über der Ukraine bilden könnten.« Das russische Verteidigungsministerium beklagte, dass man auf die Fragen keine Antworten von den zuständigen ukrainischen Behörden erhalten habe. Daraufhin veröffentlichten Vertreter des Generalstabs der Streitkräfte unter anderem Satellitenaufnahmen der Absturzstelle sowie eine Analyse durch Experten.»Außerdem wurden objektive Angaben der Flugzeugkontrolle präsentiert. Kiew ignorierte wieder unsere Bemühungen zur objektiven Untersuchung der Situation mit dem Flugzeugabsturz … Die größeren Löcher, die zum Zerfall der Maschine vor dem Absturz führen konnten, werden im Bug der MH 17 festgestellt. Derartige Schäden konnten beispielsweise nach einem Beschuss mit Standardwaffen des SU-25-Flugzeugs entstehen – den R-60-Raketen oder Kanonen.«[93]

Der russische Fernsehsender LifeNews meldete sogar:»Am 17. Juli um 17.50 Uhr schossen die Milizen eine AN-26 ab.« Am gleichen Tag verkündete Igor Girkin über soziale Netzwerke, dass seine Milizen nahe Tores eine AN-26 abgeschossen hätten. Wenig später bestätigten die russischen Nachrichtenagenturen ITAR-TASS und RIA Novosti sowie der Sender LifeNews:»Milizen berichten, dass ihnen gelungen ist, noch ein Transportflugzeug der ukrainischen Armee abzuschießen«, so die Moderatorin.»Alles passierte über der Stadt Tores in der Volksrepublik Donezk um etwa 17 Uhr Moskauer Zeit. Die AN-26 überflog die Stadt, eine Rakete traf das Flugzeug, eine Explosion war zu hören, das Flugzeug stürzte ab, im Himmel konnte man schwarzen Rauch sehen.«

Wie politische Desinformation Krisen verschärft

Die offiziellen Organe der Russischen Föderation lieben im Zusammenhang mit der Aufklärung der Absturzursache das Wort»objektiv«. Das Wort»objektiv« hat in Russland traditionell eine spezifische Bedeutung, nämlich die offizielle Sichtweise des Kremls. Die verkündete der russische Sender *Russia Today*, der sich selbstverständlich mit dem Flugzeugabsturz

MH 17 beschäftigte und dazu »Experten« eingeladen hatte, die beweisen sollten, dass Putin oder seine Gefolgsleute in der Ostukraine auf keinen Fall für den Abschuss der MH 17 verantwortlich waren. Ein solcher Experte ist der siebzigjährige Rainer Rupp. Ausführlich wird er interviewt, ein Experte ist er zweifellos. Bekannt wurde er, weil er in den achtziger Jahren als der beste Mann der DDR-Aufklärung und des Warschauer Pakts galt. Er lieferte jahrelang Informationen der höchsten Geheimhaltungsstufe »COSMIC Top Secret« aus dem Nato-Hauptquartier in Brüssel nach Ost-Berlin. Im Juli 1993 wurde er verhaftet und wegen schweren Landesverrats zu einer zwölfjährigen Gefängnisstrafe verurteilt.

Der Journalist des Senders fragte ihn, wie er die Beweislage beurteile. »Beweise gibt es eigentlich im Moment noch gar nicht. … Es gibt Beweise, die vorgelegt wurden von russischer Seite. … Die Flugüberwachungsdaten, die vorgelegt wurden, die sind leicht zu überprüfen, schlecht zu fälschen. Aber die guckt man sich ja gar nicht an. Man ist eigentlich gar nicht daran interessiert an dem, was die Russen an Beweisen vorlegen. Und wenn man sich anschaut, was passiert ist, die Investigators aus dem Westen, die vor Ort die Untersuchung führen sollten, davon war einer 48 Stunden vor Ort. Alle anderen haben sich in Kiew mit der Junta und mit dem von Faschisten geführten Geheimdienst in Kiew getroffen.«[94] Natürlich wird nicht erwähnt, dass es den internationalen Ermittlern, insbesondere denen aus den Niederlanden, von den prorussischen Rebellen untersagt wurde, das Absturzgebiet aufzusuchen.

Die *Stimme Russlands* wiederum zitierte ebenfalls deutsche Experten im Zusammenhang mit dem Flugzeugabsturz der MH 17, zum Beispiel während eines öffentlichen Forums im Verlagsgebäude des *Neuen Deutschland*. Anwesend unter anderem der Oberst a. D. Bernd Biedermann, der anhand der »vorliegenden Indizien sachgemäß« urteilte: »Wenn eine solche Flakrakete startet, dann gibt es einen Knall, der kilometerweit nicht zu überhören ist, weil schlagartig Tonnen von Schubkraft freiwerden und innerhalb von Sekunden die Flakrakete auf Überschall beschleunigt wird, dann wackelt die Erde, erstens. Zweitens ist die Flugbahn einer solchen Flakrakete unübersehbar zu erkennen, weil sie einen Kondensstreifen hinterlässt.« Dass der Ex-Oberst der NVA einst Militärattaché der DDR war, wird üblicherweise nie erwähnt, wenn er in kremlhörigen Medien zitiert wird, gerade wenn es um seine »fachkundige Beratung« im Hinblick auf den Absturz der MH 17 geht.[95] Seine Biographie veröffentlichte er im August 2008 mit dem Titel *Offizier, Diplomat und Aufklärer der NVA.*[96]

Ein weiteres typisches Beispiel von vielen Meldungen, die sowohl in Russland wie etwa in Deutschland auf der Website des Kopp-Verlags verbreitet wurden: »Besonders interessant ist auch das peinliche Schweigen über die Insassen. Wie hier schon berichtet, handelte es sich bei den Toten um alte, in Formalin eingelegte Leichen. Das geht jedenfalls aus einem ausführlichen und glaubwürdigen Augenzeugenbericht einer Anwohnerin aus Grabowo hervor, den die abchasische Nachrichtenagentur *ANNA-News* veröffentlichte. Auch andere Zeugen sprachen von alten Leichen.«[97] Mit dieser wichtigsten Propagandaquelle der prorussischen Rebellen ist der Rebellenführer Igor Girkin alias Strelkow eng verbunden.[98] Nach seinen Worten seien bereits »viele der Passagiere von Flug MH 17 tot gewesen, bevor die Maschine abhob«, wurde er auf der russischen Webseite *Russkaja Wesna* zitiert.

Strelkow kämpfte von 1999 bis 2005 in Tschetschenien und diente bis zum 31. März 2014 als Offizier des FSB.[99] In der russischen Presse wurde er als »Held« gefeiert.[100] Igor Strelkow postete nach dem Absturz im Netzwerk VK, einer russischen Version von Facebook, Videos von der Absturzstelle und kommentierte sie mit den Worten: »Wir haben doch gewarnt, in unserem Nebel zu fliegen.« Weiter hieß es: »Und hier ist die Videobestätigung des letzten ›Vogelabsturzes‹.«[101] »Strelkow, der die Authentizität des Beitrags mittlerweile bestätigt hat, schob seine Ausführungen später auf ein Missverständnis. Er habe falsche Informationen von der örtlichen Bevölkerung erhalten.«[102] Trotzdem wurde über deutsche Websites behauptet: »Sollte die Meldung also tatsächlich von Strelkovs VK-Account stammen, wurde sie zumindest nicht von ihm selbst dort platziert.«[103]

Kämpfer der Separatisten dokumentierten an der Absturzstelle mit Fotos, dass wenigstens eine der Tragflächen durch Einschusslöcher perforiert worden sein könnte, bevor das Flugzeug abstürzte. Man könne deutlich erkennen, wie die Beschädigungen in einer Fluchtlinie verlaufen, als entstammten sie den Geschossgarben einer Bordkanone. Dies könne zumindest erklären, weshalb die Maschine am Stück herunterkam und sich nicht über 50 bis 80 Quadratkilometer verteilte, bevor die Wrackteile aufschlugen. Bei einem Raketenabschuss wäre dies sehr wahrscheinlich der Fall gewesen.

Der ukrainische Generalstaatsanwalt Vitali Jarjoma persönlich hatte in einem Interview für die Zeitung *Ukrainskaja Prawda* bezeugt, dass die Bürgerwehr der Volksrepublik Donezk keine Flak-Raketensysteme erbeutet hätte und die Separatisten keine Raketensysteme der Typen Buk und S-300 von Russland besäßen. Hingegen gäbe es Augenzeugenberichte, denen zufolge die Maschine von einem Kampfjet beschossen worden sein solle, konterte die russische Seite. Einer der Anwohner der kleinen Siedlung Grabowo, der jedoch anonym bleiben wollte, wörtlich: »Wenige Minuten vor dem Absturz der Boeing wurde im Himmel ein Kampfjet gesichtet. Der Kampfjet feuerte einige Raketen ab, die irgendwo im Himmel explodierten. Danach gingen auf uns Trümmer nieder.«

Etwas »wissenschaftlicher« argumentierte der Verband der Ingenieure Russlands mit einer Stellungnahme am 15. August

2014. »Objektiv und unparteiisch« sollten alle Umstände des Absturzes untersucht werden. Vollkommen korrekt schreiben die Autoren: »Es gibt viele Mitwirkende, die an der Verschleierung einer jeden realen Tatsache interessiert sind.« Natürlich ist Russland davon ausgeschlossen. So wird »objektiv und unparteiisch« festgestellt, dass der Pilot eines »unidentifizierten Kampfflugzeugs« ein Manöver durchführte und »sich der Boeing 777 aus der hinteren Hemisphäre näherte. Anschließend nahm das nicht identifizierte Flugzeug einen Kampfkurs ein, der Pilot initiierte mit der Bordausrüstung die Zielverfolgung, nahm das Ziel ins Visier und veranlasste den Start der Rakete R-60 bzw. R-73.« Da die Streitkräfte der selbsternannten Volksrepublik Donezk über keine Kampfflugzeuge verfügten und die Kampfflugzeuge der Russischen Föderation den Luftraum der Ukraine nicht verletzt hätten, »könnten es ja nur die Ukrainer gewesen sein. Gleichzeitig lässt sich in einem hohen Maße an der Theorie der Zerstörung der MH 17 durch den Einsatz eines Flugabwehrsystems Buk-M1 zweifeln.«[104]

Russia Today wiederum zitierte die malaysische Tageszeitung *New Straits Times*, wonach die Behörden Malaysias davon ausgingen, dass ein ukrainisches SU-25-Kampfflugzeug die MH 17 abgeschossen hätte. Auf diese Meldung reagierte die *New Strait Times* und schrieb: »Am 9. August 2014 dementierte Datuk Seri Hishammuddin Hussein, der Verteidigungsminister von Malaysia, Berichte aus den sozialen Medien, dass die MH 17 von einem Jagdflugzeug abgeschossen wurde. Hishammuddin Hussein sagte, er ist persönlich davon überzeugt, dass die MH 17 durch eine Buk-Rakete abgeschossen wurde. Die Geschosse müssen von einem Buk-System gekommen sein, und diese Tatsache kann weder Europa, die Nato oder Russland verneinen. Offen ließ er nur die Frage, ob sie von ukrainischen Buk-Systemen abgeschossen wurde oder von den Rebellen, die sie wiederum von den Russen erhielten.«[105]

Kurz vor dem Beginn des G-20-Gipfels im australischen Brisbane am 15. November 2014 präsentierte das russische Staatsfernsehen ein Bild, aufgenommen von einem westlichen Satelliten, das den Abschuss der Boeing durch einen ukrainischen Jagdflieger zeigt. Kurze Zeit später stellte sich heraus, dass das Foto eine grobe Fälschung war, für das die Schemen der beiden Flugzeuge auf ein Bild von Google Maps aus dem Jahr 2012 projiziert worden waren.[106]

Eine einsame Stimme in diesem orchestrierten Chor der Desinformation war die unabhängige russische Tageszeitung *Novaya Gazeta*. In ihrer Ausgabe vom 25. Juli 2014 zeigte sie ganzseitig auf ihrer Titelseite das Foto des Konvois von Leichenwagen mit den ersten Opfern der Flugzeugkatastrophe, die von Eindhoven nach Hilversum zur forensischen Analyse transportiert werden. Darüber stand in der fettgedruckten Überschrift auf Niederländisch:»Verzeihe uns, Niederlande.«[107]

Keine Schuldzuweisung, aber eine klare Aussage lieferte der erste Ermittlungsbericht der niederländischen Ermittlungsbehörden zum Absturz der MH 17, der Anfang September 2014 veröffentlicht wurde. Da bis zu diesem Zeitpunkt die Experten aus Deutschland, den Niederlanden, Großbritannien, Malaysia, Amerika und der Ukraine den Absturzort nicht ungehindert betreten durften, stützten sie ihre Erkenntnisse auf Fotos, Radardaten und den Funkverkehr. Das vorläufige Ergebnis: Die Maschine wurde von vielen kleinen und schnellen Objekten durchlöchert – ein Muster, das zu einer Buk-Rakete, aber auch zu anderen Raketensystemen passen würde.[108]

Kurz nach Veröffentlichung des niederländischen Berichts erklärte Najib Razak, der Premierminister von Malaysia:»Uns liegen die Geheimdienst-Erkenntnisse zum Schicksal von MH 17 vor, und diese Berichte sind schlüssig. Im nächsten Schritt werden wir physische Beweismittel sammeln, die zu gegebener Zeit vor Gericht präsentiert werden können. Mit ihnen werden wir ohne jeden Zweifel nachweisen, dass das Flugzeug mit einer Rakete abgeschossen wurde.«[109]

Schließlich meldete der *Spiegel* am 20. Oktober 2014, dass der Bundesnachrichtendienst in einer detaillierten Analyse zu dem Schluss gekommen sei, dass prorussische Rebellen für den Absturz der MH 17 verantwortlich seien. Das berichtete der BND-Präsident Gerhard Schindler am 8. Oktober 2014 den Mitgliedern des Parlamentarischen Kontrollgremiums des Bundestags. Demnach erbeuteten prorussische Separatisten ein russisches Buk-Luftabwehrraketensystem und feuerten damit auf MH 17. Der BND stellte auch fest, dass sowohl ukrainische wie russische Darstellungen gefälscht seien. Klar sei es Desinformation, wonach die Rakete von ukrainischen Soldaten abgefeuert worden und ein ukrainischer Jagdbomber in der Nähe der Maschine geflogen sein solle. BND-Präsident Schindler laut *Spiegel*:»Es waren prorussische Rebellen.«[110]

Das Dementi der prorussischen Rebellen folgte sofort. Und kurze Zeit darauf veröffentlichte das ukrainische Verteidigungsministerium auf seiner Internetseite, dass die Informationen des BND nicht korrekt seien:»Das Kommando der Luftstreitkräfte der Ukraine erklärt offiziell, dass die Informationen, laut denen die Terroristen das Luftabwehrraketensystem Buk-M1 von einem Truppenteil der ukrainischen Luftstreitkräfte erbeutet haben, nicht stimmen. Das Personal, die Technik und die Waffen des Flak-Raketenregiments, das im Gebiet Donezk stationiert war, waren bereits am 29. Juni 2014 auf Beschluss des Luftwaffenchefs der Ukraine zur Erfüllung von Aufgaben in andere Regionen verlegt worden. Als die Terroristen das Gelände des Truppenteils betraten, war dort nur noch veraltete und betriebsunfähige Automobiltechnik vorhanden.« Diese Stellungnahme wiederum wurde von den russlandfreundlichen Medien dazu benutzt, um die Unhaltbarkeit der BND-Erkenntnisse zu dokumentieren. Dabei war die Erklärung der ukrainischen Luftstreitkräfte nichts anderes als die Behauptung, dass die ukrainische Armee kein waffenfähiges Material bei ihrer Flucht vor den prorussischen Separatisten zurückgelassen hatte. Man wollte schlichtweg vertuschen, dass die prorussischen Rebellen natürlich funktionierende Waffensysteme von ukrainischen Truppen erobert hatten.

Vergessen wird dabei, dass es den international angesehenen Blog *Bellingcat* des britischen Bloggers Eliot Higgins für investigative Journalisten gibt. Bislang konnten ihm noch nie irgendwelche Manipulationen seiner Recherchen vorgeworfen werden. Mit öffentlich zugänglichem Material wie Fotos, Karten und Videos gelang es ihm nachzuweisen, dass auf einem Tieflader das Luftabwehrsystem Buk von Donezk in Richtung des vermutlichen Abschussortes transportiert wurde. Er veröffentlichte sogar Aufnahmen, nicht manipuliert wohlweislich, die den Tieflader nach dem Abschuss zeigen, und zwar wie er durch das von den prorussischen Separatisten kontrollierte Luhansk fuhr: Dabei fehlte eine Rakete des Buk-Systems.[111] Dazu schrieb *Zeit online* über die *Bellingcat*-Recherchen:»Zwar können sie nicht genau nachweisen, wer MH 17 abgeschossen hat, aber sie entlarven zwei Lügen«[112] – zum einen der prorussischen Separatisten, deren Anführer nach dem Abschuss von MH 17 behaupteten, man verfüge nicht über die technischen Mittel für ein derartiges Manöver, und zum anderen der russischen Regierung, die erklärte, dass »sie den Separatisten keine Flugabwehrraketen zur Verfügung gestellt habe«.[113]

Es war Tony Abbott, der Ministerpräsident Australiens, der im Zusammenhang mit dem Flugzeugabsturz von Flug MH 17 im Oktober 2014 klare Worte fand wie kein anderer westlicher Politiker zuvor:»Ich gehe zu Mister Putin und sage ihm: ›Australier wurden ermordet. Sie wurden von durch Russland unterstützten Rebellen ermordet, mit von Russland gelieferter Ausrüstung. Wir sind darüber sehr unglücklich.‹«[114]

Das alles ändert jedoch nichts daran, dass die ukrainische Seite an dem Absturz nicht unschuldig war. Immerhin war bekannt, dass prorussische Rebellen am 14. Juli 2014 eine ukrainische Antonow-Militärmaschine in Höhe von 6500 Metern abgeschossen hatten – und trotzdem wurde der Luftraum über dieser Region nicht gesperrt. Elmar Giemulla ist Rechtsanwalt und Professor für Luftfahrtrecht an der Technischen Universität Berlin. Er vertritt Angehörige deutscher Opfer von Flug MH 17, und er klagt beim Europäischen Gerichtshof gegen die Ukraine. Denn die verantwortlichen ukrainischen Behörden seien ihrer Verantwortung, die Sicherheit ihres Luftraums zu gewähren, nicht nachgekommen. Damit habe der ukrainische Staat in Kauf genommen, dass das Leben Hunderter unschuldiger Menschen vernichtet worden sei. Er äußerte den Verdacht, dass eine Sperrung des Luftraums ausgeblieben sei, »weil die Ukraine nicht auf die Überflug-Gebühren habe verzichten wollen, die täglich bei bis zu zwei Millionen Euro liegen sollen«.[115] Von einem Journalisten gefragt, ob es für seine Behauptung Belege gebe, antwortete er: »Es gibt natürlich keine Belege, es gibt Schlussfolgerungen, es gibt Plausibilitäten. Die Frage ist ja, solange von der ukrainischen Regierung kein plausibler Grund vorgetragen wurde, weshalb sie den Luftraum nur bis unmittelbar unter der Reiseflughöhe gesperrt haben … muss man davon ausgehen, dass es Gründe gibt, die in diesem Zusammenhang eine Rolle spielen, und das sind natürlich die Überfluggebühren.«[116]

Die ukrainische Regierung beteuert hingegen, dass die Fluggesellschaft darauf aufmerksam gemacht wurde, dass MH 17 über Kriegsgebiet fliegen würde. Bei der Klärung des Absturzes von Flug MH 17 finden sich viele interessengeleitete Hinweise, Quellen und Behauptungen, die ein einziges Ziel verfolgen: Mit allen Mitteln soll versucht werden, die wahren Gründe für den Absturz der Passagiermaschine zu verschleiern. Als die bekannte russische Nichtregierungsorganisation »Soldatenmütter St. Petersburg« im Sommer 2014 Zahlen veröffentlichte, nach denen bis zu 15 000 russische Soldaten schon zum Kampf in der Ukraine gewesen sein sollen und Hunderte russische Soldaten gefallen sind, wurden die Soldatenmütter am 28. August 2014 zu »ausländischen Agenten« erklärt. Zuvor hatten bereits die russischen Militärbehörden mit aller Macht versucht, die Organisation in ihrer Arbeit zu behindern, Mitarbeiter wurden unter Druck gesetzt oder tätlich angegriffen.

Diese Politik der Verdrängung, um es diplomatisch zu formulieren, hat eine lange unheilvolle Tradition, wie das Beispiel Katyn und später der Absturz in Smolensk deutlich machen.

Katyn: Ein Trauma mit politischen Nachwirkungen

Die Anfang 2014 vor allem in Polen grassierende Hysterie, die Angst vor der russischen Atommacht, steht in engem Zusammenhang mit einem historischen Trauma – welches ohne das Massaker von Katyn vor siebzig Jahren nicht zu verstehen ist. Das dokumentiert auch die Erklärung des früheren polnischen Präsidenten Lech Walesa nach dem Flugzeugabsturz in Smolensk. »Vor 70 Jahren haben die Sowjets in Katyn die polnische Elite ermordet. Heute ist erneut die polnische Elite ums Leben gekommen, auf dem Weg dorthin, wo sie der getöteten Polen gedenken wollten.«[1] Für das Massaker in Katyn seien die Nazis beziehungsweise die deutsche Wehrmacht verantwortlich gewesen – diese offizielle sowjetische Version galt bis Ende 1990.

Die polnische Tragödie begann jedoch bereits mit dem verhängnisvollen Hitler-Stalin-Pakt beziehungsweise dem Molotow-Ribbentrop-Pakt, benannt nach den Außenministern Russlands und Nazi-Deutschlands, der am 23. August 1939 zwischen der deutschen Reichsregierung und der Regierung der UdSSR geschlossen wurde. In einem geheimen Zusatzprotokoll teilten Hitler und Stalin Osteuropa unter sich auf: Die Deutschland zugewiesenen Gebiete umfassten den westlichen Teil Polens, der 1939 annektiert wurde, sowie Litauen, wo das Memelgebiet 1939 von Deutschland besetzt wurde und der Rest 1940 von der Sowjetunion. Die der Sowjetunion zugewiesenen Gebiete waren Finnland (im Winterkrieg von 1939 angegriffen, aber nicht erobert), das bessarabische Gebiet in Rumänien (1939 annektiert) und der östliche Teil Polens entlang der Grenze der Flüsse Narew, Weichsel und San (1939 annektiert) sowie Estland und Lettland (1940 annektiert).[2]

Am 1. September 1939 marschierten deutsche Truppen auf Befehl Adolf Hitlers in Westpolen ein, am 17. September 1939 sowjetische Truppen in Ostpolen. »Mit der Annektierung Ostpolens durch die Sowjets erhielt die UdSSR 52 Prozent des polnischen Staatsgebietes mit einem Drittel seiner Bevölkerung, darunter rund 250 000 Soldaten und Offiziere, Gefangene eines nicht erklärten Krieges.«[3] Gleichzeitig wurden über eine Million polnische Männer, Frauen und Kinder in das Landesinnere der Sowjetunion deportiert, und etwa 181 000 polnische Militärangehörige verschwanden in sowjetischen Gefangenenlagern. Unter ihnen befanden sich etwa zehntausend Offiziere, die in drei großen Lagern untergebracht waren.

Massaker an der polnischen Elite

Am 5. April 1940 begannen die Sowjets, die Lager aufzulösen. Die Gefangenen des Lagers Kozielsk, in dem über viertausend polnische Offiziere waren, wurden 230 Kilometer westlich in Richtung Smolensk transportiert. Die sowjetischen Behörden erklärten, dass sie freigelassen würden und nach Hause zurückkehren könnten. Vom 3. April bis Mitte Mai 1940 exekutierten Einheiten des sowjetischen Geheimdiensts NKWD (Volkskommissariat für innere Angelegenheiten) die polnischen Offiziere, aber auch Beamte, Juristen, Ärzte, Professoren, Geistliche und andere Mitglieder der polnischen Elite. Sie alle waren nach dem Einmarsch der Sowjetunion in Ostpolen im September 1939 inhaftiert und verschleppt worden. 4143 Polen wurden in dem Ort Katyn bei Smolensk durch den NKWD mit Genickschüssen hingerichtet. Außerdem starben Tausende Polen in Mednoje bei Twer und bei Charkow in der Ukraine.

Erst im September 1941, die deutschen Truppen hatten sich auf ihrem Vormarsch nach Moskau in Smolensk seit mehreren Monaten einen erbitterten Kampf mit den sowjetischen Truppen geliefert, eroberte die Wehrmacht die Region Smolensk. Auf dem Schlachtfeld blieben 489 000 tote sowjetische Soldaten liegen, ein hoher Blutzoll. Im Februar 1943 erfuhr die Geheime Feldpolizei der Wehrmacht, dass sich im Wald von Katyn ein Massengrab befinden sollte. In einem Abschlussbericht des Feldpolizeisekretärs Ludwig Voß vom 26. April 1943 ist zu lesen:»Anfang Februar 1943 wurden erstmals Meldungen aus den umliegenden Ortschaften überbracht, wonach sich im Walde von Katyn – Straße Smolensk/Wiebsk, zwischen Gniesdowa und Katyn – Massengräber ermordeter polnischer Offiziere aus dem Jahr 1940 befinden sollen. Nachforschungen ergaben die Richtigkeit der Angaben … die Leichen liegen mit dem Gesicht nach unten und weisen nach bisherigen Feststellungen sämtlich Genickschüsse auf.«[4] Nach Entdeckung der Massengräber wurde das Massaker von der NS-Propaganda instrumentalisiert, um auf den »bolschewistischen Terror« hinzuweisen, während die sowjetische Führung unter Josef Stalin die Verantwortung für das Massaker vehement bestritt und sie den Nazi-Truppen anlastete.

Doch auch die nach London geflohene polnische Exilregierung war sich sicher, dass Josef Stalin für das Massaker von Katyn verantwortlich war, und äußerte diese Meinung öffentlich. Daraufhin wurde am 17. April 1943 ein Leitartikel in der Moskauer Tageszeitung *Iswestija* publiziert, der die weitere Marschroute Stalins vorgab:»Bereits seit zwei Wochen verbreitet die deutsche Regierung lügnerische Behauptungen über die UdSSR, und zwar aus dem Grund, um die Freundschaft zwischen Polen und der UdSSR zu untergraben. In polnischen Regierungskreisen wurden die deutschen Behauptungen leider benützt, um seither auch einen Feldzug im Radio und in der Presse gegen die UdSSR zu eröffnen.

Während die Sowjetunion alle ihre Kräfte anspannt, um den gemeinsamen Feind des polnischen und russischen Volkes zu vernichten, fällt die polnische Regierung der Sowjetunion in den Rücken.«

Nachdem sich die polnische Exilregierung in London an das Internationale Rote Kreuz gewandt hatte, das als unabhängige Institution die deutschen Vorwürfe klären sollte, brach Josef Stalin die bisherigen Kontakte zur polnischen Exilregierung in London ab. Dazu der sowjetische Außenminister Molotow am 26. April 1943:»Der gegen die Sowjetunion gerichtete Verleumdungsfeldzug, der von den deutschen Faschisten im Zusammenhang mit den von ihnen selbst im Raum von Smolensk auf dem von deutschen Truppen besetzten Gebiet getöteten polnischen Offiziere entfesselt wurde, ist unmittelbar darauf von der polnischen Regierung aufgenommen und von der amtlichen polnischen Presse mit allen Mittel geschürt worden.«

Gemeint war der in England lebende Chef der polnischen Exilregierung Władysław Sikorski, der die Aufklärung der Vorwürfe durch Unterstützung des Internationalen Roten Kreuzes einforderte. Zwei Tage nach dem Brief von Molotow erwiderte die polnische Exilregierung aus London:»Jede Zusammenarbeit mit den Deutschen ist verschmäht worden. Im Lichte dieser in der gesamten Welt bekannten Tatsachen haben die polnische Regierung und die polnische Nation es nicht nötig, sich gegen irgendeine Vermittlung hinsichtlich einer Fühlungsnahme oder einer Verständigung mit Hitler zu verteidigen.«[5] Der polnische Generalmajor Kazimir Schally schrieb am 11. Mai 1943 in der Edinburgher Zeitung *Scotsman*:»Warum übergeht man da dieses fürchterliche Verbrechen, das an 10 000 polnischen Offizieren verübt wurde, mit Stillschweigen. Wir erwarten von Euch, dass Ihr mithelft, damit man die Mörder der Gerechtigkeit übergibt.«[6]

Insbesondere die Engländer wussten sehr früh von den

Massakern an polnischen Offizieren. In seinen Erinnerungen schrieb Winston Churchill, dass Anfang April Władysław Sikorski zu ihm gekommen war und gesagt hatte, dass er Beweise dafür besitze, dass die sowjetische Regierung 15 000 polnische Offiziere und Gefangene ermordet habe, die in den Massengräbern in Katyn liegen. »Wenn sie tot sind, kann sie nichts mehr zum Leben erwecken«, antwortete Churchill und versicherte dem sowjetischen Botschafter in London: »Wir müssen Hitler schlagen, dies ist nicht der Augenblick für Streitereien und Anschuldigungen.«[7] Am 4. Juli 1943 stürzte das Flugzeug des Ministerpräsidenten der polnischen Exilregierung Władysław Sikorski 16 Sekunden nach dem Start in Gibraltar ins Meer. Er überlebte nicht. Aufgeklärt ist der Fall bis heute nicht, da Akten vernichtet oder manipuliert wurden und der Rest strikter Geheimhaltung unterliegt. Seine Eliminierung beendete die Hoffnungen für ein späteres freies Polen nach dem Zweiten Weltkrieg und wurde häufig als Enthauptung der Führung des Landes bezeichnet.

Für die Sowjets war hingegen klar, wer der Schuldige des Massakers in Katyn war. Im sowjetischen Abschlussbericht der Sonderkommission »Die Wahrheit über Katyn« vom 24. Januar 1944 wurde unter anderem erklärt, dass »die deutschen faschistischen Invasoren durch Überredung, Bestechung, Bedrohungen und barbarische Folter versuchten, Zeugen unter den sowjetischen Bürgern zu finden, von denen sie falsche Beweise erhofften, wonach die polnischen Kriegsgefangenen durch Organe der Sowjets im Frühling 1940 ermordet wurden. Die deutschen Besetzer brachten im Frühjahr 1943 aus anderen Distrikten die Körper polnischer Gefangener, denen sie in den Kopf geschossen hatten und die sie im Wald von Katyn vergraben hatten.«

Am 23. Februar 1944 berichtete die Moskauer US-Botschaft in einer Depesche an das Washingtoner Außenministerium, dass zwei Botschaftsangehörige sowie siebzehn Journalisten, unter anderem aus der Tschechei, aus Polen und aus Spanien, in einem Sonderzug nach Smolensk gefahren wurden. Dort sollten sie sich mit dem Leiter der Sonderkommission treffen. Der Bericht endete mit den Sätzen:»Die Mitglieder der Kommission waren nicht erfreut, dass wichtige Fragen gestellt wurden. Auf der Rückfahrt waren die Beamten des Auswärtigen Amtes, die uns begleiteten, bemüht, von uns Versicherung zu erhalten, dass wir überzeugt wurden. Es ist offensichtlich, dass die Beweise in verschiedenen Bereichen nicht vollständig sind und dass die Show für die Korrespondenten gedacht war, ohne Gelegenheit einer unabhängigen Untersuchung oder Verifizierung.«[8]

Das lange Schweigen

Bis 1990 leugnete die Sowjetunion die Massenhinrichtungen in Polen. Erst Michail Gorbatschow stellte Ende 1990 in der Glasnost-Ära klar, dass die Sowjetunion für den Massenmord in Katyn verantwortlich war. Doch Gorbatschow leugnete, den Beschluss des Politbüros zur Liquidierung der polnischen Offiziere zu kennen, die Anordnung vom 5. März 1940, und verhinderte die Veröffentlichung dieser zentralen Belege für die Morde in Katyn. Der russische Präsident Boris Jelzin übergab 1992 diesen bislang geheim gehaltenen Politbüro-Beschluss seinem polnischen Kollegen Lech Walesa. Auch im kommunistischen Polen war die Erwähnung von Katyn verboten.

»Zwischen dem Verbrechen und dieser Geste liegen sowjetische Vertuschungsmanöver«, schrieb der Historiker Rudolf Walther, »mehrere Expertenberichte und insbesondere peinliche Erklärungen der amerikanischen und britischen Regierung. Für Churchill war das Verbrechen von Katyn ›ohne irgendeine praktische Bedeutung‹ und für Roosevelt schlicht ›deutsche Propaganda‹.«⁹ Noch heute lastet dieses Verschweigen auf dem Verhältnis der Polen zu Europa und den ohnehin schwierigen Beziehungen zu Russland.

In weiten Kreisen herrschte fast ein halbes Jahrhundert Schweigen über die Verantwortlichen von Katyn, kritisierte Victor Zaslavsky, der renommierte Professor für Soziologie. Während des Zweiten Weltkriegs bestand kein Interesse, das Bündnis mit Stalin gegen Hitler-Deutschland zu gefährden. »Sei es aus bürokratischer Trägheit, sei es aus zynischem Pragmatismus, opferten die britischen Regierungen auch in den folgenden Jahrzehnten die Wahrheit über Katyn, um die sowjetische Supermacht nicht zu kränken und die Vorteile wirtschaftlicher Beziehungen zur Sowjetunion nicht aufs Spiel zu setzen.«¹⁰

Auf eine Geste der umfassenden Wiedergutmachung wartete die polnische Bevölkerung vergeblich. Für Russland ist der Massenmord von Katyn heute nur eine Episode in der langen Reihe von Verbrechen Stalins – und über die wird in Russland nicht gerne geredet. Der russische Militäroberstaatsanwalt Alexander Sawenkow beendete das Untersuchungsverfahren gegen die Täter von Katyn im Jahr 2005 mit der lapidaren Begründung, dass es keinen Genozid am polnischen Volk gegeben habe und die Vorgänge zudem verjährt seien.¹¹

Während Putins zweiter Amtszeit durften sich viele Stalin-Anhänger in Schulbüchern und Medien ausleben: Stalins menschliche Seite und »effektive Führung« wurden entdeckt. »Die These entstand, dass Stalins Handeln die zwangsläufige Folge der Bedrohung von außen und der inneren Rückständigkeit gewesen sei. Die anderen waren also schuld. Stalins Verbrechen wurden in kurzen Pflichtsätzen des Bedauerns versteckt.«¹² Diese Kontinuität der Vertuschungen und Lügen als strategisches Element der russischen Innen- und Außenpolitik setzte sich bekanntlich in den nächsten Jahren fort.

Tragödie oder Verbrechen:
Der Flugzeugabsturz von Smolensk

Vertuschungen und Lügen, damit zurück zum Flugzeugabsturz in Smolensk am 10. April 2010. Schon sehr schnell
blühten absurde Verschwörungstheorien, die in den ersten
Monaten nach dieser Katastrophe in Polen, aber auch in
Deutschland Beachtung fanden.

Demnach hätten Reporter, die an der Unglücksstelle in
Smolensk waren, keine »Überreste der Passagiere« gesehen,
keine aufgeplatzten Gepäckstücke mit persönlichen Habseligkeiten. »Wusste man, dass es keine Passagiere und damit
keine Überlebenden gab?«[1] Und in einem weiteren Beitrag
des gleichen Autors: »Es fehlten an der sogenannten Absturzstelle wichtige Spuren eines Crashs, unter anderem wichtige
Flugzeugteile, aber auch Gepäck, Kleidungsstücke, Leichenteile und anderes mehr.« Das war zwar blühender Unsinn,
aber davon ließ sich der Autor nicht beeindrucken – und
bezog sich sicherheitshalber auf die Internetseite *Polskaweb*,
deren Betreiber für seine kruden Verschwörungstheorien
und seinen Antisemitismus berüchtigt ist. Aufgrund des Artikels in *Polskaweb* schrieb der Autor: »Ich hatte daraus die
Schlussfolgerung gezogen, dass es sich um eine simulierte
Absturzstelle nach dem Northwoods-Muster handelte. Die
ursprünglich von US-Militärs entwickelte Operation Northwoods ist die Blaupause für simulierte Flugzeugabstürze: Dabei wird das Originalflugzeug durch ein Double ersetzt. Das
Originalflugzeug wird umgeleitet und auf einem (anderen)
Flughafen gelandet. An der Absturzstelle explodiert entweder
eine ferngelenkte Drohne, oder der Absturz wird mit primi-
tiveren Mitteln simuliert, wie etwa Flugzeugschrott und/oder
auch nur einem Bombenabwurf, der den Absturz darstellen

soll. Das ›Verkaufen‹ dieser Operation besorgen dann die Medien.«²

Ehrlich gesagt wusste ich bislang nichts von dieser bemerkenswerten Operation Northwoods, und mir sind die schmutzigen Aktivitäten der unterschiedlichen Geheimdienste, auch der amerikanischen, durchaus bekannt. Im Internet ist über Northwoods viel zu finden, stellte ich verblüfft fest – als Vorlage für die verrücktesten Verschwörungstheorien, dass zum Beispiel diese Operation auch bei dem Terrorangriff gegen das World Trade Center am 11. September 2001 durchgeführt worden sein soll. Das Dokument Northwoods vom 13. März 1962 mit der Überschrift »Rechtfertigung für die US-Militär-Intervention in Kuba« entstand während der Kubakrise und war ein Geheimpapier des amerikanischen Generalstabs zur Provokation eines Kriegsgrunds.³ Nach diesem ebenso abenteuerlichen wie kriminellen Plan sollte beispielsweise eine zivile Chartermaschine abgeschossen werden, um einen Vorwand für einen Krieg gegen Kuba zu liefern. Der damalige Präsident John F. Kennedy widersetzte sich diesem Vorhaben seines Generalstabs, und die Operation Northwoods blieb als Entwurf kriegslüsterner Generäle in der Schublade – lebte aber in den Köpfen so mancher Verschwörungstheoretiker fort und tauchte auch nach Smolensk wieder einmal auf.

Im Laufe meiner Recherchen erhielt ich eine E-Mail von einer polnischen Journalistin. »Als eine polnische Journalistin mit Sitz in Berlin gehöre ich zu einem kleinen investigativen Kreis der polnischen Bürger, die sich mit den damaligen Ereignissen befassen und einer sogenannten ›Flugzugkatastrophe‹ widersprechen. Falls Sie an einem Gespräch Interesse hätten, stehe ich Ihnen gerne jederzeit zur Verfügung.« In dem anschließenden Telefongespräch bezog sich die Journalistin ausdrücklich auf diese im Internet verbreitete These und fragte mich, ob ich denn jemals eine Leiche gesehen hätte. Als ich sagte, ja, weil ich mit den Angehörigen der Opfer gesprochen habe, brach der Kontakt ab.

Ein gefährlicher Wartungsvertrag

Doch was war wirklich geschehen? Allem voraus ging – und das ist schon ein Teil des Problems – die Wartung der Präsidentenmaschine in einem russischen Betrieb. Am 9. April 2009 schloss das polnische Vereidigungsministerium einen Vertrag über die Reparatur und technische Überholung der beiden polnischen Regierungsmaschinen vom Typ Tupolew TU-154M. Die Ausschreibung gewann ein Konsortium, das wiederum die Ausführung des Vertrags einer russischen Firma in Samara übergab, dem Konzern Aviakor. Zu Sowjetzeiten zählte das Unternehmen zu einer der fünf größten Fabriken der Luftfahrtindustrie, wo in den siebziger und achtziger Jahren etwa tausend Exemplare der Tupolew produziert wurden. Damit war sie einer der meistgebauten Passagierjets in der Geschichte der sowjetischen beziehungsweise russischen Luftfahrt. Kein Wunder, dass hier auch heute noch die Tupolew-Flugzeuge gewartet und repariert werden. Besitzer des Unternehmens Aviakor ist der russische Oligarch Oleg Deripaska, der in den neunziger Jahren engste Verbindungen zur russischen Mafiaorganisation Ismailovskaja unterhielt und später die marode Flugzeugfabrik übernahm.

Einige Wochen vor der Entscheidung über die Ausschreibung schloss Aviakor eine Vereinbarung über eine gemeinsame Beteiligung am Projekt mit dem Konsortium der polnischen Firmen Politelektronic und MAW Telekom. Die Firma Politelektronik wiederum vertritt ausschließlich die Interessen russischer Rüstungsunternehmen. Ungewöhnlich war, dass das Unternehmen Aviakor vom polnischen Unternehmen Politelektronik bereits Wochen vor dem Ende der offiziellen Ausschreibungsfrist darüber informiert wurde, dass das Konsortium diese Ausschreibung gewonnen hatte. Antoni Macierewicz, der Chef der parlamentarischen Kommission zur Untersuchung der Katastrophe von Smolensk, äußerte sich zu diesem Deal sehr kritisch:»Alle führenden Männer der militärischen Nachrichtendienste wie General Lukaschewski waren mit der Firma, die das Flugzeug gewartet hat, eng verbunden. Die Entscheidung darüber, dass Deripaska den Auftrag erhielt, ist bereits ein halbes Jahr vor der Ausschreibung gefallen.«

Nach den Worten von Oberst Andrzej Kowalski, dem ehemaligen stellvertretenden Chef der Militärnachrichtendienste, hätte sich die Abwehr auf jeden Fall um Aufklärung bemühen müssen, warum sich die russischen Dienste so intensiv für die Ausschreibung der Reparatur- und Wartungsarbeiten interessieren. Nicht alle Wartungsarbeiten wurden jedoch in Samara selbst durchgeführt. Einige Teile der Maschine wurden wiederum an andere Subunternehmen geliefert. Tatsache ist jedenfalls, so Oberst Andrzej Kowalski:»Es stellte sich heraus, dass die Möglichkeit zur Aufsicht über den Verlauf dieser Reparaturarbeiten sehr gering war. Ich weiß, dass es einen einzigen abkommandierten Mitarbeiter aus Polen gab, der die russische Mannschaft, die die Reparatur durchzuführen hatte, begleiten und beobachten sollte. Wir kennen keine Einzelheiten und können lediglich vermuten, dass er weder im Flugzeug noch in der Flugzeughalle geschlafen hat, als die Tupolew TU-154 repariert wurde.« Übersetzt heißt das, dass jeder Zugang zu den beiden polnischen Regierungsmaschinen hatte. Und Andrzej Kowalski weiter:

»Auf der anderen Seite ist es Aufgabe aller Sicherheitsdienste einer Regierung, dass überprüft wird, ob in einer im Ausland gewarteten Regierungsmaschine zum Beispiel keine

Abhöreinrichtungen von einem fremden Nachrichtendienst installiert wurden oder andere Geräte, die zum Beispiel die Funktion der elektronischen Geräte hätten stören können.« Dies unterblieb, obwohl es sich bei beiden Maschinen um Militärflugzeuge handelte, in denen höchste politische und militärische polnische Repräsentanten mitfliegen sollten. Entsprechend scharf ist die Kritik von Oberst Andrzej Kowalski: »Die Abwehr hätte zumindest so viel Vorstellungsvermögen erweisen können, dass sie zum Beispiel das Installieren von Abhöranlagen hätte vermuten sollen, nicht wahr? Oder Anlagen, die das Bild übertragen, oder auch Anlagen, die jegliche mit dem Flug verbundenen Signale senden könnten.«

Am 22. Dezember 2009 übergab Aviakor dem polnischen Verteidigungsministerium die erste TU-154M nach ihrer Generalüberholung. Es war jene Maschine, mit der am 10. April 2010 der polnische Präsident nach Smolensk flog. Am gleichen Tag, an dem die Präsidentenmaschine nach Warschau überführt wurde, wurde Grzegorz Michniewicz, der Direktor der Kanzlei von Regierungschef Donald Tusk, tot aufgefunden. Er hatte die höchste Nato-Geheimhaltungsstufe. Nach Aussagen der Staatsanwaltschaft beging er Selbstmord, doch es blieben Zweifel. Denn am 23. Dezember wollte er zusammen mit seiner Frau und seinen Kindern verreisen, um Weihnachten zu feiern. Die Entscheidung zum Selbstmord musste er also sehr spontan getroffen haben.

Die ungenügenden Reisevorbereitungen

Wie kam es überhaupt zu den geplanten Feierlichkeiten anlässlich des siebzigsten Jahrestag des Massakers von Katyn? Und warum flog der polnische Premierminister Donald Tusk

am 7. April 2010 zusammen mit dem russischen Premierminister Wladimir Putin nach Katyn, während der polnische
Präsident erst drei Tage später, am 10. April 2010, zu eigenen Feierlichkeiten nach Katyn reiste? Warum gab es keine
gemeinsame Gedenkfeier? Ausgangspunkt war ein Treffen
zwischen Donald Tusk und Wladimir Putin im September
2009 in Sopot nahe Danzig, wo beide Premierminister unter
anderem über den Katyn-Jahrestag sprachen.

Darauf bereitete sich seit langer Zeit auch der polnische
Präsident Lech Kaczyński vor. Wie sich später herausstellte,
sagte Wladimir Putin seine Teilnahme an diesen Feierlichkeiten unter der Bedingung zu, dass diese Feierlichkeiten zu einem anderen Zeitpunkt stattfinden müssen, als der polnische
Präsident geplant hatte. Donald Tusk stimmte der russischen
Vorgabe zu. Viel später, am 19. Oktober 2011, erklärte Donald Tusk: »Ich kann mich nicht erinnern, dass das Szenario
einer gemeinsamen Beteiligung anlässlich der Feierlichkeiten
in Katyn in Erwägung gezogen worden war. Meine Intention
war die Meidung jeglicher Missverständnisse in Bezug auf die
Beteiligung von höchsten Vertretern des polnischen Staates
während der Feierlichkeiten zum 70. Jahrestag des Verbrechens von Katyn.«

Jacek Cichocki, der Staatssekretär im Kabinett von Premierminister Tusk, warnte in einer Informationsnotiz am 11. Dezember 2009: »Man sollte die Möglichkeit des von Russland
›geführten Spiels‹ gegen die Teilnahme der höchsten Staatsvertreter der Republik Polen an den sich nähernden Jahresfei-
erlichkeiten (Auschwitz, Katyn, Jahrestag der Beendigung des
Zweiten Weltkriegs) vermeiden. Man sollte vorzeitig den Status der Staatsvertreter sowie den konkreten Plan der Feierlichkeiten festlegen.« Niemand in der Regierung interessierte sich
für diese Warnung. In dieser Notiz über das Treffen eines polnischen Staatssekretärs mit dem Botschafter der Russischen
Föderation Wladimir Grinin wurde der Plan der Teilnahme

des Präsidenten der Republik Polen Lech Kaczyński an den Feierlichkeiten in Katyn thematisiert.

Zuerst erklärte Wladimir Grinin, er habe keine Informationen über den Standpunkt des polnischen Präsidenten in Bezug auf den Staatsbesuch in Katyn erhalten, um danach öffentlich zu erklären:»Wie ich bereits betont habe, gibt es leider viele Personen, die diese Ereignisse zu eigenen, oftmals ausschließlich zu kommerziellen Zwecken ausnutzen möchten. Verbittert müssen wir zum Beispiel zur Kenntnis nehmen, dass die Einladung des Premierministers Donald Tusk durch Wladimir Putin als eine Intrige Moskaus diffamiert wurde, eine durchdachte Aktion, die zum Ziel haben sollte, den Präsidenten und den Premierminister Polens auseinanderzudividieren. Ich möchte nochmals betonen, dass die russische Seite die besten Intentionen für das polnische Volk empfindet. Sie hat den aufrichtigen Wunsch, den Katyn-Fall endgültig zu entpolitisieren, eine Geste, die uns erlauben würde, noch größeres Verständnis füreinander zu haben.«[4]

Von der Opposition wurde das Verhalten des russischen Botschafters so interpretiert: Die Regierung Donald Tusks habe sich mit Wladimir Putin verbündet, um Katyn von der politischen Tagesordnung zu entfernen, indem der polnische Präsident nicht an einer gemeinsamen Gedenkfeier teilnehme, wohl wissend, dass er und Putin auf dem Kriegsfuß stünden. Man kann es aber auch so verstehen, dass die Regierung Tusk einen politischen Eklat zwischen Putin und Lech Kaczyński fürchtete, den es auf jeden Fall zu vermeiden galt.

Den endgültigen Termin des Staatsbesuchs des Premierministers in Katyn legte Tomasz Arabski, der Leiter der Kanzlei von Premierminister Tusk, in einem direkten Gespräch mit Donald Tusk fest, ohne den Präsidenten oder dessen Kanzlei darüber zu informieren. Anfangs wurde aber anscheinend ein gemeinsamer Termin festgesetzt, der 10. April 2010. Das ergibt sich aus entsprechenden Aussagen, unter anderem von Agnieszka Wielowieyska, der Direktorin der Abteilung für Auswärtiges in der Kanzlei des Premierministers. Demnach habe der »Premierminister seine Beteiligung am 10. April 2010 in Katyn bestätigt«. Bekräftigt wurde das von Tomasz Arabski. Der erklärte in Bezug auf das Datum 10. April 2010: »Ich habe das Datum im Gespräch mit dem Premierminister Tusk festlegen müssen.« Und was sagte Donald Tusk dazu? »Das Problem des Termins der Feierlichkeiten in Katyn war vor dem Telefonanruf von Premierminister Putin für mich von keinem besonderen Interesse. Ich kann mich nicht daran erinnern, dass ich an einer ausführlichen Terminfestlegung beteiligt war.« Aber warum erklärte dann Außenminister Radosław Sikorski während der Sitzung der parlamentarischen Kommission des Auswärtigen Amts: »Wir haben dem Präsidenten Lech Kaczyński von dem Staatsbesuch abgeraten«?

Am 3. Februar 2010 schließlich meldeten die russischen Nachrichtenagenturen, dass Wladimir Putin seinen polnischen Counterpart Donald Tusk zu einer gemeinsamen Feier nach Katyn eingeladen habe. Ausgesprochen wurde diese Einladung telefonisch auf Putins Initiative. Der gemeinsame Besuch sollte demnach in der ersten Hälfte des April 2010 stattfinden. Nicht eingeladen wurde der polnische Präsident Lech Kaczyński. Wochen später, am 17. März 2010, flog Tomasz Arabski nach Moskau, um die weiteren Vorbereitungen für den Besuch in Katyn zu besprechen. Oberst Andrzej Kowalski dazu: »Auf Einladung des stellvertretenden Chefs der Verwaltung des Premierministers der Russischen Föderation Herrn Jurij Ushakov, fliegt Tomasz Arabski, der Chef der Kanzlei des Premierministers, nach Moskau. Die beiden unterhalten sich über den Besuch des polnischen Premierministers in Katyn.«

Dieses Treffen fand abends in dem italienischen Restaurant Dorian Gray in Moskau statt. Anwesend waren von polnischer Seite eine Dolmetscherin und von russischer Seite Igor Setschin, der damalige stellvertretende Premierminister und eine Vertrauensperson Putins. Die Dolmetscherin wurde während dieses Treffens mehrere Male aufgefordert, den Raum zu verlassen. In ihrer schriftlichen Aussage beschrieb sie, dass Igor Setschin damit geprahlt habe, dass dieses Restaurant einem Freund von ihm gehöre. Und weiter:»Ein Teil der Gespräche fand in englischer Sprache statt, und dann bin ich gebeten worden, sie nicht mehr zu begleiten. Nachdem wir zur Botschaft zurückgekehrt waren, verpflichtete mich Minister Arabski in Anwesenheit aller Botschaftsmitarbeiter, die Vertraulichkeit des Gesprächs zu garantieren.« Ähnlich äußerte sich Jerzy Bahr, der Botschafter Polens in Moskau. In seiner schriftlichen Erklärung steht Folgendes:»Für mich war die Situation absolut nicht normal. … Die Erfahrung, dass der Botschafter von etwas nicht wissen durfte, bleibt für mich unverständlich, und ich habe so etwas noch nie erlebt.«

In einer parlamentarischen Debatte im Sejm zu den Vorbereitungen der Smolensk-Reise befragten Abgeordnete Tomasz Arabski zu den Vorgängen in Moskau.»Sie haben sich in dem Restaurant getroffen. Wir haben hier alle Zugang zu streng vertraulichen Informationen. Wir hätten gern die diplomatische Gesprächsnote von Ihnen gesehen.« Daraufhin antwortete Tomasz Arabski:»Im Allgemeinen ist es so, dass diese diplomatischen Noten von Diplomaten angefertigt werden oder von den Diplomaten, die beim Auswärtigen Amt der Kanzlei des Premierministers arbeiten. Und was diese Note betrifft, die ich angefertigt habe, natürlich existiert sie. Ich kann mich bloß nicht mehr daran erinnern.« Bis heute haben die Abgeordneten keine Einsicht in diese diplomatische Note erhalten.

Auf jeden Fall fand, wie von der russischen Regierung verlangt, am 7. April die gemeinsame Gedenkfeier mit dem polnischen und russischen Premierminister in Katyn statt, aber ohne den polnischen Präsidenten. Wladimir Putin erklärte in Katyn: »Es gibt keinerlei Rechtfertigung für diese Verbrechen. Unser Land hat die Untaten des totalitären Regimes klar politisch, rechtlich und sittlich bewertet.« Und weiter: »Jahrzehnte versuchte man, mittels einer zynischen Lüge die Wahrheit über die Katyner Erschießungen zu verdecken, aber es ist genauso eine Lüge, die Schuld für diese Verbrechen dem russischen Volk aufzuerlegen. Die Logik war ein und dieselbe: Angst im Land zu säen, im Menschen die niedersten Instinkte zu wecken, die Leute gegeneinander aufzuhetzen und sie so dazu zu zwingen, sich blind und ohne nachzudenken zu fügen.«

Bei einer gemeinsamen Pressekonferenz in Katyn mit Donald Tusk äußerte er dann jedoch auch seine persönliche Meinung zu dem Massaker. Demnach habe Josef Stalin den Befehl zur Erschießung der Offiziere aus Rache erteilt. Stalin habe sich persönlich für den Tod durch Hunger und Krankheit von über dreißigtausend Rotarmisten verantwortlich gefühlt, die nach dem polnisch-sowjetischen Krieg 1920 in polnische Gefangenschaft geraten waren.[5] »Heute verneigt sich Putin über den Gräbern der 1940 durch den NKWD ermordeten Polen«, erklärte die Familienvereinigung von Katyn in einer Stellungnahme: »Es ist eine schöne Geste, aber wir möchten die volle Wahrheit hören.«

Zwei Tage später – und einen Tag vor dem schicksalhaften Flug nach Smolensk – entzogen die russischen Behörden den Mitgliedern der Sicherheitskräfte des polnischen Präsidenten die Erlaubnis, Waffen an Bord mitzunehmen, die sich jedoch nicht an diese Auflage hielten. Obwohl bekannt war, dass der polnische Präsident nach Katyn fliegen würde, war es den Vertretern des Präsidentenbüros außerdem verboten, den Smolensker Militärflughafen zu überprüfen. Geplant war die Überprüfung in der Zeit zwischen dem 3. und 5. März 2010. Nach Auskunft der russischen Behörden bestand dazu keine

Notwendigkeit. »Ich kann mich nicht daran erinnern, dass so etwas jemals zuvor geschehen ist«, wird ein hoher Diplomat in einer polnischen Zeitschrift zitiert.[6]

Merkwürdig war, dass Wochen vor der Flugzeugkatastrophe das russische Außenministerium die polnische Regierung vor einem Sicherheitsrisiko gewarnt haben will: Es sei nicht sicher, ob der Militärflughafen dort auf solche Landungen »vorbereitet sei«, wird über einen diplomatischen Vermerk berichtet, der im August 2010 in polnischen Medien zitiert wurde. Diese Warnung sei jedoch erst am 12. April an den Präsidentenpalast weitergeleitet worden, also zwei Tage nach dem Absturz in Smolensk. Merkwürdig ist dieser Vermerk deshalb, weil drei Tage zuvor auf dem gleichen Flughafen sowohl der russische Premierminister Putin als auch sein polnischer Amtskollege Tusk gelandet waren – und es ist extrem unwahrscheinlich, dass man Premierminister Wladimir Putin einem hohen Sicherheitsrisiko ausgesetzt hätte. Was mit der Meldung jedenfalls erreicht werden sollte, liegt auf der Hand: Staatschef Lech Kaczyński sei gewarnt worden und habe sich über diese Warnung hinweggesetzt.

Es wird ein Flug ins Unbekannte werden, denn das von General Marian Janicki geleitete Büro für Regierungsschutz (BOR) unternahm weder eine Geländeerkundung auf dem Militärflughafen Smolensk, noch gab es einen polnischen Sicherheitsbeamten auf dem Kontrollturm. So erklärte Major Tomasz Grudziński, der ehemalige stellvertretende Direktor des Sicherheitsbüros des Präsidenten (vergleichbar mit dem amerikanischen Secret Service): »Ich übernehme die volle Verantwortung für das, was ich jetzt sagen werde. Ich habe den Eindruck, dass das, was stattgefunden hat (in Bezug auf angemessene Sicherheitsdienste für Präsident Lech Kaczyński und die polnische Delegation in Smolensk), nicht nur eine einfache Pflichtverletzung war, sondern vielmehr vorsätzlich geschah. Ich behaupte dieses mit vollem Wissen, was das bedeutet, auch in Erinnerung an meine neun Kollegen, die bei dem Absturz gestorben sind.«[7]

Und auf die Frage eines Abgeordneten, ob er einen Vergleich zwischen den Sicherheitsmaßnahmen anlässlich des Besuchs von Premierminister Tusk und dem russischen Premierminister Wladimir Putin am 7. April 2010 mit dem 10. April 2010 machen könne, antwortete er:»Es gibt in dieser Hinsicht nichts zu vergleichen. Aufgrund meines persönlichen Wissens, was die Gewährleistung der Sicherheit für die Orte angeht, ist sicher, dass die Russen wesentlich dabei geholfen haben, die Besuche der beiden Ministerpräsidenten zu sichern. Das ist sicher! Was die Beurteilung der Vorbereitungen auf dem Smolensk-Severny-Flugplatz für die geplante Ankunft von Lech Kaczyński angeht, ist auf der Skala von 0 bis 10, wobei die höchste Bewertung die 10 ist, die Sicherheit mit null zu bewerten. Was die Vorbereitung der Sicherheit für die erwartete Fahrzeugkolonne angeht – ich werde ebenfalls eine Null geben.«

Ähnlich scharf ist die Kritik von Antoni Macierewicz:»Eine der Personen, die zur Vorbereitung des Staatsbesuches des Präsidenten in Katyn herangezogen wurden, war der Koordinator der Nachrichtendienste, Minister Jacek Cichocki. Obwohl er genau über den Ablauf und alle Einzelheiten dieses Staatsbesuches informiert war, haben die von ihm koordinierten Dienste nichts getan, um dem Besuch zu schützen. Das Büro für Regierungsschutz hat nicht einmal den Flughafen überprüft, auf dem der Präsident der Republik Polen landen sollte.« Sicher ist, dass der Militärflughafen Smolensk, was seine Ausstattung mit modernen Radaranlagen und technischen Installationen betrifft, äußert geringe Ansprüche stellt und in einem eher miserablen Zustand war. Das war er aber auch, als drei Tage zuvor Regierungschef Donald Tusk dort landete.

Der Berliner Rechtsanwalt Stefan Hambura vertritt mehrere Angehörige der Opfer von Smolensk. Auch er spricht von fatalen Fehlern bei den Sicherheitsmaßnahmen der Präsidentenmaschine. Und seine Vorwürfe sind gravierender als die Frage, ob in Smolensk genügend für die Sicherheit des Präsidenten und seiner Begleiter getan wurde. So wurde beispielsweise vor dem Abflug der Maschine in Warschau knapp eine Tonne technischer Ausrüstung an Bord genommen, deren Inhalt von niemand überprüft worden war. »Das Büro für Regierungsschutz wurde von den Luftstreitkräften über die zusätzliche Ladung nicht informiert«, räumte Ende Februar 2013 Staatssekretär Michał Deskur ein. Aus den früheren Antworten des stellvertretenden Verteidigungsministers Czesław Mroczek weiß man, dass sogar der Militärnachrichtendienst über den zusätzlichen Einbau nicht informiert war. »Der Militärnachrichtendienst wurde weder über einen Einbau von Anlagen an Bord des Flugzeugs TU-154M Nr. 101, durchgeführt am 9. April 2010, noch über die Veränderung der inneren Ausstattung informiert.« Tatsache ist zweifellos, dass die Militärische Einheit 2139 der Luftwaffe am 13. Juni 2010 erklärte, dass es eine Zuladung mit technischem Hilfsmaterial für die Maschine TU-154M gegeben habe. In den beigefügten Listen, datiert vom 8. April 2010, ist genau aufgeführt, um welche Zuladungen es sich gehandelt hat, nicht jedoch, ob diese überprüft wurden.

Damit nicht genug. Üblicherweise werden Regierungsflugzeuge nicht nur in Polen vor dem Abflug auf Sprengstoff durchsucht. Offiziell jedenfalls sei das geschehen, am 10. April 2010 hätten Beamte des Büros für Regierungsschutz eine entsprechende Überprüfung des Flugzeugs durchgeführt. Doch bei den Vernehmungen der Beamten des Büros für Regierungsschutz, die Mitte 2013 stattfanden, stellte sich heraus, dass die Tupolew TU-154M eben nicht korrekt überprüft worden war. Wegen des schwierigen Zugangs zu bestimmten Stellen der Gepäckluke wurden beispielsweise Teile der Maschine überhaupt nicht übergeprüft. Und der Beamte, der den

Spürhund führte, erklärte gegenüber der Staatsanwaltschaft, dass er wegen des Lärms auf diese Überprüfungen verzichtet habe. Für den Berliner Rechtsanwalt Stefan Hambura ist das ein Skandal. Er hält dies für ein Indiz dafür, dass bei dem Absturz der Präsidentenmaschine nicht alles mit rechten Dingen zugegangen ist.

Trotz der offenkundigen Mängel bei der Sicherheitsüberprüfung der Präsidentenmaschine lehnte die Warschauer Staatsanwaltschaft Ermittlungen ab. Dagegen klagte die Krakauer Rechtsanwältin Małgorzata Wassermann, und ein Warschauer Gericht gab ihr inzwischen recht. Der zuständige Richter Wojciech Łączewski wies in seinem Urteil darauf hin, dass aufgrund der durchgeführten Ermittlungen »die Flüge am 7. und 10. April 2010 überhaupt nicht durchgeführt werden durften«. Nach seinen Worten wurde keine der gesetzlich vorgeschriebenen Sicherheitsmaßnahmen durchgeführt. Nach Meinung des Gerichts kam es in einigen Fällen zur »Pflichtverletzung« von Beamten, insbesondere aus der Kanzlei des Premierministers Donald Tusk.[8]

Darüber hinaus, so die Feststellung des Richters, »sollte in Erwägung gezogen werden, einzelne Beamte der Kanzlei des Premierministers unter Anklage zu stellen«. Das Gericht widersprach zudem der Argumentation der Staatsanwaltschaft, dass die von ihr festgestellten Gesetzverletzungen bei der Organisation beider Flüge, die von den Beamten begangen wurden, »keinerlei Charakter eines Verbrechens hätten«. Richter Łączewski nannte sechs Rechtsverletzungen, welche die Sicherheit der Flüge beeinflussen konnten. Es handelt sich vor allem um die Situation des Flughafens von Smolensk-Nord und das Fehlen selbst der minimalsten Sicherheitsmaßnahmen. »Der Status dieses Gebiets hatte eine grundlegende Bedeutung für die Sicherheit des Flugs.« Eindeutig wies er auf den Schuldigen hin – den Chef der Kanzlei des Premierministers Donald Tusk.

Der Richter bekräftigte, die Kontrolle der Flüge und der entsprechenden Sicherheitsmaßnahmen sei eine Aufgabe des 36. Geschwaders gewesen. Die Beamten trügen auch die Schuld, »wenn es um die Benachrichtigung über den Bedarf der Nutzung des militärischen Sonderflugtransports ohne alle unentbehrlichen Informationen geht«, sowie »in der Sache einer verspäteten oder sogar auch keiner Informationsvermittlung von den Beamten des Innenministeriums und der Botschaft der Republik Polen in Moskau«. Das Gericht betonte, »die gesetzmäßig nach dem Flugrecht entstandenen Informationen« in Bezug auf die Organisation der Flüge »kamen bei dem Empfänger oft in unzulässiger Form an, mit Verspätung, mittels unbefugter Personen oder überhaupt nicht«, was die Flugsicherheit beeinflussen konnte.

Eine weitere ernsthafte Pflichtverletzung betraf die Frage, »ob die Anflugkarte des Flughafens Smolensk überhaupt aktuell war. Das wurde nicht überprüft.« In den Akten fanden sich die Aussagen eines Beamten, der versichert hatte, dass die russische Seite sie informiert hätte, dass diese Karten aktuell seien. In den Aussagen eines russischen Beamten heißt es allerdings, dass »die Angelegenheit der Flugkarten nicht besprochen wurde«. Der Richter stellte daher fest, dass »der Staatsanwalt sich nicht entschlossen hatte, die beiden Zeugen gegenüberzustellen, obwohl er dazu verpflichtet gewesen wäre«. Wenn er einem russischen Beamten geglaubt hätte, bedeute das, dass auf der polnischen Seite die Beamten »die elementare Sorgfaltspflicht bei der Übergabe der Anflugkarten nicht erfüllt haben«.

Trotz dieser schweren Vorwürfe gegen die Verantwortlichen wurde der Chef des Büros für Regierungsschutz, Brigadegeneral Marian Janicki, für »hervorragende Verdienste« ausgezeichnet und zum Divisionsgeneral befördert. Und der stellvertretende Chef, Oberst Paweł Bielawny, wurde am 5. Juni 2011 zum Brigadegeneral ernannt.

Böse Überraschung für die polnische Delegation

Eigentlich sollte der Abgeordnete Antoni Macierewicz mit dem Präsidenten nach Smolensk fliegen. Er verzichtete jedoch darauf, weil eine Bekannte unbedingt mitreisen wollte. Außerdem, so erzählt er, war er müde und dachte, es sei besser, im Zug auszuschlafen. Zusammen mit mehr als zweihundert Angehörigen der Katyn-Opfer, mit Journalisten, Abgeordneten und der polnischen Ehrenkompanie erreichte der Sonderzug mit seinen fünfzehn Schlafwagen aus Warschau um 6 Uhr früh Smolensk.

Was er und andere Teilnehmer der geplanten Gedenkfeier dann erlebten, hat sich tief in sein Gedächtnis eingeprägt. »Nach unserer Ankunft wurden wir von den Russen zu einem Restaurant an einer Straße hinter Smolensk gefahren, wo wir frühstückten. Wir hatten Zeit. Unserem russischen Führer sagten wir deshalb, dass wir jetzt nach Katyn fahren wollen. Doch er machte uns klar, dass das unmöglich sei. Wir fragten warum? ›Weil es verboten wurde. Sie dürfen sich nicht von der Stelle rühren.‹ Wir Abgeordnete dürften nicht, warum? ›Es wurde uns verboten.‹ Dann rufen Sie Ihren Vorgesetzten an, rufen Sie den Gouverneur an, forderten wir ihn auf. Und er erhielt immer die gleiche Antwort – verboten. Dann rufen Sie Moskau an. Er kam zurück und sagte wieder ›verboten‹. Darauf entschieden wir, zu Fuß in Richtung Katyn zu gehen. Alle 300 Meter haben wir entlang des Wegs im Hintergrund bewaffnete Soldaten und Militärfahrzeuge gesehen. Plötzlich kam uns mit Blaulicht die russische Miliz entgegen. Sie forderten uns auf, wieder zurückzugehen. Das sei ein Befehl, und sie versperrten uns den Weg. Dann kam unser Bus, der uns nach Katyn fahren sollte, wir mussten einsteigen und wieder zurückfahren. Plötzlich kam unser Führer und entschuldigte sich. Alles sei ein Missverständnis gewesen. Ich glaube jedoch, dass wir etwas nicht sehen sollten. Aber wir sahen, dass in der Nähe des Flughafens mindestens fünf verschiedene russische Dienste da waren: Berufssoldaten, Miliz, OMON und andere Spezialeinheiten, zirka 300 bis 400 Personen. Und wir haben danach gehört, dass zur gleichen Zeit allen normalen Soldaten die Handys weggenommen wurden. Um 8 Uhr, also vor der Landung der Präsidentenmaschine, wurden die Handys konfisziert, auch Kameras. Das ergibt sich aus den Vernehmungsprotokollen, die wir haben.«

Um 8.41 Uhr MEZ zerschellte die Tupolew TU-154M nahe dem Militärflughafen Smolensk – obwohl es selbst zur konkreten Absturzzeit unterschiedliche Angaben gibt: Über eine lange Zeit wurde in Polen behauptet, dass es zu der Tragödie um 8.56 Uhr polnischer Zeit kam, also um 10.56 Uhr der Smolensker Zeit. 10.50 Uhr Ortszeit wurde als der Todeszeitpunkt auf mehreren Sterbeurkunden angegeben. Nach zwei Wochen wurde dann die Öffentlichkeit darüber informiert, dass das Flugzeug um 10.41 Uhr Ortszeit abgestürzt war.

Von der Katastrophe erfuhr die polnische Delegation erstmals um 8.47 Uhr MEZ. Dazu Antoni Macierewicz: »Ich kann mich bis heute daran erinnern. Insbesondere weil die Maschine doch nach russischen Angaben um 8.56 Uhr abstürzte. Die Ziffern auf meiner Uhr waren 8.47 MEZ, als mich auf meinem Handy der Anruf eines Offiziers aus dem Büro für Regierungsschutz erreichte. Er teilte mir mit, dass es ein Problem mit der Landung des Flugzeugs gibt. Zwei, drei Minuten später hat er wieder angerufen und mir gesagt, dass das Flugzeug abgestürzt sei.« Wie er sich die unterschiedlichen Minuten erklären könne? »Ich bin mir nicht sicher, aber es gibt Hypothesen. Die Russen wollten mehr Zeit gewinnen, um unkontrollierte Aktivitäten durchzuführen.«

Auffällig war jedenfalls, dass anfangs nur russische Journalisten Zugang zum Unglücksort erhielten. Ein Hotel in der Nähe der Absturzstelle wurde geschlossen, damit keine Fotos vom Absturzort über das Internet verbreitet werden konnten, schrieb eine Journalistin aus Moskau, die zufällig vor Ort war. Einem Anwohner, berichtete sie, löschte die Miliz die Fotos, der kurz nach dem Absturz zum Unglücksort rannte und mit seinem Handy fotografierte.

Augenzeugen des Absturzes

Eine Stunde vor dem Absturz landete eine polnische Militärmaschine vom Typ JAK-40 in Smolensk. An Bord befanden sich vierzig Passagiere, überwiegend Journalisten, die an der Gedenkfeier teilnehmen wollten. Gesteuert wurde die JAK-40 von Artur Wosztyl. Der vierzigjährige Pilot, verheiratet und Vater einer siebzehnjährigen Tochter, war seit vierzehn Jahren Militärpilot. Inzwischen ist er einer der wichtigsten Zeugen der polnischen Opposition, dessen Aussagen Rückschlüsse darüber erlauben, ob es bei der Landung der Präsidentenmaschine schwerwiegende Probleme gab.

Mit ihm zu sprechen war ungewöhnlich schwierig, weil er Angst hat. Was ist an Ihrer Aussage für die Regierung so gefährlich, fragte ich Artur Wosztyl. »Ich kann diese Frage nicht beantworten.« Hängt es mit den Explosionen zusammen, fragte ich weiter. Schweigen. Er habe Angst, sagte er später, dass es ihm ergehe wie Remigiusz Muś, seinem zweiundvierzigjährigen Flugingenieur – der nach offiziellen Angaben Selbstmord begangen haben soll. Muś wurde am 28. Oktober 2012 in seinem Keller tot aufgefunden. Die Meinung der Staatsanwaltschaft: Selbstmord – obwohl er mit der Familie gerade eine gemeinsame Reise für das folgende Wochenende geplant hatte.

Remigiusz Muś war einer der wichtigsten Zeugen der Katastrophe von Smolensk. Er hatte ausgesagt, dass er vor der Landung der Präsidentenmaschine zwei Explosionen gehört und Funkgespräche zwischen der Maschine des Präsidenten und dem Kontrollturm aufgenommen habe. Er habe auch den Befehl des Kontrollturms gehört:»Bis auf 50 Meter runterkommen.«[9] Denn während er im Cockpit der JAK-40 saß, hörte er über Funk, dass der russische Lotse im Tower der Präsidentenmaschine die Erlaubnis gab, auf 50 Meter zu sinken. Er habe sich nicht irren können, da er selbst Russisch spricht und der Befehl dreimal wiederholt wurde. Öffentlich erklärte er, dass die Russen die TU-154 mit Absicht falsch geleitet hätten. Tatsache ist, dass laut offizieller Angaben aus Russland der Befehl gegeben wurde, nicht niedriger als 100 Meter anzufliegen. Der Widerspruch ist offensichtlich.

Die in Smolensk protokollierten Gespräche übergab Remigiusz Muś der polnischen Militärstaatsanwaltschaft. Sie ist ein Relikt aus der kommunistischen Zeit und zuständig für das polnische Militär – und sie war auch verantwortlich für die Untersuchung des Absturzes in Smolensk. Doch die Beweise und Aufzeichnungen von Remigiusz Muś wurden dort nicht ausgewertet, obwohl sie belegen können, dass es eine gravierende Differenz zwischen seinen Aussagen und den offiziellen Stellungnahmen der russischen Behörden gab. Und es war ja nicht der einzige Widerspruch.

Auch Artur Wosztyl wurde vorgeworfen, trotz schlechter Wetterverhältnisse und bei geringer Sicht gelandet zu sein. Vor einer militärischen Kommission in Warschau musste er sich deshalb verantworten. Inzwischen hat Wosztyl den Militärdienst quittiert und ist nun Oberleutnant der Reserve.

General Lech Majewski, der nach der Smolensk-Tragödie Oberbefehlshaber der polnischen Streitkräfte wurde, zeigte im Februar 2011 höchstpersönlich bei der Militärstaatsanwaltschaft die Besatzung der JAK-40 an.»Die Mannschaft des Flugzeugs verletzte die Vorschriften, die in der Flugsatzung bestimmt werden. Die Landung geschah bei Wetterverhältnissen, deren Werte für den Piloten unter dem Minimum lagen. Der Flugzeugkapitän ist gelandet, obwohl er, nach offizieller russischer Darstellung, keine Landegenehmigung vom Flugleiter des Flughafens Smolensk erhalten hatte und die Anweisung zum zweiten Anflug vom Flugleiter erhielt.« Diese Aussage stand im Widerspruch zu den offiziellen Wetterverhältnissen, die vom Wetterdienst in Smolensk vermerkt worden waren: Demnach sei das Wetter kein Hindernis für die Landung. Dazu gab es das protokollierte Gespräch zwischen dem diensthabenden Flugleiter, einem Oberleutnant Lauks, und dem Wetterdienst nach der Landung der JAK-40 und nach zwei Versuchsanflügen einer weiteren Maschine, die jedoch wegen der dann schlechten Wetterverhältnisse abdrehte. Das war um 8.32 Uhr, neun Minuten vor der Katastrophe.

Wosztyl erinnerte sich an die Aussage eines Kommissionsmitglieds. »Die Kommission hat eine Analyse der meteorologischen Verhältnisse, die in Smolensk am 10. April herrschten, durchgeführt und eindeutig festgestellt, dass die Landung auf der Grundlage von sechzig Metern und der Sicht unter einem Kilometer stattfand. Deshalb ist es unwichtig, was der Oberleutnant aussagt, und es ist unwichtig, was vermerkt wurde. Es hätte geschrieben werden können, dass es 10 Uhr war, wolkenloser Himmel und die Sicht 10 Kilometer betrug oder noch mehr. Diese Kommission hat einen Beschluss gefasst und dieser Beschluss ist endgültig und unanfechtbar.« Artur Wosztyl war entsetzt. »Der Fluglotse in Smolensk hat mir am 10. April die Sicht von 1500 Meter angegeben. Der Meteorologe im Dienst vermerkte eine Sicht von 2000 Metern. Wie konnte man in Anwesenheit von zirka sechzig Personen so etwas behaupten, wie konnte man die meteorologischen Daten in Frage stellen, die zuerst von dem russischen Meteorologen gemessen wurden, der vor Ort die Messungen durchführte, und dann sind sie der Kommission zur Untersuchung der

Flugunfälle der Flugstreitkräfte übergeben worden, die sie weiter an diese Kommission übergab?«

Tatsache war allerdings auch, dass sich nach der erfolgreichen Landung der JAK-40 der Pilot einer anderen Maschine für ein Umkehrmanöver entschieden hatte. Die russische Maschine vom Typ Il-76 hatte eine halbe Stunde zuvor versucht, ebenfalls in Smolensk zu landen. Nach zwei erfolglosen Anläufen war der russische Pilot, der über gute Ortskenntnisse verfügte, umgekehrt und nach Moskau zurückgeflogen.

Ich wollte von Artur Wosztyl wissen, was er persönlich erlebte, nachdem er problemlos in Smolensk gelandet war, und was er vom Absturz der Präsidentenmaschine mitbekommen hat. Auf dem Schreibtisch breitete er eine große Karte aus, mit detaillierten Angaben zum Militärflughafen Smolensk. Er zeigte auf die Stelle, wo er gelandet war. Wie war das Wetter, fragte ich ihn.»Bei meiner Landung betrug die Sicht 4000 Meter. Der Flugkontrolleur gab uns keine anderen Informationen. Es kam zu einer schnellen Änderung der Wetterverhältnisse. Auf diesem Flughafen konnte man bei Sicht bis 1000 Meter landen. Ich war darauf vorbereitet.«

Dieser Nebel, kam er zusätzlich zum schlechten Wetter?»Die Nebelschicht begrenzte die Sicht auf 400 Meter, verschwand dann wieder, und die Sicht betrug einen Kilometer. Das dauerte eine längere Zeit.« Die Landung verlief jedenfalls problemlos.»Nachdem die Passagiere unser Flugzeug verlassen hatten, haben wir, das heißt der Zweite Offizier und Bordtechniker, uns noch unterhalten. Der überprüfte noch die Technik. Nach einer gewissen Zeit haben wir gesehen, dass aus dem Tower drei oder vier Personen gingen, unter ihnen eine Frau. Wir haben sie angeschaut und gemerkt, dass sie in Richtung der Landebahn schauen. Unser Bordtechniker Remigiusz Muś, der sich im Cockpit aufhielt, hatte den Funk eingeschaltet. Erstaunt sagte er, dass die Präsidentenmaschine landen will. Und wir blickten in Richtung der Landebahn. Wir sahen, wie sich die Maschine näherte. Als Nächstes haben wir Kontakt zum Kontrollturm aufgenommen, dass sie uns Treibstoff schicken, damit wir in Flugbereitschaft sein können, um wieder nach Warschau zurückzufliegen.« Sie erhielten jedoch die Anweisung, dass sie erst dann Treibstoff bekämen, wenn die Maschine des Präsidenten gelandet sei.

»Wir hatten die Funkfrequenz von Minsk eingestellt und hörten, wie die Piloten der Präsidentenmaschine dann den Befehl bekommen haben zu landen. Und dann sagte ich dem Flugingenieur, dass er die Frequenz der Präsidentenmaschine einstellen soll. Die Piloten der Präsidentenmaschine habe ich dann darüber informiert, dass die Wetterverhältnisse immer schlechter werden. Als die Präsidentenmaschine dann vom Tower die Zustimmung zur Landung erhalten hatte, sind wir nach draußen gegangen.« Später werden die russischen Behörden dieser Aussage widersprechen und behaupten, es hätte nie die Zustimmung zur Landung gegeben.

Als sich die Maschine im Anflug auf die Landebahn befand, hörten der Pilot und sein Bordtechniker, dass die Antriebsdrehungen der Motoren der Präsidentenmaschine stärker wurden, so, als wollte er durchstarten. »In dem Moment konnte man hören, dass ein Motor ausgefallen sein muss. Er wurde langsamer und stand schließlich still. Dann hörte ich beunruhigende Klänge. Es war ein Geknatter, verschiedene andere Geräusche, die sich immer wieder wiederholten. Dann kam der Klang, als ob etwas auseinanderbricht, ich hörte das Dröhnen einer Explosion.« Ob er die selbst gehört habe, fragte ich nach. »Es waren mehrere Explosionen. Ich weiß nicht, ob es ein Echo war oder mehrere Explosionen. An der Stelle, wo wir waren, befand sich ein etliche Meter hoher Betonzaun, und vielleicht deshalb konnte es auch ein Echo sein. Ich habe auf jeden Fall mehr als eine Explosion gehört.«

War es extrem laut? »Es war außerordentlich laut. Es war eine Distanz von siebenhundert Metern zwischen der Stelle, wo wir standen, und der Explosion. Ich konnte die Vibrationen spüren. Wir alle haben das gehört, und alle haben in diesem Moment gedacht, dass eine Tragödie passiert sein muss. Wir begannen uns umzuschauen, um konkrete Informationen zu erhalten. Dann kam ein uniformierter Mann auf uns zu. Als er an unserer Gruppe vorbeiging, fragten wir ihn, was mit dem Flugzeug des Präsidenten passiert sei. Der Mann antwortete uns, das Flugzeug sei weggeflogen. Danach ist er einfach weitergegangen. Ich habe ihn beobachtet. Es stellte sich heraus, dass in seiner Nähe die Feuerwehr, Einsatzwagen und andere Fahrzeuge standen. Er ging zum ersten Fahrzeug, wechselte ein paar Worte mit dem Fahrer, stieg ein, und es sah so aus, als ob alle Fahrzeuge in Richtung der Klänge fuhren, die wir kurz zuvor gehört hatten.« In diesem Moment war der Crew klar, dass die Präsidentenmaschine abgestürzt sein musste. »Um 8.38 Uhr polnische Zeit habe ich meinen Vorgesetzten in Warschau mitgeteilt, dass das Flugzeug abgestürzt ist.«

Wie ging es weiter? »Die Fahrzeuge sind weggefahren, kehrten jedoch schon nach einigen Minuten wieder zurück. Sie sind an uns vorbeigefahren, durch die Schranke, und als wir sie nicht mehr sahen, wurden erst die Alarmsirenen eingeschaltet.« Und das geschah erst 10 Minuten nach dem Absturz.

Artur Wosztyl überlegte lange, ob er zur Absturzstelle gehen soll. Nach einer halben Stunde entschied er sich, dort hinzugehen, zusammen mit dem Bordtechniker und dem Zweiten Offizier. Sie sahen Feuerwehrmänner und fragten sie, ob jemand überlebt habe. Sie nickten mit dem Kopf. »Als wir über diese Furche gingen, konnte man nach fünfzig Metern schon die ersten Wrackteile sehen. Der Anblick war schrecklich: Alles war zerstört. Ich erinnere mich an einen Mann, blond, kurzgeschnittene Haare, bis zur Hälfte war er mit Blech bedeckt, und ich habe Leichenteile gesehen.« Wen habe er vor Ort gesehen? »Es waren mehrere Personen, uniformierte Leute, Rettungsmannschaften, Feuerwehrleute, Männer in Zivilkleidung, unter anderem von der polnischen Botschaft. Nach 15 Minuten kehrte die Crew der JAK-40 wieder zu ihrer Maschine zurück.

Merkwürdig war, so sagte ein weiterer Augenzeuge aus, dass bereits wenige Minuten nach dem Absturz Rettungsmannschaften unterwegs waren, und zur Absturzstelle fahren wollten. Sie hatten durch eine Radiosendung erfahren, dass der polnische Präsident abgestürzt sei. Auf dem Weg dorthin wurden sie jedoch zurückbeordert. Nach Angaben der russischen Behörden waren 17 Minuten nach dem Absturz die ersten Rettungsfahrzeuge an der Absturzstelle, es folgten weitere Krankenwagen. Da jedoch sehr schnell klarwurde, dass niemand die Katastrophe überlebt haben konnte, fuhren die Krankenwagen wieder zurück.

Ein Augenzeuge berichtete gegenüber der polnischen Journalistin Anita Gargas: »Die Krankenwagen wurden zurückbeordert. Wahrscheinlich, weil sie realisiert hatten, dass sie nichts tun konnten, keine Hilfe notwendig war.« Gargas fragte Zeugen, wann genau nach dem Absturz der Befehl gegeben wurde, dass die Rettungsfahrzeuge zurückkehren sollten. »Das geschah ungefähr 10 bis 15 Minuten danach. Mir erzählte ein Arzt der Rettungsmannschaft, dass alle tot seien. Man sagte ihm telefonisch, das sie zurückkehren sollen, weil es niemanden mehr zu retten gibt.«

In einem offiziellen Abschlussbericht der polnischen Regierung, der Miller-Kommission, wird später zu lesen sein: »Die ersten Rettungsmannschaften kamen am Absturzort siebzehn Minuten nach dem Absturz und die ersten Sanitätsteams neunundzwanzig Minuten nach dem Absturz.«[10]

Rätsel um die russischen Fluglotsen

Nachdem Artur Woszty, der Pilot der JAK-40, keine weiteren Informationen über die Präsidentenmaschine erhalten konnte, sprach der Bordtechniker mit dem Fluglotsen und wollte von ihm erfahren, was geschehen war. Der erwiderte ihm, dass er den Tower verlassen werde, um mit ihnen zu sprechen. »Es kam ein uniformierter Mann heraus. Wir fragten, was los ist. Seine einzige Reaktion waren die Worte, die er ständig wiederholte: ›Sie bringen mich um, sie bringen mich um.‹ Er murmelte immer wieder diese Worte. Ein Kollege half ihm, die Zigaretten anzuzünden. Er war nicht in der Lage, unsere Fragen zu beantworten, so erschüttert war er. Warum? Ich weiß es nicht. Er war wirklich über den Vorgang erschrocken.« Wenige Wochen danach war dieser Mann, der russische Cheflotse Pawel Pliusnin, verschwunden. Er sei in den Ruhestand versetzt worden, erklärten die russischen Behörden auf Nachfragen von Journalisten.

Der Militärflughafen Smolensk liegt am Rande eines Wohn- und kleinen Industrieviertels. Der Tower ist eine vielleicht 150 Quadratmeter große Baracke, in Tarnfarben angemalt, mit einem Flachdach, die Front ist fast bis zum Boden verglast. Im Inneren des Towers stammen die Navigationsgeräte noch aus der Sowjetzeit. Smolensk lässt sich durchaus mit einem afrikanischen Buschflughafen vergleichen.

Die Zustände während des Anflugs der Präsidentenmaschine kritisierte besonders heftig Antoni Macierewicz, und bisher gibt es auch keinen nachweisbaren Widerspruch zu den folgenden Aussagen. Er stützte seine Kritik auf die Auswertung von Dokumenten, Bild- und Fotomaterial und Aussagen von Zeugen. Demnach herrschte im Tower von Smolensk totales Chaos: »Dort übernahm eine Person, ein Oberst Krasnokucki, plötzlich die Lotsenleitung, gegen jegliche Vorschriften. Er war der Vermittler zu dem Befehlshaber der militärischen Transportflugzeuge in Moskau, zu General Wladimir Benediktow. Er war derjenige, der die Landung des Flugzeugs aus dem Moskauer Zentrum heraus leitete.«

Verantwortlicher Cheflotse war eigentlich Pawel Pliusnin, ein Oberst, der selbst einmal Pilot gewesen war und seit zehn Jahren im Tower Dienst tat.»Die Lotsen in Smolensk flehten ihn an, einen Ersatzflughafen zu finden und dass der Flughafen in Smolensk geschlossen wird. Doch General Wladimir Benediktow war damit nicht einverstanden und gab die Anweisung, das Flugzeug des Präsidenten landen zu lassen.« Bestätigt wird diese Aussage durch ein Stenogramm. Demnach habe um 10.26 Uhr Ortszeit Oberst Krasnokucki folgenden Befehl an den Cheflotsen erteilt:»Pawel, leite bis zu hundert Metern. Hundert Meter. Ohne Diskussion, verdammt …« Die Lotsen in Smolensk stritten sich unaufhörlich, behauptet Antoni Macierewicz.»Sie waren hysterisch, sie fluchten, sollten Befehle auf Englisch lernen, hoffend, dass sie in dieser Sprache mit der polnischen Crew sprechen konnten, obwohl einer der Lotsen drei Tage zuvor, am 7. April, mit dem Piloten Arkadiusz Protasiuk auf Russisch sprach.«

Arkadiusz Protasiuk war Besatzungsmitglied des Flugzeugs, mit dem Premierminister Donald Tusk bereits drei Tage zuvor auf dem Militärflughafen Smolensk gelandet war. Er war verantwortlich für den Funkkontakt mit den russischen Fluglotsen in Smolensk und sprach fließend Russisch. Der militärische Cheflotse Pawel Pliusnin erklärte zwei Tage nach dem Absturz in einem Interview, dass seine Anweisungen zu komplex waren und die Piloten anscheinend die Höhenangaben nicht verstanden hätten, und er erklärte, dass es zwei Landeanflüge gab.[11] Zwei Tage nach dem Absturz wurde der Cheflotse Pawel Pliusnin von der polnischen militärischen Staatsanwaltschaft verhört. Der Staatsanwalt fragte ihn, ob die Piloten die russische Sprache verstanden hätten und ob sie ausreichte, um ihn richtig zu verstehen, um die Sicherheit des Fluges zu gewährleisten. Pawel Pliusnin antwortete ihm: »Aufgrund meiner Kommunikation mit der Besatzung kam ich zu dem Schluss, dass sie die russische Sprache verstanden. Sie war ausreichend, um die Kommandos zu verstehen, die sie von den Fluglotsen erhalten hatten.« Ein Widerspruch zu seiner ersten Aussage.

Der Militärstaatsanwalt wollte von ihm wissen, wie die Wetterbedingungen am 10. April während des Landeversuchs der TU-154M waren. »Zwei bis drei Minuten vor dem Landeanflug war die Sichtweise, nach meiner Meinung, wahrscheinlich zwischen 800 bis 1000 Meter.« Monate nach dieser Aussage erklärte die russische Staatsanwaltschaft dieses Verhörprotokoll für nichtig. Die Sicht auf der Landebahn habe tatsächlich 400 Meter betragen.[12] Für viele Polen zeigte sich, dass das Chaos im Tower ein Zeichen für große Spannungen auf der russischen Seite gewesen sei, weil von verschiedenen Stellen den Fluglotsen unterschiedliche Befehle erteilt wurden.

Mysteriöse Schüsse am Absturzort

Das alles nährte Spekulationen, ob es nicht doch Überlebende gegeben haben könnte. Keine Spekulation ist ein Video, das im Internet zwei Tage nach dem Absturz verbreitet wurde. Dieser kurze Amateurfilm im MP4-Format ist eines der wichtigsten Beweisstücke im Zusammenhang mit dem Absturz der Regierungsmaschine. Aufgenommen wurde er zwischen 8.41 und 8.55 Uhr MEZ, zur gleichen Zeit, als Angehörige der russischen Feuerwehr den Absturzort erreichten, also kurz nach dem Crash. Um Pistolenschüsse, die auf diesem Video zu hören sind, ranken sich viele Gerüchte.

Die polnische Tageszeitung *Rzeczpospolita* hatte Zugang

zu einem streng geheimen Memorandum des polnischen Auslandsnachrichtendiensts AW, wonach einer ihrer Agenten mit dem Autor des Videos gesprochen hatte. Der russische Autor behauptete, dass er am Wrack Angehörige einer russischen Spezialeinheit gesehen habe, die Schüsse abgegeben hätten. Und es sah für ihn so aus, als ob ein oder zwei überlebende Passagiere erschossen wurden, konstatierte der Bericht.[13] Auf dem Video sind in der Tat vier Schüsse und Befehle zu hören. Diese können natürlich nachträglich in einer Tonspur eingefügt worden sein, und vielleicht waren es auch überhaupt keine Schüsse, sondern lediglich Patronenhülsen, die explodierten.[14]

Der polnische Auslandsnachrichtendienst selbst bezweifelte die Echtheit dieses Memorandums und informierte die Staatsanwaltschaft über die Fälschung. »Quellen von *Rzeczpospolita* verdächtigen Nachrichtendienste, das Memorandum gefälscht zu haben. Aus welchem Grund? Desinformation mit dem Ziel, bestimmte politische Gruppen zu kompromittieren, behauptete ein Angehöriger des Inlandsnachrichtendiensts ABW.«[15] Oberst Andrzej Kowalski, der ehemalige stellvertretende Chef der Militärnachrichtendienste, sagte dazu: »Auf der einen Seite kann man sich, wer die sowjetische Mentalität kennt, vorstellen, dass die Leute dort getötet wurden. Auf der anderen Seite dient der Film mit den Schüssen als Argument, um die Leute als Verschwörungstheoretiker zu bezeichnen. In den Medien wurde verbreitet, dass dort vor Ort Patronenhülsen explodierten. Deshalb rede ich von der Notwendigkeit unabhängiger Ermittlungen. Wenn es sie gäbe, hätten sie uns wahrscheinlich gesagt, dass dort Schüsse zu hören sind und es keine Montage ist.« Warum hat sich jedoch kein unabhängiges Institut dazu bereit erklärt? »Soviel ich weiß, wurde nur von der Regierung eine Untersuchung durchgeführt. Das Gutachten von der Agentur für Innere Sicherheit sagt auf der einen Seite, dass sie das Original des Films haben. Auf der anderen Seite sagen sie nicht, ob dort die Schüsse gefallen sind.«[16]

Vom polnischen Nachrichtendienst (ABW) wurde eine technische Analyse des Films durchgeführt und das Ergebnis danach der Militärstaatsanwaltschaft in Warschau mitgeteilt. Im Dezember 2010 wurde die kurze Videosequenz vom forensischen Labor im Hauptquartier der polnischen Polizei in Warschau noch einmal analysiert und das Ergebnis wiederum der Warschauer Militärstaatsanwaltschaft übermittelt. Im Januar 2011 meldeten dann polnische Medien das Ergebnis: Demnach hätten die Polizeiexperten festgestellt, dass das Video nicht manipuliert wurde und dass die Geräusche, die zu hören sind, durchaus Pistolenschüsse sein könnten.[17]

In einer Presseerklärung nahmen sowohl die Generalstaatsanwaltschaft wie die Militärstaatsanwaltschaft dazu Stellung. »Die Analyse des Filmes identifiziert männliche und weibliche Stimmen auf Russisch und männliche Stimmen auf Polnisch. Verschiedene Worte sind aufgrund der starken Hintergrundgeräusche nicht zu verstehen. Die Untersuchung zeigt, dass es keinen Beweis dafür gibt, wonach es irgendwelche Unterbrechungen der Aufnahme gibt. Trotzdem könnte die Aufnahme neu formatiert worden sein … und es muss festgestellt werden, dass das untersuchte Material von schlechter Qualität ist. Im Zusammenhang mit dem Geräusch von Pistolenschüssen sagen die Experten, dass aufgrund der Störungen durch die Geräusche im Hintergrund und des Verdachts einer möglichen Veränderung des Aufnahmeformats eine Analyse von Pistolenschüssen nicht möglich ist.«

Dazu sagte mir Antoni Macierewicz: »Es gibt keine Zweifel, dass dort Schüsse zu hören sind. Es werden Befehle erteilt, ›Schieß‹, und man hört dann polnische Stimmen. Ich behaupte nicht, dass ich Beweise habe, dass auf Polen geschossen wurde. Aber die Schüsse sind auf jeden Fall zu hören, die Befehle zum Schießen, ja, und polnische Stimmen gibt es auch. Und zwar 15 Minuten nach dem Absturz. Vielleicht wollten sie jemanden verjagen, der etwas plündern wollte. Vielleicht.«[18] Unklar ist auch, wer dieses Video überhaupt aufgenommen hat. Deshalb richtete die Warschauer Militärstaatsanwaltschaft eine entsprechende Anfrage an Moskau, um die Umstände der Herstellung des Films klären zu lassen. In ihrem Gesuch schrieb sie, dass der Film mit hoher Wahrscheinlichkeit zum ersten Mal auf einer Youtube-Seite am 12. April 2010 hochgeladen wurde, und zwar durch eine Person mit dem Nicknamen Rastych. Nach Informationen der polnischen Staatsanwaltschaft handelte es sich dabei um einen Yuri Budnyk. Polnische Medien hingegen behaupteten, der kurze Videofilm stamme von einem siebenundzwanzigjährigen russischen Mechaniker, der in einer 200 Meter vom Flughafen Smolensk entfernten Werkstatt arbeitete.[19]

Der Originalfilm und der damit verbundene Account wurden zwei Tage, nachdem er hochgeladen worden war, wieder gelöscht. Am 19. August erhielt die Warschauer Staatsanwaltschaft eine Antwort aus Moskau, die Kopie eines Videos mit besserer Qualität sowie die Aussage jenes Mannes, der den Film gedreht haben soll. Er wurde in Moskau ohne Beteiligung polnischer Behörden vernommen.[20] Deshalb ist bis heute unklar, was genau sich in der kurzen Videosequenz abspielt. Die einen bleiben bei ihrer Behauptung, es seien Pistolenschüsse zu hören, die Überlebenden des Absturzes gegolten hätten. Die anderen sagen nicht weniger überzeugend, das sei alles reine Phantasie und vollkommener Unsinn.

Aber dann gab es noch das Foto. Es zeigte den Leichnam von Piotr N. nahe dem Flugzeug, zwischen Trümmerteilen, wobei der Körper relativ unbeschädigt zu sein schien. Die Aufnahme wurde um 14.50 Uhr Ortszeit gemacht. Auffällig war jedoch eine Kopfwunde, und zwar ein Ein- und ein Ausschussloch. Das Foto wurde an Vincent Di Maio in den USA geschickt, ein Gerichtsmediziner mit vierzigjähriger Erfahrung und anerkannter Schusswaffenexperte.[21] Er schrieb in seinem Gutachten vom 27. November 2014: »Der Verstorbene liegt auf der linken Seite mit dem Hinterkopf zur Kamera hin. Bekleidet ist er mit einem langärmligen weißen oder möglicherweise hellblauen Hemd. Präsent ist am Hinterkopf, etwa in der Mittellinie, ein etwa kreisförmiger Defekt mit ausgefransten Kanten. Eine scheinbare Blutspur des Verstorbenen führt von dem Defekt in einer vertikalen Ebene nach unten links zum Verstorbenen. Die Läsion an der Rückseite des Kopfs entspricht vermutlich einer Schusswunde. Die mögliche Blutspur würde bedeuten, dass die Verletzung entstand, als das Individuum noch am Leben war. Ein Versuch, die Qualität des Fotos digital zu erhöhen, erbrachte keine zusätzlichen Informationen. Wenn kein anderes Material zur Verfügung steht, ist der einzige Weg, um die Fragen nach der Natur der Verletzung zu klären, eine körperliche Untersuchung des Kopfs.« Auch Professor Michael Baden, einer der einflussreichsten amerikanischen Pathologen, war sich sicher, dass es sich bei der Kopfwunde um eine Schusswunde handelte. Doch auch er hatte für seine Analyse nur das Foto zur Verfügung.

Eilmeldungen und gründliche Recherchen

Um 9.07 Uhr polnischer Zeit erhielt der polnische Botschafter Jerzy Bahr, der in Smolensk auf Lech Kaczyński und seine Mitreisenden wartete, einen Anruf des Operationszentrums des Warschauer Außenministeriums. »Guten Tag, Herr Botschafter! Hier das Operationszentrum des Außenministeriums. Wissen wir mehr in diesem Augenblick?« »In diesem Augenblick«, antwortet der Botschafter, »sehe ich das völlig zerstörte Flugzeug. Wir stehen 150 Meter entfernt, es gibt kein Lebenszeichen, das Feuer in der Vorderseite wurde gelöscht, und das ist alles.« Siergiej Antufiew, der ehemalige Gouverneur des Landkreises von Smolensk, erinnerte sich folgendermaßen:»Der Botschafter schrie, man sollte den Rettungsdienst rufen, das Krankenhaus. Ich sage zu ihm, ›Herr Botschafter, es gibt keine Überlebenden‹. Und dann diese Stille. Es war schrecklich.«

Gegenüber dem polnischen Fernsehen erklärte Radosław Sikorski, der polnische Außenminister:»Die erste Information war, dass das Flugzeug abstürzte, aber keine Explosion. Es gab aber noch Hoffnung. Aber als ich vom Botschafter hörte, was geschehen ist, habe ich anschließend den Premierminister informiert und danach den Parlamentspräsidenten, dass er nun das Staatsoberhaupt sei und die Staatspflichten erfüllen muss.« Die Nachricht vom Absturz der Präsidentenmaschine verbreitete sich in Polen blitzschnell. Im polnischen Rundfunk wurden die Sendungen unterbrochen.

Zur gleichen Zeit, als die ersten Meldungen vom Absturz über das polnische Radio bekannt werden, kam Magdalena Merta, die Ehefrau des Vizeministers für Kultur und nationales Erbe, vom Krankenhaus zurück. Dort hatte sie erfahren, dass ihre jüngste Tochter, die neunjährige Agnieszka, an einem Herzleiden erkrankt war. Das wollte sie eigentlich ihrem Mann, der im Flugzeug nach Smolensk saß, abends nach seiner Rückkehr erzählen. Doch plötzlich klingelte ihr Handy, und eine Nachbarin fragte, ob sie nicht zur ihr nach Hause kommen solle.»Nach einer Sekunde war mir klar, irgendetwas ist passiert. Sie sagte mir, im Rundfunk sei gerade eine dubiose Information verbreitet worden, die Präsidentenmaschine hinge an einem Baum, aber man wisse noch nichts Genaues. Ich habe das Auto sofort angehalten, ich war sehr nervös und habe die Nachbarin gebeten, dass sie mich abholt, weil ich das Auto nicht mehr fahren konnte. Zu Hause wartete bereits mein Vater auf mich. Er sagte, alle sind tot. Danach weiß ich nicht mehr, was geschehen ist.«[22]

Die Krakauer Rechtsanwältin Małgorzata Wassermann hörte im Radio, dass etwas Furchtbares geschehen sein musste. Ihr Vater, der Abgeordnete Zbigniew Wassermann, ein ehemaliger Staatsanwalt, der während der Regierungszeit der PiS (2005 bis 2007) polnischer Geheimdienstkoordinator gewesen war, befand sich an Bord er Unglücksmaschine.»Ich begann, der Reihe nach bekannte Journalisten anzurufen, weil sie die meisten Informationen hatten. Einer von ihnen wies auf eine ernste Situation hin. Sehr schnell erfuhr ich, dass die Maschine abgestürzt ist. Dann wurde gesagt, es hätten drei Personen überlebt. Jeder hatte die Hoffnung, dass unter den drei Personen ihr Familienangehöriger sei.«[23] Diese Hoffnung zerplatzte sehr schnell.

Da eine Stunde vor der Präsidentenmaschine das Flugzeug mit den Journalisten gelandet war, hielten sich auch viele polnische Medienvertreter am Absturzort auf. Folglich wurden zahlreiche Aufnahmen gemacht, die genau zeigen, was sich nach der Katastrophe in der näheren Umgebung der Aufschlagstelle ereignete.[24] Und viele polnische Journalisten recherchierten nach der Katastrophe weiter.

Die vierzigjährige Journalistin Anita Gargas beispielsweise ist eine erfahrene Rechercheurin. Sie arbeitete jahrelang beim staatlichen Fernsehen TVP1, bis dort, nach dem Amtsantritt von Premierminister Donald Tusk im Jahr 2007, über zwanzig Journalisten entlassen wurden. Nach dem Flugzeugabsturz in Smolensk kam es erneut zu Entlassungen, und zwar betraf es jene Mitarbeiter, die sich kritisch mit den offiziellen Erklärungen zur Absturzursache auseinandergesetzt hatten.

Die polnischen Medien sind überwiegend neoliberal ausgerichtet, was zwangsläufig zu Konflikten mit der nationalkonservativen Partei Recht und Gerechtigkeit (PiS) führt, und der politische Einfluss auf die Medien spielt in Polen eine nicht unbedeutende Rolle. Auf der Rangliste der Pressefreiheit des Jahres 2014 von Reporter ohne Grenzen steht Polen auf Platz 19. Zum Vergleich: Deutschland liegt nur auf Platz 14.[25]

Heute arbeitet Anita Gargas für den alternativen Fernsehsender Telewizja Republika, der mit der polnischen Oppositionspartei PiS sehr stark sympathisiert und die Regierung entsprechend kritisch beurteilt. Trotzdem ist sie keine Propagandistin der PiS, wie ihr in einigen polnischen Medien vorgeworfen wurde, und natürlich wurden ihre kritischen Fernsehbeiträge von der Partei Recht und Gerechtigkeit politisch ausgeweidet. In mehreren Gesprächen mit ihr fiel mir aber immer ihre gesunde Skepsis auf. Immerhin: Im Dezember 2011 wurde sie für ihre Smolensk-Berichte mit einem polnischen Äquivalent des Pulitzer-Preises ausgezeichnet.

Für ihre Recherchen über den Flugzeugabsturz fuhr Gargas mehrmals nach Smolensk. Dort traf sie zum Beispiel jenen Busfahrer, der die Straße entlangfuhr, die zum Flughafen Smolensk-Nord führt. Der Busfahrer war ihr gegenüber anfangs überaus vorsichtig und frage sie als Erstes, ob das Aufnahmegerät ausgeschaltet sei. Und dann erzählte er trotzdem und deutete dabei auf eine bestimmte Stelle: »Genau hier habe ich das Dröhnen eines Flugzeuges gehört und sah, wie Einzelteile vom Flugzeug herunterfallen. Ich bremste und sah, dass es sehr niedrig flog. Ich dachte, es landet auf der Straße. Es streifte einige Bäume, flog über diese Seite, und dabei fielen wieder Teile herab. Dann flog es weiter mit ausgefahrenem Fahrwerk und neigte sich von der einen zur anderen Seite. Dann war es hier zu Ende, es stürzte ab. Das sah ich mit meinen eigenen Augen.«

Zahlreiche Augenzeugen berichteten Anita Gargas, dass die Maschine extrem niedrig flog und einen Feuerschweif hinter sich herzog. Anatoli Zhujew, der Bewohner eines Hauses, das nahe am Flughafen steht, erinnerte sich so: »Das Flugzeug

flog so schnell, und es gab einen grellen gelben Lichtblitz.«
Ein anderer Augenzeuge, ein Angestellter des nahe gelegenen
Hotels Novyi:»Nur der Schatten des Flugzeugs war sichtbar.
Ich konnte nur den Unterteil der Maschine mit einem zir-
ka fünf Meter langen Feuerschweif sehen, so wie bei einem
Kometen. Eine Sekunde später gab es einen kurzen hohlen
Schlag, und die Maschine stürzte zu Boden.« Ähnliches berichtete übrigens auch der polnische Journalist Sławomir
Wiśniewski, der noch vor der Feuerwehr vor Ort war und
drei Tage nach dem Absturz der Zeitung *Rzeczpospolita* ein
Interview gab. Demnach sah er nur ein Fragment des Rumpfs
und der linken Tragfläche, die stark nach links gekippt war,
sowie ein Kennzeichen. Das seien Bruchteile von Sekunden
gewesen, dann zischte die Luft, und er sah eine kleine Feuer-
säule.[26]

Anita Gargas und ihr Team suchten nach weiteren Augenzeugen, die sich in der unmittelbaren Nähe des Flughafens
zur Zeit des Absturzes aufhielten. Ein Motorradfahrer erzählte ihnen, dass verschiedene Flugzeugteile genau dort lagen,
wo es laut den Aussagen einer späteren Expertenkommission
zu einer Explosion gekommen sein musste. Ein anderer Zeuge, der Besitzer einer Garage, berichtete Folgendes:»Ich war
in der Garage, hörte ein sehr lautes Geräusch, das plötzlich
verstummte. Ich dachte, irgendetwas ist geschehen, irgend-
ein Unglück. Ich schloss die Garage zu und ging in diese
Richtung. Ein Teil der Tragfläche lag hier«. Er zeigte auf die
Straße und das danebenliegende Feld, neben dem eine Strom-
leitung verlief.»Dieser Teil, der wegflog, wenn ich es richtig
sah, streifte die Drähte, die jedoch intakt blieben. Weiter weg,
in der Nähe der Leitungen, lag ein Teil einer Tragfläche. Dort
war einiges Dickicht, das aber nicht sehr hoch war. Ein Teil
des Flugzeugs lag fünf Meter entfernt von hier, im Gebüsch.«
Dieser Teil, wie sah er aus, fragte ihn die Reporterin:»Der
erste Teil war etwa drei Meter lang. Und der andere Teil zwei-

einhalb oder drei Meter lang. Kleinere Teile lagen überall herum. Überall, hier und hier und dort. Das alles habe ich gesehen.«

Im gleichen Gebiet sah der Angestellte einer nahegelegenen Fabrik ebenfalls Metallpartikel vom Himmel fallen: »Ich stand hier. Ich konnte es zwar nicht sehen, aber hören. Ich ging hinaus, alles war ruhig. Und ich sah viele kleine Aluminiumteile.« Eine ähnliche Aussage machte ein Arzt und Besitzer des Grundstücks, in dem die abgebrochene Birke stand: »Hier lagen viele kleine Teile, verschiedene kleine Teile lagen auf der Straße. Ich wollte in mein Auto einsteigen, und in diesem Moment flog die Maschine über meinem Kopf. Die Hitze der Motoren konnte ich hautnah spüren. Und dann rannte ich zur Stelle, wo das Flugzeug abstürzte. Und als ich zurückkam, lagen hier verschiedene Aluminiumteile.«

Ein Arbeiter des Novyi-Hotels, das 300 Meter vom Ort der Tragödie entfernt liegt, erinnerte sich folgendermaßen: »Ich hörte ein seltsames Geräusch, nicht typisch für die Landung, sondern ein Pfeifen. Das Flugzeug war nicht zu sehen, sondern nur seine Umrisse. Ich sah den Schwanz und dahinter eine Flamme mit einer Länge von vielleicht fünf Metern wie von einem Kometen. Nach einer Sekunde hörte ich ein dumpfes Dröhnen.« Auch der Autohändler Eduard Tchernoknischnik hörte das Dröhnen der herannahenden Tupolew. Er sah, dass sie schräg in der Luft lag. Dann folgten zwei Lichtblitze und zweimal ein dumpfer Knall.

Alle diese Zeugen bestätigten mehr oder weniger übereinstimmend, dass die Präsidentenmaschine bereits vor dem Zusammenprall mit der Birke, sofern es diesen Zusammenprall überhaupt gegeben hat – was zumindest bei einigen Experten umstritten ist –, auseinandergebrochen sein muss und Einzelteile der Maschine über eine große Fläche verstreut waren. Einige Augenzeugen behaupten sogar, explosionsartige Geräusche *vor* dem Absturz gehört zu haben. Die Frage stellt sich, warum viele der Zeugen, die beispielsweise von der Journalistin Anita Gargas oder anderen, auch russischen Journalisten interviewt wurden, weder von den russischen noch den polnischen Ermittlungsbehörden vernommen wurden. Waren diese Augenzeugen nach Ansicht der Ermittler alles Phantasten, oder passten ihre Erlebnisse nicht in das vorgefertigte Raster, das von Anfang an den Pilotenfehler vorgab?

Das gefledderte Wrack und viele offene Fragen

Wie der Absturz einer Zivilmaschine zu untersuchen ist, ist von der Internationalen Zivilluftfahrtorganisation (ICAO) in einem Handbuch genau geregelt. Dazu gehören die Dokumentation der Absturzstelle mit Fotos und Videoaufnahmen, eine präzise Erfassung und Kartierung der Wrackteile, die Autopsie der Opfer durch Experten für Flugzeugunglücke, die Bergung der Flugschreiber, die Markierung wichtiger Bereiche und Fundorte, die Untersuchung von Einschlagskratern und Wrackteilen.»In besonders komplizierten oder umstrittenen Fällen wird sogar zu einer Rekonstruktion des Flugzeugwracks geraten.«[27] In Smolensk konnte davon keine Rede sein: Bereits am Tag nach der Katastrophe wurde das Flugzeug systematisch demontiert, ohne eine exakte Dokumentation der Wrackteile, was für eine spätere Rekonstruktion unabdingbar wäre.

In zahlreichen Videoaufnahmen, die nach dem Absturz veröffentlicht wurden, sieht man Soldaten, die das Wrack zerstören, es mit Metallscheren zerschneiden oder elektrische Leitungen durchtrennen. Durch diese Zerstörung der elektrischen Systeme der TU-154M ist es unmöglich zu rekonstruieren, ob diese in den letzten Sekunden des Flugs noch ordnungsgemäß funktionierten oder schon kurz zuvor, beispielsweise aufgrund einer Explosion, ausgefallen waren.[28] Immerhin konnten die beiden Flugschreiber sichergestellt werden.

Teile des Wracks, die zuvor zu großen Haufen zusammengeschoben worden waren, wurden jedenfalls wie Abfall auf Lastwagen verladen. Die Fenster der TU-154M, die noch nicht zerbrochen waren, wurden durch Soldaten eingeschlagen. Warum die Fenster? Bei einer Anhörung vor dem Parlamentsausschuss der PiS am 17. Februar 2012 wurde dem polnischen Major Robert Trela genau diese Frage gestellt. Er ist ein Experte für Explosionen und ehemaliger Angehöriger der Sicherungsgruppe des Präsidenten.»Die Fenster des Flugzeugs sind und sollten natürlich als wichtiges Beweisstück gesehen werden. Warum? Denn wie jedes andere Fenster in jedem Fahrzeug zeigt die Formation, welchem Druck es ausgesetzt war, ob von innen oder außen, und es kann wichtige Informationen über den Druck liefern, der im Flugzeug vorhanden war.«[29]

Sechs Monate lagen Teile der Unglücksmaschine unbeaufsichtigt und ungeschützt auf einem separaten Platz. Erst dann wurden die Wrackteile durch Planen geschützt, ein Teil davon jedoch wie Schrott achtlos in eine Halle verladen. Was das Zersägen der Wrackteile angeht, erklärte Moskau, dass dies notwendig gewesen sei, um die Opfer, die sich unter dem Wrack befanden, bergen zu können. Aber auch Tage, nachdem die Leichen aus dem Wrack geborgen worden waren, ging die Zerstörung des Wracks weiter.

Später wird der damalige Premierminister Donald Tusk von Journalisten vor laufender Kamera gefragt werden, warum das Flugzeug in Einzelteile zerschnitten wurde. Er antwortete, dass er das nicht bestätigen könne und keine Kenntnisse darüber habe, dass die russische Seite die Beweise systematisch zerstört habe. Demgegenüber erklärte die kanadische Rechtsanwältin Lidia Sokolowska-Cybart, die Opfer des Absturzes vertritt, in einem Interview:»Wir haben dokumentierte Fakten, wie russische Soldaten das Wrack der TU-154 Tage nach dem Absturz zerstörten. Wir wissen, dass die Wrackteile komplett gesäubert wurden, und zwar bevor es irgendwelchen polnischen Behörden erlaubt wurde, Gespräche mit den russischen Behörden darüber zu führen, ob Wrackteile nach Polen transportiert werden durften.«[30] Das ist übrigens bis heute nicht geschehen.

Die russischen Behörden hingegen erklärten, dass die Absturzstelle von Hunderten von Milizangehörigen abgesichert worden sei. An dieser Erklärung zweifeln viele. Ein Anwohner berichtete Anita Gargas, dass Teile des Flugzeugs als Altmetall auf dem Markt verkauft wurden:»Alles konnte dort gestohlen werden. Sie nahmen alles, was sie einsammeln konnten. Der gesamte Rumpf wurde entfernt.« Der Anwohner ging sogar davon aus, dass 60 Prozent des Flugzeuges verschwunden seien. Entsprechende Fragen von Anita Gargas an Premierminister Donald Tusk wurden, trotz massiven Drängens der Journalistin, nie beantwortet.

Bereits zwei Tage nach dem Absturz begannen die russischen Arbeiter, die Absturzstelle von allen Spuren zu säubern. Das Gebiet wurde mit Sand in einer Höhe von 60 Zentimetern aufgeschüttet, anschließend wurden dicke Betondecken darübergelegt.[31] Auch wurden entlang der Straße, wo die verhängnisvolle Birke stand, alle Bäume gefällt. Was mit den Bäumen geschehen sei, wurden die Anwohner von Journalisten gefragt.»Aus Ordnungsliebe wurden sie abgeschnitten«, erhielten sie zur Antwort. Aber warum?»Wahrscheinlich hat irgendjemand gesagt, dass das gemacht werden soll. Sie haben das Chaos bereinigt, und das war's.« Der Unglücksbaum, eine Birke mit einem Durchmesser von zirka 38 Zentimetern steht noch. Um sie herum wurde eine Plattform gebaut, als eine Art Monument der Erinnerung.

Will man das, was in Smolensk geschehen ist, mit anderen Flugzeugunfällen vergleichen, lohnt ein Blick nach Schottland, nach Lockerbie. Dort stürzte am 21. Dezember 1988 ein Passagierflugzeug der amerikanischen Fluggesellschaft Pan Am nach einem Bombenanschlag ab. Britische Polizisten und Militärs sicherten sofort die Absturzstelle und kämmten vorsichtig die gesamten Trümmer durch. Über zehntausend Fragmente des Wracks wurden markiert, in Computer-Datenbanken registriert und später sorgfältig zusammengesetzt. Das Flugzeugwrack wurde in einem sicheren Hangar verwahrt, um die genaue Ursache des Absturzes zu klären.

In Smolensk geschah das alles nicht. Doch dem widersprach Ewa Kopacz, die damalige Ministerin für Gesundheit, am 13. April 2010 auf einer gemeinsamen Pressekonferenz mit Wladimir Putin und der Repräsentantin der russischen Kommission:»Selbst das kleinste Teil wurde untersucht, das an der Absturzstelle gefunden wurde, nachdem der Boden mit großer Sorgfalt an der Absturzstelle bis zu einem Meter tief untersucht und sorgfältig gesiebt wurde.«

Ein halbes Jahr später stellte sich heraus, dass diese Aussage der heutigen polnischen Premierministerin falsch war. Denn auf Veranlassung der polnischen Militärstaatsanwaltschaft untersuchte ein Archäologenteam unter der Leitung von Professor Andrzej Buko vom Institut für Archäologie und Ethnologie einen Bereich von 1,5 Hektar nahe der Absturzstelle. Das Team hielt sich vom 13. bis 27. Oktober 2010 in Smolensk auf, unterstützt von einem russischen Pathologen. Mit Detektoren untersuchten sie das Gebiet, das sie zuvor in verschiedene Sektoren eingeteilt hatten. Ihren Untersuchungsbericht überreichten sie den russischen Behörden, die diesen wiederum aufgrund eines Rechtshilfeersuchens wenige Monate später der polnischen Militärstaatsanwaltschaft übermittelten.[32]

Aus diesem Bericht ging unter anderem hervor, dass es

erhebliche Schwierigkeiten gab, das Gebiet mit Detektoren zu untersuchen, weil dort massive Veränderungen in den Oberflächenschichten nach der Katastrophe durchgeführt worden waren. Konkret heißt das, dass Teile der Landschaft zubetoniert worden waren. Trotzdem stellten die Archäologen im Bereich der Einflugschneise der Regierungsmaschine zwischen der Kutuzow-Straße und dem Militärflughafen, den letzten Sekunden vor dem Absturz also, »eine außergewöhnliche Konzentration« von Metallteilen fest. Daher, so die Archäologen, könne daraus gefolgert werden, dass nahe der Straße eine Schicht aus Sand und Kies im Umfeld der Birken bestand und genau dort noch zahlreiche Fragmente der Maschine vorhanden waren. In anderen Sektoren fand das Expertenteam verbogene, schwarze Metallteile und Flugzeugkomponenten, aber auch Knochenfragmente und Überreste persönlicher Habseligkeiten der Passagiere. Alle aufgefundenen Gegenstände wurden in vier Kategorien aufgeteilt: Knochenreste, Objekte, die Passagieren und der Crew gehörten, Komponenten des Flugzeugs und unbestimmte Fragmente. Sie zählten insgesamt dreißigtausend Fundstellen, zwanzigtausend der Fragmente wurden eingesammelt und registriert.

Die Militärstaatsanwaltschaft reagierte auf diesen Bericht am 14. Januar 2014, nachdem er in einigen polnischen Medien bereits zitiert worden war: »Die Arbeit der Archäologen lässt keine Rückschlüsse auf die Gründe und Umstände des Unglücks zu. Die endgültigen Schlussfolgerungen in diesem Zusammenhang kann nur das von der Staatsanwaltschaft dazu bestimmte Expertenteam ziehen, das den Auftrag hat, die Gründe und Umstände des Absturzes der TU 154 M 101 zu ermitteln. Ohne die Ursachen für den Absturz zu präjudizieren, muss gesagt werden, dass auf der Grundlage einer großen Anzahl (Zwanzig- bis Dreißigtausende) von Fragmenten eine Explosion im Flugzeug nicht begründet werden kann und voreilig ist.«[33] Denn, so die Militärstaatsanwaltschaft weiter, eine derartige weitgestreute Fragmentierung bei einem Flugzeugunfall sei charakteristisch für eine solche Katastrophe und müsse kein Ergebnis eines terroristischen Angriffs sein.

An der Aufklärung der Flugzeugkatastrophe in Smolensk beteiligten sich zwei staatliche Institutionen – die russische Untersuchungskommission und die polnische Untersuchungskommission – sowie eine parlamentarische Untersuchungskommission, initiiert von der PiS unter Leitung des Sejm-Abgeordneten Antoni Macierewicz. Letztere wurde gebildet, weil viele Polen nicht an einen normalen Unfall glaubten und schon sehr bald viele Widersprüche bei der Aufklärung der Katastrophe offenkundig wurden.

Offiziell wurde verkündet, dass es eine enge Kooperation zwischen der polnischen und der russischen staatlichen Untersuchungskommission gegeben habe. Zweifel daran äußerte jedoch selbst Edmund Klich, der polnische Vertreter in der russischen Kommission. Er beklagte sich bei einem polnischen Rundfunksender am 16. April 2012 darüber, dass es von Anfang an eine Tendenz gab, die Untersuchung in Richtung des menschlichen Faktors zu steuern. »Das war mein Eindruck während meines Aufenthaltes vor Ort. Es gab von verschiedenen Ministerien Anrufe, dass der Absturz ein Pilotenfehler war. Die Experten, die mit mir in Smolensk waren, inspizierten das Wrack. Tatsächlich war es mehr eine visuelle Inspektion als eine genaue Überprüfung.« Und er beklagte die mangelnde polnische Unterstützung während seines Aufenthalts in Moskau. »Ich glaube, der größte Fehler war die fehlende Unterstützung von Warschau für alle Beteiligten. Zuerst in Smolensk, dann in Moskau.«[34] Damit hatte er wohl recht.

Im Laufe der ersten Monate nach dem Absturz richteten die polnischen Behörden Hunderte von Anfragen an ihren russischen Partner, aber nur in Ausnahmefällen erhielten sie eine Antwort. Hier nur eine kleine Auswahl. Forderung nach Dokumenten, welche relevante Details über den Militärflughafen Smolensk enthalten: nicht erhalten. Beschreibung der Aufgaben der Personen für die Kontrolle und Sicherheitsfunktionen: nicht erhalten. Skizze des Unglücksorts: nicht erhalten. Daten der russischen und weißrussischen Seite betreffend die aktuelle Position des Flugzeugs TU-154 während des Überschreitens der polnischen Grenze bis zum Landeanflug auf dem Militärflughafen in Smolensk: nicht erhalten. Fotografische Dokumentation des Absturzorts einschließlich der Fotos, die direkt nach dem Absturz aufgenommen wurden: nicht erhalten. Erklärung, ob und wie sich die Radar- und Leuchtanlagenausrüstung zwischen dem 10. April 2010 und dem 7. April 2010, bei dem Premierminister Tusk und Putin landeten, unterschieden: keine Antwort. Wiederholte Anfrage, polnischen Spezialisten die Möglichkeit zu geben, die Fluginstruktionen für den Smolensker Militärflughafen in Anwesenheit eines russischen Partners zu lesen: keine Antwort. »Weil die polnische Seite die Ergebnisse des Testflugs am 17. Juni 2010 nicht akzeptierte, fordern wir die vollständige Kopie dieses Flugs. Wir protestieren offiziell wegen des Sachverhalts, dass es polnischen Spezialisten nicht erlaubt wurde, an dem Testflug teilzunehmen, indem sie die Radarindikatoren auf dem Boden beobachten und die Funkkommunikation verfolgen konnten«: keine Antwort. Erklärung, warum nur ein Teil des Telegrams 134/11/102 vom 13. März 2010 übergeben wurde: keine Antwort. Identifikation aller Personen in Leitungsfunktion auf dem Smolensk-Flughafen am 10. April 2010 zwischen 8.40 und 10.43 Uhr und welche Funktionen sie im Flugkontrollsystem hatten: nur teilweise Lieferung der geforderten Informationen. Erklärung der Gründe, warum so viele Personen am 10. April 2010 zwischen 8.40 und 10.43 Uhr in Kommandopositionen waren: keine Erklärung. Resultat der biochemischen und toxikologischen Tests der Crew und der Personen im Cockpit: keine Reaktion. Dauer der Maßnahmen und Tests, um die Opfer zu identifizieren: keine Antwort. Und so weiter und so weiter.

Allein gelassen: Seltsame Erlebnisse der Hinterbliebenen

Ortswechsel vom Schauplatz der Tragödie zu einigen Angehörigen der Opfer und dem, was sie nach dem Absturz erlebten. In der Diskussion über die Absturzursachen blieben sie lange Zeit weitgehend im Hintergrund, obwohl viele bis zum heutigen Tag die traumatischen Erfahrungen nicht verarbeitet haben. Für alle war der plötzliche Tod der Väter, Söhne oder Mütter ein schicksalhafter Einschnitt in ihr bisheriges Leben. Von einem Moment auf den anderen wurden gemeinsame Zukunftspläne zerstört. Die meisten Angehörigen blieben mit ihrer Trauer alleine, manche haben sich zu Schicksalsgemeinschaften zusammengeschlossen und kämpfen für die vollständige Aufklärung des Absturzes, und einige fanden Trost in ihrem tiefen katholischen Glauben.

In Polen begannen die Trauerfeierlichkeiten für die Opfer des Absturzes in Smolensk am 17. April 2010. Um 8.56 Uhr wurde landesweit mit einer Schweigeminute der Opfer gedacht. Auf dem zentralen Pilsudski-Platz in Warschau fand eine große Andacht statt. Ein großer Altar wurde errichtet, im Hintergrund waren riesige Bilder der Absturzopfer zu sehen, und die Namen aller Opfer wurden nacheinander verlesen. Die Trauerfeier zum Staatsbegräbnis des getöteten Präsidenten Lech Kaczyński und seiner Ehefrau Maria fand am folgenden Tag in der Krakauer Marienkirche statt. Überall im Land verfolgten über eine Million Polen die Zeremonie.

Ursprünglich hatten sich zahlreiche Präsidenten und Regierungschefs angekündigt, da aber weite Teile des europäischen Luftraums aufgrund von Aschewolken des isländischen Vulkans Eyjafjallajökull gesperrt waren, mussten viele Gäste absagen, unter ihnen US-Präsident Barack Obama, Nicolas Sarkozy aus Frankreich und die deutsche Bundeskanzlerin Angela Merkel. Das war insofern ein wenig seltsam, weil sowohl Bundespräsident Horst Köhler als auch Außenminister Guido Westerwelle mit dem Hubschrauber nach Krakau fliegen konnten. Der russische Präsident Dmitri Medwedew landete mit einer Sondermaschine. Vor der feierlichen Messe sagte er, dass die Trauer beide Nationen verbinde. In der Marienkirche legte er einen Strauß roter Rosen nieder und zündete eine Kerze an. Die Trauerfeier wurde vom russischen Fernsehen live übertragen.

Jarosław Kaczyński, der Zwillingsbruder von Lech Kaczyński, erzählte seiner kranken Mutter erst, nachdem sie im Mai wieder bei Kräften war, dass ihr Sohn Lech tot ist. Dabei wollten eigentlich beide Brüder gemeinsam nach Katyn fliegen. Zumindest stand das bis zum Nachmittag des 9. April 2010 fest, so berichtet Antoni Macierewicz: »Ich sprach damals persönlich mit Zbigniew Wassermann, der mir dann erzählte, dass er sehr glücklich sei, dass Jarosław Kaczyński nicht fliegen werde und er dafür dessen Platz in der Maschine einnehmen kann. Ich erinnere mich genau daran, weil er mir das im Parlament erzählte und so glücklich war, dass er jetzt nach Katyn fliegen kann.«[1]

Die Witwe des Vizekulturministers

»Ich habe einmal meinem Mann gesagt, du darfst alles machen. Du darfst trinken, eine andere Frau haben – aber nicht vor mir sterben. Aber das ist passiert. Ich möchte nicht alleine ohne ihn bleiben.« Das sagte mir die Witwe von Tomasz Merta, dem Vizeminister im Ministerium für Kultur und nationales Erbe, der beim Absturz in Smolensk ums Leben kam. Als Fachmann für kulturelle Fragen diente er drei unterschiedlichen Regierungen, zuletzt unter Donald Tusk – obwohl er zu den Mitautoren des Programms der Partei Recht und Gerechtigkeit gehörte.

Tomasz Merta war außerdem Mitglied des Programmrats des Museums des Warschauer Aufstands, dem ersten multimedialen und zugleich modernsten Museum Polens. Es thematisiert die Ereignisse des Warschauer Aufstands vom 1. August bis 2. Oktober 1944 gegen die deutschen Besatzer und dokumentiert unter anderem, dass während dieser Ereignisse die sowjetischen Truppen zwar direkt am gegenüberliegenden Weichselufer standen, aber nicht eingriffen. Die Deutschen machten Warschau dem Erdboden gleich, und über zweihunderttausend Einwohner wurden ermordet – unter den Augen der sowjetischen Armee. Es war nach Katyn die zweite Enthauptung der politischen, militärischen und intellektuellen Elite Polens.

Tomasz Merta gehörte zu den Unterstützern von Lech Kaczyński bei den Präsidentschaftswahlen 2005. Seine Ehefrau Magdalena empfing mich in ihrem Haus, ein wenig außerhalb von Warschau, bekleidet mit einem langen schwarzen Kleid, ihre Augen rot umrändert. »Die ersten drei, vier Tage war ich nicht ich selbst. Bis heute ist es ein Trauma, ein großer Schmerz. Ich konnte meinen Kindern keine Unterstützung geben, keinen Schutz. Ich war allein. Eines meiner Kinder hat mal gesagt, der Tod des Vaters war weniger schmerzhaft als das, was mit der Mutter geschah. Ich reagierte auf keine äußeren Reize, ich schrie nur noch. Das war schlimmer als der Tod.«

Wie kam es überhaupt zur Einladung nach Katyn, und wie hat Ihr Mann darauf reagiert? »Er wäre ja auf jeden Fall in dem Flugzeug gewesen, unabhängig, wer noch an Bord war, denn er ist seit vielen Jahren Mitglied des Rates Gedächtnis von Katyn und war als Vizeminister verantwortlich im Rat, beteiligte sich an den Vorbereitungen zu den Feierlichkeiten. Im Jahr 2010 waren seine wichtigsten Aufgaben die Vorbereitungen für die Feiern zum zweihundertsten Geburtstag von Chopin mit riesigem Konzertprogramm, der Jahrestag von Katyn und der dreißigste Jahrestag der Entstehung von Solidarność. Damals sagte mein Mann zu mir, dass er die russische Politik nicht verstehen könne. Am Anfang haben sie alles getan, um die Feierlichkeiten zu behindern, und dann erweckten sie plötzlich den Eindruck, als ob sie uns erwarten würden.« Was habe er zu den Verhandlungen mit den Russen gesagt? »Er hat einem Kollegen gesagt, nach der Rückkehr aus Katyn müssen wir uns unterhalten, die Russen verhalten sich so merkwürdig. Das bedeutet nicht, dass er irgendwelche Befürchtungen hatte.«

1992 hatte sie ihren Mann während des Studiums kennengelernt und ihn noch im gleichen Jahr geheiratet. Thomasz Merta studierte damals politische Philosophie und übersetzte Bücher. In einem großen Schrank im Wohnzimmer bewahrt sie Andenken an ihren Mann auf, zum Beispiel eine Plastikschale voller Füllfederhalter. »Er hat immer mit einem Füller geschrieben. Einen hat er vom Präsidenten geschenkt bekommen. Den hatte er bei sich, als das Flugzeug abstürzte.« In einer Schublade liegen sechs kleine Schatullen mit dem Wappen des Vatikans, darin jeweils ein Rosenkranz. »Das sind alles seine Rosenkränze. Papst Benedikt hatte ihm persönlich einen geweihten Rosenkranz geschenkt.« Besonders stolz ist sie auf einen Rosenkranz, den ihr Papst Benedikt nach dem Tod ihres Mannes geschenkt hatte. »Das sind die Sachen, die im Schlamm gefunden wurden, zumindest ein Teil davon. Wir haben sie mitgenommen, weil sie vernichtet werden sollten.« Magdalena Merta zeigte mir eine etwas verschmutzte pinkfarbene Bordkarte. Einstiegszeit 7 Uhr für Flug 101 steht darauf und: »We wish you a pleasant flight.« Sie blätterte in dem Pass ihres Ehemannes und holte auch seinen ziemlich zerfledderten Diplomatenpass hervor. Das Billardzimmer im Souterrain sei einer seiner Lieblingsräume gewesen. Hier habe sie den Leichnam ihres Mannes aufgebahrt, nachdem er in einem versiegelten Sarg aus Moskau überführt worden war. »Ich wollte, dass mein Mann nicht von der Leichenhalle, sondern von seinem Haus aus zum Friedhof gebracht wird. Hier in diesem Zimmer wurde Tag und Nacht gebetet. Es kamen Priester, Dominikaner, Don Bosco, die Kinder haben gesungen. Ich wollte unbedingt den Sarg aufmachen, um ihn zum letzten Mal zu sehen. Aber alle Freunde und meine Familie waren dagegen. Sie glaubten, ich würde einen Nervenzusammenbruch erleiden. Aber der Schock wäre leichter zu ertragen gewesen als die vier Jahre mit meinem Trauma.«

Nach unserem Gespräch sollte ich Magdalena Merta unbedingt zum Friedhof begleiten. Es regnete, was ihr nichts auszumachen schien, obwohl sie nur ihr schwarzes Kleid trug. Vor dem Friedhof kaufte sie noch schnell ein Dutzend weißer Kerzen. Und nach nur wenigen Metern standen wir vor einem Monument, einem knapp zwei Meter mächtigen Marmorgrabstein. In dessen Mitte ein nachdenklich wirkender Bronzeengel mit breiten Flügeln, der in einem Buch liest und an dessen Seite weitere Bücher gestapelt sind. Während ich mir das ansah, wechselte Magdalena Merta die Kerzen in den zahlreichen Grableuchten, mitten im strömenden Regen.

Zum Abschluss berichtete sie noch, dass sie jetzt ein wenig Abwechslung durch ihre Arbeit im Warschauer Institut für Nationales Gedenken IPN (Instytut Pamięci Narodowej) gefunden habe. In dem staatlichen Institut werden Dokumente über Verbrechen archiviert und verwaltet, die im Zweiten Weltkrieg von deutschen und sowjetischen Besatzern an polnischen Bürgern und während der folgenden Zeit in der kommunistischen Volksrepublik Polen begangen wurden. »Es geht auch darum«, sagte sie, »Verbrechen gegen die Menschlichkeit aufzuklären, denn die sind nicht verjährt.«

Die kämpferische Rechtsanwältin

Wie geht man mit dem plötzlichen Tod von Menschen um, die einem sehr nahestehen? Welche traumatischen Erfahrungen mussten einzelne Angehörige durchleben? Da ist zum Beispiel die sechsunddreißigjährige Małgorzata Wassermann. Seit der Grundschule wollte sie Anwältin werden. Sie schloss das Jurastudium sehr gut ab und arbeitet heute als erfolgreiche Strafverteidigerin in Krakau.

Ihr Vater Zbigniew Wassermann war von 2005 bis 2007 Koordinator der Nachrichtendienste und ein, wie sie erzählt, liebevoller Familienmensch. Eigentlich sei überhaupt nicht geplant gewesen, dass er nach Katyn fliegen sollte. Er erhielt die Zusage für einen Platz in der Präsidentenmaschine, nachdem Jarosław Kaczyński, der Zwillingsbruder von Lech Kaczyński, am Tag zuvor entschieden hatte, nicht nach Katyn zu fliegen. Über ihre Mutter erzählte sie: »Nach über vierzig Jahren sehr guter Ehe, sie kannten sich seit der Oberschule und waren immer zusammen, war der Tod meines Vaters für sie anfangs nicht zu ertragen. Sie hatte keinen Lebenswillen mehr. Sie sagte uns, jetzt habe sie nichts mehr, wofür sie leben kann.«

Um die Depressionen der Mutter zu bekämpfen, organisierten die Tochter und andere Familienangehörige auf Empfehlung eines Freundes Reisen in sonnige Länder. So fuhren sie beispielsweise nach Zypern. Am ersten Tag, erzählte die Tochter, spürte man, dass ihre Mutter noch sehr abwesend war. An den folgenden Tagen, als sie Sonne, Blumen und Meer sah, habe sie erstmals wieder gelächelt. Die Verbindung

154

des getöteten Vaters zu seinen Kindern und seiner Frau war sehr eng. »Wir sind tief religiös. Für uns hat er sein Leben nicht verloren, sondern er ist nur in eine andere Dimension gegangen. Wir unterhalten uns mit ihm, fragen ihn, was ihm gefallen würde. Bei allen Ferien steht sein Foto in der Mitte des Tischs. Auf diese Art und Weise kommen wir langsam mit seinem Verlust zurecht. Wir haben beschlossen, uns nie aufzugeben, sondern zu kämpfen. Wir kämpfen für die Wahrheit, wenn es um Smolensk geht.«

Małgorzata Wassermann gehörte zu jener polnischen Delegation, die Tage nach dem Absturz zusammen mit einigen Regierungsmitgliedern nach Moskau flog, um den Leichnam ihres Vaters zu identifizieren. In Smolensk waren die Leichen oder Leichenteile in mit roten Tüchern umhüllte Särge gelegt und anschließend nach Moskau geflogen worden. Dort sollten sie im rechtsmedizinischen Institut von den Angehörigen identifiziert werden. Doch die Identifizierung der Todesopfer bereitete große Schwierigkeiten, sagte Gesundheitsministerin Ewa Kopacz, die ebenfalls nach Moskau gereist war. Demnach konnten nur vierzehn Leichname ohne Probleme identifiziert werden, zwanzig weitere Opfer nur aufgrund besonderer Merkmale, und bei den übrigen waren DNA-Tests erforderlich.

In Moskau erlebte sie einen Alptraum. »Ich bin mit russischen Beamten allein gelassen worden, ohne jegliche Begleitung von polnischer Seite. Sie beschäftigten sich nur mit einer Sache, nämlich sehr schnell ins Hotel zu kommen, um zu schlafen. In Polen hatte man von uns DNA-Proben genommen. In Moskau wollten sie dann noch eine Blutprobe von mir nehmen. Ich war ziemlich verärgert. Sie haben aber gesagt, wenn ich mein Blut nicht gebe, bekomme ich meinen Vater nicht.«

Zur gleichen Zeit hielten sich die damalige polnische Gesundheitsministerin Kopacz und ihr Kollege Tomasz Arabski in Moskau auf. Doch für Małgorzata Wassermann waren die beiden keine Stütze. »Sie haben sich überhaupt nicht interessiert, was mit mir bei den russischen Behörden passierte. Zur Vernehmung meiner Person wurde einer der wichtigsten Moskauer Staatsanwälte geholt. Die Beamten, unter anderem vom Nachrichtendienst, haben mich stundenlang vernommen, und ihre Fragen waren teilweise sehr dubios. Wie ist der Name der zweiten Enkelin meines Vaters, wollten sie von mir wissen. Woher wussten die, dass mein Vater zwei Enkelinnen hat? Woher wussten sie überhaupt, wo ich arbeite? Dann fragten sie mich, was meiner Meinung nach in Smolensk passiert ist und warum mein Vater überhaupt mitgeflogen sei.« Der Grund für diese ungewöhnliche Befragung hing wohl damit zusammen, dass anfangs überhaupt nicht geplant war, dass ihr Vater nach Katyn flog. Erst am Freitagnachmittag vor dem Abflug entschied sich, dass er in der Präsidentenmaschine nach Smolensk mitreisen sollte.

»Dann wollten sie, dass ich die Kleidung meines Vaters vernichte.« Das sei doch ein Beweismittel, protestierte die vom plötzlichen Tod ihres Vaters noch erschütterte Rechtsanwältin. »Sie haben gesagt, die Kleidung besteht aus Blut und Benzin. Meine Mutter bestand aber darauf, dass ich alles mitbringe. Ich versuchte, meine Mutter anzurufen. Als ich ihre Nummer wählte, nahm ein Russe ab. Immer wieder war der Russe dran. Aber ich habe mich dann doch durchgesetzt, gegen alle Widerstände in Moskau.« Małgorzata Wassermann gewann den Eindruck, dass man mit ihr spielen wollte, wie sie es nannte. »Der Computer brach immer wieder zusammen. Sie haben das Protokoll ausgedruckt, und ich habe meinen Vornamen und Nachnamen geschrieben. Ich habe aber noch einen dritten Vornamen. Sie schauten im Pass nach und sagten, das Protokoll muss nochmals vollständig unterschrieben werden. Ich habe es mit einem roten und blauen Kugelschreiber unterschrieben. Da sagten sie, das geht nicht, und es wurde wieder ein neues Protokoll geschrieben.«

Bereits in Moskau kamen ihr erste Zweifel, ob bei dem Absturz alles mit rechten Dingen zugegangen war. »Die Russen haben uns in Moskau versichert, dass am 11. April alle Obduktionen stattgefunden haben, und die polnischen Staatsanwälte haben das geglaubt. Ich frage, auf welche Weise haben sie die Leichen eingesammelt, nach Moskau gebracht und sie innerhalb von 24 Stunden alle obduziert?«

Die verhinderten Obduktionen

Polnische Pathologen durften bei den Autopsien in Moskau nicht teilnehmen, ebenso wenig wie die nach Moskau geflogenen polnischen Staatsanwälte. Dazu Andrzej Seremet, der polnische Generalstaatsanwalt:»Als die Staatsanwälte damals nach Moskau zum Institut kamen, wurde ihnen versichert, dass die Leichenobduktionen bereits stattgefunden hatten und sie deshalb an den Obduktionen nicht teilgenommen haben.« Daraufhin fragt ihn eine Journalistin:»Hätte das nicht Ihr Misstrauen hervorrufen müssen, dass es in so kurzer Zeit nicht möglich wäre, so viele Leichen zu obduzieren?« Der Generalstaatsanwalt antwortete ihr:»Natürlich, natürlich. Die Staatsanwälte waren natürlich von diesem Sachverhalt nicht begeistert. Aber können Sie mir bitte sagen, was sie in dieser Situation hätten tun sollen?«

In Moskau waren die Leichen in Foliensäcke verpackt und in versiegelten Metallsärgen, die wiederum in Holzsärge kamen, nach Polen transportiert worden. Dort wurden die Särge weder geöffnet noch irgendwelche weiteren gerichtsmedizinischen Obduktionen vorgenommen. Den Angehörigen wurde sogar verboten, die Särge zu öffnen. Das sollte sich erst zwei Jahre später bei einigen prominenten Opfern ändern.

Professor Michael Baden ist einer der renommiertesten amerikanischen Pathologen, der im Laufe von über dreißig Jahren über fünfzig Flugzeugkatastrophen beziehungsweise deren Opfer gerichtsmedizinisch untersuchte. Der heute Achtzigjährige war unter anderem an den Obduktionen von John F. Kennedy und Martin Luther King beteiligt. Ihn beauftragen Angehörige, einige Leichen noch einmal gründlich zu untersuchen.

Mitte März 2012 flog Baden deshalb nach Polen, um an der Exhumierung des Parlamentsabgeordneten und ehemaligen Vizepremierministers Przemysław Gosiewski, einem der Smolensk-Opfer, teilzunehmen. Seine Leiche sollte untersucht werden, weil es im russischen Autopsiebericht zahlreiche auffällige Unstimmigkeiten gab. Trotz des ausdrücklichen Willens der Witwe lehnte die polnische Militärstaatsanwaltschaft seine Beteiligung an der Exhumierung und späteren Obduktion ab. »Diese Tatsache, dass sie mir nicht erlaubt hatten, daran teilzunehmen, und vor allem, auf welche Art und Weise sie es getan hatten, sagt mir mehr darüber, als ob ich in der Tat an der Obduktion teilgenommen hätte.« Und er sagte gegenüber der Nachrichtenagentur AP: »Die fehlende Offenheit lässt Verschwörungstheorien sprießen. Sie können eine Katastrophe solchen Ausmaßes nicht im Geheimen untersuchen.«[2]

Bei einer späteren Anhörung vor dem parlamentarischen Untersuchungsausschuss von Antoni Macierewicz berichtete die Witwe von Przemysław Gosiewski Folgendes: Nachdem sie sich massiv darüber beschwert hatte, dass Professor Baden nicht an der Exhumierung teilnehmen durfte, hätte der leitende Staatsanwalt seine Beherrschung verloren und in einer Art Selbstverteidigung zu ihr gesagt: »Russland ist eine große Macht! Ich weiß, dass Sie denken, dass ich ein Verräter bin, aber es ist nicht so.«

Baden kritisierte das Verhalten der polnischen Regierung scharf: »Der Unfallort wurde sehr schnell aufgeräumt, bevor eine gründliche Ermittlung, die zu sinnvollen Schlussfolgerungen hätte führen können, möglich war. Ganz anders als zum Beispiel im Fall des Attentats am 11. September in den USA. Ich nahm an den Untersuchungen der Körper von Opfern der Angriffe auf das World Trade Center in New York 2001 teil. Dort hat man den Tatort erst nach dem Abschluss der Ermittlungen aufgeräumt. Die Verletzungen der Opfer im Fall von Smolensk ähneln nicht den üblichen bei einer Flugzeugkatastrophe, und bei einer so geringen Höhe hätte normalerweise zumindest ein Teil der Flugzeugpassagiere den Absturz überleben sollen. Die Russen haben die Untersuchungen nicht durchgeführt, aber die polnische Regierung war dazu verpflichtet, sie in Polen vorzunehmen. Ich kann nicht begreifen, aus welchem Grund die polnische Regierung das versäumte … Durch eine derartige Vorgehensweise hat die Regierung den eigenen Staat und die polnischen Bürger nachhaltig geschädigt.«[3]

Tatsächlich wurden bei den Obduktionen in Moskau keinerlei der erforderlichen Analysen, die bei einem Flugzeugabsturz üblich sind, durchgeführt − weder Röntgenuntersuchungen noch toxikologische Tests. Vielleicht unterblieb das, weil die Behörden in Russland von Anfang an davon ausgingen, dass es sich um einen ganz gewöhnlichen Flugzeugabsturz handelte.

Wer dachte damals in Moskau schon daran, dass die Ursache des Absturzes vielleicht etwas mehr als ein Pilotenfehler gewesen sein könnte? Das glaubten jedoch Angehörige der Opfer − und forderten die Exhumierung und Autopsie durch einen unabhängigen Gutachter. Doch alle Särge waren in Russland versiegelt worden und durften nicht mehr geöffnet werden. Die Exhumierungen wurden verboten. Für Professor Baden war das unfassbar: »Das ist nicht zu akzeptieren. Angehörige müssen das Recht haben, ihre Liebsten noch einmal zu sehen. Und wenn die Familienangehörigen eine zweite Autopsie wünschen oder eine andere Überprüfung, so haben sie das Recht dazu. Ich war in den verschiedensten Ländern der Welt, wo die Familien glaubten, dass die Behörden etwas vertuschen wollten. Und ob es Zimbabwe, Israel oder die Philippinen waren und die Regierung kein Interesse daran hatte, dass Personen von außerhalb die Überprüfungen durchführen, haben sie niemals eingegriffen.«[4]

Dem Vorwurf, dass die russischen Behörden etwas falsch gemacht hätten, widersprach in Moskau Andrej Kowaljow, der Direktor des russischen Zentrums für forensische Analysen.»Sollte es zu Unstimmigkeiten gekommen sein, dann liegt das nicht an einer schlechten Autopsie, sondern an der Tatsache, dass die Körper fragmentiert waren.«[5] Der polnische Generalstaatsanwalt Andrzej Seremet sah ebenfalls keinen Fehler seiner Behörde. Sein Argument war, dass die Familienangehörigen falsche Angaben gemacht hätten. Diesem Urteil wollte sich der ehemalige und inzwischen pensionierte stellvertretende Generalstaatsanwalt Kazimierz Olejnik nicht anschließen. In einem Interview erklärte er, dass die Untersuchungen der Militärstaatsanwaltschaft ein Desaster seien. Dies sei ein Skandal und eine Schande für die polnischen staatlichen Behörden.[6] Als Reaktion auf diese Aussage eröffnete der Generalstaatsanwalt ein Disziplinarverfahren gegen seinen kritischen Exkollegen, da dieser gegen die ethischen Grundsätze der Strafverfolgungsbehörden verstoßen habe. Nachdem allerdings bereits die unteren Gerichte kein Disziplinarverfahren eröffnen wollten, ging der Generalstaatsanwalt bis zum obersten polnischen Gerichtshof – und scheiterte auch hier. Erst nachdem Angehörige festgestellt hatten, dass aufgrund der von den russischen Behörden vorgelegten medizinischen Unterlagen falsche Angaben offensichtlich waren, war die Militärstaatsanwaltschaft bereit, den Forderungen der Angehörigen nach einer Exhumierung nachzukommen – nach zweijährigen vergeblichen Bemühungen.

Exhumiert wurde beispielsweise Anna Walentynowicz, die Symbolfigur der Streikbewegung auf der Danziger Werft im Jahr 1980 und Mitbegründerin der Gewerkschaft Solidarność. Der Berliner Rechtsanwalt Stefan Hambura, der an der Exhumierung beteiligt war und die Interessen der Familie wahrnahm, berichtete, dass die Exhumierung am 17. September 2012 um 5 Uhr morgens in Danzig stattfand. Hier ist sie begraben worden. Danach wurde die Leiche nach Bydgoszcz gebracht. Dort sollte die Obduktion stattfinden. Aber der Computertomograph war defekt, und deshalb wurde die Leiche weiter nach Krakau transportiert. Gleichzeitig wurde eine weitere Leiche obduziert, die in Warschau begraben war. Zuvor hatte der Rechtsanwalt den Sarg versiegelt. Am Schluss stellte sich heraus, dass beide Leichen verwechselt wurden.

Im Fall von Anna Walentynowicz hatte Rechtsanwalt Stefan Hambura am 10. September 2012 an den Präsidenten des Europäischen Parlaments Martin Schulz geschrieben, dass von europäischer Seite ein Beobachter an den Exhumierungen und den Obduktionen teilnehmen sollte. »Die Angehörigen von Frau Anna Walentynowicz erwarten konkrete Unterstützung und Hilfe. Nach so langer Zeit ist ihr Vertrauen in die Institutionen und Organe des polnischen Staates erschüttert.« Drei Tage später antwortete ihm Martin Schulz: »Die Verträge unserer Gemeinschaft legen nieder, dass die Europäische Union und deren Institutionen nicht in einzelne nationale Polizei- und Justizfälle eingreifen dürfen. Daher muss ich Sie leider informieren, dass das Europäische Parlament Ihrem Wunsch nicht folgen kann, einen Beobachter zu der Exhumierung und Obduktion zu entsenden.«

In einem anderen Fall stellte Andrzej Melak, ein anderer Mandant von Rechtsanwalt Stefan Hambura, den Antrag auf Exhumierung bereits im Jahr 2011. Über diesen Antrag wurde bis heute nicht entschieden.

Die erste Exhumierung fand übrigens bei Zbigniew Wassermann statt. Dabei stellte sich heraus, dass im Autopsieprotokoll falsche Angaben standen. Obwohl Wassermann beispielsweise schon lange vor dem Flugzeugabsturz eine Niere entnommen worden war, stand im Obduktionsbericht, dass er die gesunde Niere eines jungen Mannes besäße. Dazu sagte Rechtsanwältin Małgorzata Wassermann:»Im Autopsiebericht wurden Dinge erwähnt, die nicht existierten.« Man könnte ja nun sagen, das sei zwar für die Angehörigen äußerst misslich und verletzend, dass sie Angehörige begraben haben, die überhaupt nicht im Sarg lagen. Aber dieser Vorgang allein zeigt ja, wie ein kleiner Mosaikstein in einem großen Mosaik, nur eine von so vielen Merkwürdigkeiten im Zusammenhang mit dem Absturz.

Sei ihr von Anfang klar gewesen, dass es kein Unfall war, fragte ich Rechtsanwältin Wassermann in ihrem Büro.»Erst nach einigen Monaten. Die Informationen, die uns übermittelt wurden, stimmten nicht mit den Tatsachen überein, die wir selbst gesehen haben.« Hier in Polen begann nach ihren Worten das Problem, als sie zur Militärstaatsanwaltschaft fuhr und feststellte, dass keine Beweismittel an der Absturzstelle eingesammelt worden waren.»Sie hatten nach ihrer Rückkehr aus Smolensk nichts mitgebracht, keine Proben vom Boden, von der Birke, vom Flugzeug, von den Leichen, von der Kleidung. Sie haben keine Beschau an der Unfallstelle gemacht, keine Vermessungen der Birke, keine Obduktionen in Polen. Sie hatten gar nichts.« Weshalb wollte sie selbst ermitteln, fragte ich sie weiter.»Eine berechtigte Frage, denn fest steht, dass die russischen Behörden nichts von dem, was den Unfall betraf, den polnischen Behörden übergeben hatten, selbst die Flugschreiber nur in Kopien, und das nach Protesten in vier unterschiedlichen Variationen.«

Marko Papic war in der international tätigen US-Sicherheitsfirma Stratfor, bekannt für ihre engen Beziehungen zur CIA, zuständig für globale geopolitische Strategien. Aus

Wikileaks-Dokumenten geht hervor, dass er wenige Stunden nach dem Flugzeugabsturz in Smolensk in einer E-Mail schrieb:»Wir werden bis zum Auffinden der Flugschreiber nicht wissen, was passiert ist. Ich habe das Gefühl, dass die Russen deren Herausgabe an Polen blockieren werden. Das könnte der Beginn eines weiteren diplomatischen Zwischenfalls werden. Oder Putin könnte seine Charmeoffensive fortsetzen, insbesondere sollte den arroganten Piloten wirklich ein Verschulden treffen. Dann gibt es Putin die Gelegenheit, großmütig zu handeln.«[7]

Der geopolitische Analytiker lag mit seiner Einschätzung nicht ganz falsch: Nach offizieller russischer Lesart waren ausschließlich die Piloten für den Absturz verantwortlich. Doch dass sich Putin deshalb großmütig verhalten und die Originale der Flugschreiber den polnischen Untersuchungsbehörden zur Verfügung gestellt hätte, davon konnte hingegen keine Rede sein. Bis Ende 2014 standen den polnischen Ermittlungsbehörden nur Kopien der Flugschreiber und des Cockpit-Voice-Rekorders zur Verfügung, und selbst die sollen manipuliert gewesen sein, behauptete jedenfalls nicht nur Rechtsanwältin Wassermann.

Was die Militärstaatsanwaltschaft nicht wusste, so sagte sie mir, dass die Angehörigen der Opfer des Absturzes Mittel und Wege gefunden hatten, um an der Absturzstelle in Smolensk selbst Beweismaterial mitzunehmen.»Lange konnte man nicht öffentlich machen, dass wir Beweismittel besitzen. Denn wir wussten, sie werden konfisziert werden. Jetzt hat die Staatsanwaltschaft aber diese Beweismittel von der Unfallstelle, und zwar von uns und nicht von russischen Behörden.« Genau diese Beweismittel sollten später eine entscheidende Rolle für jene internationalen Wissenschaftler spielen, die trotz massiver Behinderungen versuchten, die vielen offenen Fragen im Zusammenhang mit der Absturzursache zu klären.

Die Witwe des Luftwaffenchefs

Ein zentraler Vorwurf, der sofort nach dem Flugzeugabsturz erhoben wurde, lautete, dass der Kommandeur der Luftwaffe Andrzej Błasik sich während des Landeanflugs in Smolensk im Cockpit aufgehalten habe, dass er Druck auf die Besatzung ausübte, um trotz der schlechten Wetterverhältnisse in Smolensk zu landen, und dass er zudem alkoholisiert gewesen sei. Andrzej Błasik war nicht nur polnischer Luftwaffenkommandeur, sondern eng mit den USA und der Nato verbunden. So war er 2003 Oberbefehlshaber der Nato-Manöver in Polen und stand zudem vor der Ernennung auf einen hohen Nato-Posten in Brüssel.

Bereits fünf Wochen nach dem Absturz erklärte Tatjana Anodina, die Leiterin der offiziellen russischen Untersuchungskommission, dass sich im Cockpit der Unglücksmaschine kurz vor dem Absturz neben der Besatzung noch weitere Menschen aufgehalten hätten. »Eine der Stimmen aus dem Cockpit sei ›eindeutig identifiziert worden‹. Wer das war, wollte sie nicht sagen. Doch die polnische Nachrichtenagentur PAP meldete unter Berufung auf Ermittlungskreise, eine der Stimmen sei die von Polens Luftwaffenchef Andrzej Błasik gewesen.«[8] »Und die Stimmenaufzeichnungen im Cockpit beweisen, dass Protasiuk[9] und sein Ko-Pilot kurz vor dem Absturz nicht allein im Cockpit waren. Hinter ihnen stand der Oberkommandierende der Luftstreitkräfte und gab den Piloten Anweisungen, gegen jede Vorschrift.«[10] Mehrere polnische Zeitungen schrieben daraufhin, aus internen Quellen hätten sie erfahren, dass der identifizierte Besucher im Cockpit der Chef der polnischen Luftwaffe Generaloberst Błasik gewesen sei.[11] »Sicher müssen die polnischen Armeepiloten einen Erwartungsdruck gespürt haben, verstärkt dadurch, dass der Chef der polnischen Luftwaffe, General Andrzej Błasik, ins Cockpit gekommen war – wo er bis zum Aufprall blieb.«[12]

Ewa Błasik ist die Witwe des massiv kritisierten Luftwaffen-chefs. »Vor dem Flug nach Smolensk gab es Informationen, dass ein Attentat auf ein Flugzeug geplant sei. Aber er wusste nicht wo. Zumindest hat er mir das nicht gesagt. Er durfte mir nicht alles sagen. Eine Woche vor seinem Tod war er sehr auf-geregt. Er wachte in der Nacht plötzlich auf. ›Ich habe meinen Tod gesehen. Mein Körper war zerfetzt‹.« An dem Tag, als sie vom Tod ihres Mannes erfuhr, sagte sie ihren beiden Kindern, »wir müssen uns zusammenreißen und dürfen der Welt nicht zeigen, dass wir zerbrochen sind. Ich weiß nicht, woher ich die Kräfte hatte. Aber ich bin die Ehefrau eines Offiziers.« Ihr Vorwurf gegen die polnische Regierung ist hart: »Von Anfang an wollte die Regierung nicht die Wahrheit hören. Sie wollten mich zu einer Witwe machen, die heult und nicht bei Sinnen ist.«

Interessant ist, dass US-General Roger A. Brady, Komman-deur der amerikanischen Luftstreitkräfte in Europa, der ihren Mann gut kannte, ihr bei einem Besuch des US-Stützpunkts im pfälzischen Ramstein im Herbst 2010 zusagte, dass die Nato bei der Aufklärung des Absturzes helfen wollte. »Als ich zurückkehrte, habe ich öffentlich gesagt, dass die Nato-Generäle bei der Aufklärung helfen wollten. Aber das wurde von der Regierung abgelehnt. Die polnischen Generäle, die mich begleitet hatten, erhielten vom Verteidigungsministe-rium Anrufe. Das Verteidigungsministerium wollte von ihnen erfahren, was ich in Ramstein dem General Roger A. Brady erzählt habe. Sie waren erschrocken, dass die Nato bei der Aufklärung des Absturzes helfen wollte.«

Die Hilfe der USA war aber seltsamerweise überhaupt nicht gefragt. Diese Erfahrung machte übrigens auch der pol-nische Staatsanwalt Marek Pasionek, der die Ermittlungen zum Absturz leitete. Er wurde suspendiert, weil er Informatio-nen zu den Untersuchungen an Vertreter der USA weiterge-geben und um Unterstützung gebeten haben soll. Ihm ging es um Satellitenaufnahmen vom Tag des Absturzes, die der polnischen Staatsanwaltschaft fehlten.[13]

Wann genau und wie haben Sie vom Tod Ihres Mannes erfahren, wollte ich von Ewa Błasik wissen. »Der Bruder meines Mannes hat mich angerufen und fragte, mit welchem Flugzeug mein Mann geflogen ist. Ich antwortete, zusammen mit dem Präsidenten. Am Freitag, abends vor dem Abflug, fragte ich meinen Mann, mit welchem Flugzeug fliegst du? Er sagte mir damals, aus Sicherheitsgründen nehmen er und die Generäle die JAK-40, und der Präsident fliegt mit der Tupolew. Ich weiß nicht, warum er seine Entscheidung geändert hat, und habe mich das damals auch nicht gefragt.« Erst nach dem Absturz erfuhr sie, dass ihr Mann den Befehl vom Chef des Generalstabs und dem Verteidigungsminister bekommen hatte. Die Begründung? »Wenn er alle Generäle einlädt, mit ihm zusammen zu fliegen, kann man nicht absagen. Alle waren sicher, dass es das sicherste Flugzeug sei.«

Dann erzählte Ewa Błasik, dass ihr Mann mit den Reparaturarbeiten der Tupolew im russischen Samara nicht einverstanden gewesen sei, weil seiner Meinung nach die Wartung in Polen stattfinden sollte. »Er hatte kein Vertrauen in diese Firma. Deshalb schrieb er sieben Briefe an das Verteidigungsministerium.« Wie zeichnet sich eine Soldatenfrau aus, fragte ich sie. »Wir ordnen uns unseren Ehemännern unter. Das ist ein gefährlicher Beruf, er war ja auch Testpilot. Über das Leben entscheiden Sekunden. Er durfte nicht müde, verärgert sein, deshalb wollte ich es ihm so bequem wie möglich machen.«

Was Ewa Błasik nach dem Tod ihres Mannes erlebte, war für sie schockierend. »Die Journalisten kamen zu mir. Ich habe ihnen davon erzählt, dass mich die Nachrichtendienste einschüchtern. Nach dem Tod meines Mannes hatte ich zwei Unfälle. Einmal war es sicher meine Schuld. Aber beim zweiten Mal hat mich jemand angefahren. Dann wurden vor unserem Haus die Reifen meines Autos zerschnitten. Vor meiner Garage wurde Teer ausgeschüttet und die Garage in Brand gesetzt. Dreimal wurden meine Bremsschläuche zerschnitten. Ich und meine Kinder fühlen uns hier nicht sicher.« Und weiter:»Ich habe Angst, wenn meine Kinder ausgehen. Ob sie sicher nach Hause zurückkommen. Sie haben keinen Vater, und ich bin allein.«

Ihrem Mann wurde später vorgeworfen, dass er eng mit der Partei von Lech Kaczyński verbunden war. Ewa Błasik weist diesen Vorwurf brüsk von sich.»Er hat sich nie mit irgendeiner politischen Partei identifiziert. Solche Vorwürfe wurden ja nicht nur gegen ihn, sondern auch gegen den ebenfalls getöteten Admiral Andrzej Karweta erhoben, der durch Präsident Kaczyński zum Chef der Marine ernannt wurde. Es ist idiotisch. Wie kann man solche Behauptungen über die Generäle der Streitkräfte erheben, die doch über den Parteien stehen müssen. Es ist unglaublich, sie als politische Zinnsoldaten zu diffamieren.« Natürlich stand Ewa Błasik, die wie viele andere Angehörige der Opfer sehr religiös ist, eher der konservativen Partei von Expräsident Kaczyński nahe. Sie sind tiefgläubig, fragte ich sie also.»Ja, sehr.« Haben Sie an Gott gezweifelt?»Ganz im Gegenteil. Ich fühlte seine Unterstützung«, und sie sagte weiter, dass sie nur das Gebet gerettet habe und sie dadurch überleben konnte.

Nicht nur enttäuscht, sondern sehr verletzt war sie, weil ihr Mann von niemandem verteidigt wurde, als gegen ihn schon wenige Tage nach dem Absturz massive Vorwürfe erhoben wurden.»Mein Mann wurde geopfert, damit die Regierung ihre Ruhe hat. Am Tag der Bestattung, am 28. April 2010, begleitete mich der Verteidigungsminister aus der Kathedrale und nahm mich an die Hand. Er spielte mir vor, dass er mit mir trauert, während er an anderer Stelle behauptete, mein Mann hätte den Piloten den Befehl erteilt zu landen, denn man hätte seine Stimme auf dem Flugschreiber identifiziert.«

Der Absturz in Smolensk weckte die Erinnerung an einen anderen Vorfall während des Georgien-Kriegs im August 2008, der als Argument herhalten musste, um die Fehler der Piloten zu erklären. Damals war Präsident Lech Kaczyński mit dem Flugzeug unterwegs in die georgische Hauptstadt Tiflis. Wegen der riskanten Kriegssituation setzte sich der Pilot über die Order des Präsidenten hinweg, direkt in Tiflis zu landen, und flog deshalb nach Aserbaidschan. Von dort musste Kaczyński mit einem Auto nach Tiflis chauffiert werden. Der polnische Präsident warf dem Piloten daraufhin Befehlsverweigerung vor. In den Medien war zu lesen:»Es kam zu einem heftigen Streit zwischen dem Staatschef und dem Piloten, den Kaczyński schließlich als Feigling beschimpfte. Er warf dem Major vor, Schande über Polen zu bringen. Arkadiusz Protasiuk kannte diese Episode – er war 2008 Co-Pilot von Grzegorz Pietruczuk. Hatte er hier und jetzt, über Smolensk, Angst, als Feigling zu gelten oder womöglich mit Schimpf und Schande vom Kasernenhof gejagt zu werden?«[14] In einem Bericht im *Stern*, acht Tage nach dem Absturz, war zu lesen:»Die polnischen Journalisten nennen ihn mit viel Respekt nur den ›Georgien-Piloten‹. Denn er hatte sich auf einem Kaukasus-Flug vor anderthalb Jahren standhaft geweigert, die hoch riskante Anordnung von Präsident Lech Kaczyński zu befolgen, mitten im Georgien-Krieg in Tiflis zu landen.«[15]

Dieser Vorgang, den die Medien schon wenige Tage nach dem Absturz ausführlich schilderten, wurde im offiziellen russischen Untersuchungsbericht, dem MAK-Report, ein Jahr später besonders hervorgehoben.»Aufgrund der uns vorliegenden Informationen flog die Maschine des Präsidenten der Republik Polen am 12. August 2008 (zusammen mit den Präsidenten von Litauen, der Ukraine, von Lettland und Estland) die Route Warschau–Tallin–Simferopol und Gyanda in Aserbaidschan. Der Kapitän des Flugzeugs und der Co-Pilot, die späteren Crewmitglieder des Fluges vom 10. April 2010, waren am 12. August 2008 Co-Pilot und Navigator. Während der Zwischenlandung in Simferopol[16] wurde der Kapitän der Maschine darüber informiert, dass der Präsident der Republik Polen in Tiflis landen möchte. Nachdem er die Möglichkeiten analysiert hatte, kam der Pilot der TU-154 zu dem Ergebnis, dass eine sichere Landung nicht möglich sei, und zwar weil er keine genauen Informationen über den Flughafen Tiflis und den Flug in georgischem Luftraum hätte.«[17]

An diesen Vorgang am 12. August 2008 erinnerte sich Ewa Błasik besonders gut:»Grzegorz Pietruczuk hatte dem Befehl des Präsidenten nicht zugestimmt. An diesem Tag war die Bestattung der Mutter meines Mannes. Ich erinnere mich, dass mein Mann mir sagte, dass der Flugzeugkapitän der Einzige sei, der das Recht habe, Entscheidungen zu treffen. Mein Mann hat immer gesagt, im Flugzeug ist der Kapitän Gott. Niemand hat das Recht, auch nicht der Präsident, ihm einen Befehl zu erteilen. Ich erinnere mich noch gut daran, dass Major Pietruczuk nach der Landung in Warschau zu meinem Mann kam. Er gratulierte ihm für seine Entscheidung, auch im Namen der Luftstreitkräfte. ›Herr Major, Sie haben sich ausgezeichnet verhalten. Niemand hat das Recht, Ihnen Befehle zu erteilen.‹ Er wurde deshalb von meinem Mann sogar ausgezeichnet. Am 15. August, nach dem Besuch des Präsidenten in Georgien, traf sich mein Mann mit dem Präsidenten. Er sagte ihm, dass der Flugzeugkapitän sich korrekt verhalten hat und keiner das Recht hat, dem Kapitän Befehle zu erteilen. Präsident Kaczyński sagte, er versteht das. Mein Mann war ein Vorbild für alle Militärpiloten und kritisierte alle Politiker, die versuchten, auf irgendwelche Art und Weise Entscheidungen der Piloten zu beeinflussen. Die Piloten in der Maschine konnten in Ruhe ihre Aufgabe erfüllen.«

Ihrem Mann wurde später auch vorgeworfen, dass er sich mit den Piloten beim Abflug in Warschau und beim Anflug in Smolensk gestritten habe.»Das war ein Schlag in mein Herz.

Die MAK-Vorsitzende in Moskau hat das behauptet. Ich sagte damals, das ist unmöglich. Der polnische Premierminister hat mich daher sehr enttäuscht. Im Dezember 2010 war ein Treffen mit Donald Tusk, Journalisten und uns Angehörigen. Da berichteten die Journalisten schon von den vielen bösen Gerüchten über meinen Mann. Und ich hörte kein Wort von unserem Premierminister, dass mein Mann unschuldig sei. Das macht man doch nicht gegenüber einem verdienten General, der sich in der Vergangenheit nichts zuschulden hat kommen lassen.«

Können Sie in Stichworten sagen, was Ihrem Mann vorgeworfen wurde? »Alles Lügen. Es begann am 11. Juni 2010. Damals wurde behauptet, mein Mann sei im Cockpit gewesen. Ein Leutnant, Wiesław Kadzierski, hatte behauptet, er würde meinen Mann kennen, und behauptete, die Stimmen im Cockpit wären die meines Mannes. Er hat falsch ausgesagt und wollte nicht zugeben, dass er die Stimme meines Mannes überhaupt nicht erkannt hat.« In russischen Medien war zu lesen, dass polnische Offiziere die Stimme des Generals identifiziert hätten, denen in Moskau das Tonband vorgespielt worden sei. Tatsache ist, dass zwei Wochen nach dem Crash der besagte Leutnant Wiesław Kadzierski zusammen mit Oberstleutnant Robert Benedict in Moskau war. Ende April 2010 wurde bei der Auswertung der Flugschreiber General Błasiks Stimme von Kadzierski identifiziert, behauptete sein Kamerad Benedict. »Doch auf Befragen der polnischen Medien verneinte jeder der Befragten, dass er die Zuordnung vorgenommen habe. Sie verwiesen darauf, dass keiner von ihnen an der Endredaktion des Moskauer Berichts beteiligt gewesen sei.«[18]

Ein weiterer Vorwurf gegen General Błasik lautete, dass er sich schon auf dem Warschauer Flughafen mit dem Kapitän gestritten und fluchend den Befehl erteilt habe, trotz der schlechten Wetterbedingungen zu fliegen. »Das ist genauso eine Lüge«, sagt Ewa Błasik. »Dann kam die Geschichte mit dem Alkohol, er wäre betrunken gewesen. Ich sagte damals, das sei nicht wahr. Aber niemand glaubte mir. Zu Weihnachten 2010 ging ich deshalb zum polnischen Präsidenten Komorowski. Er sollte mir nur zuhören. Doch er wollte nicht. Er wollte die Wahrheit nicht hören und hat auch nichts unternommen, um die Ehre meines Mannes zu verteidigen.«

Sind das tatsächlich alles Lügen, die über ihren Mann verbreitet wurden, oder versuchte Ewa Błasik verständlicherweise das Ansehen ihres toten Ehemanns zu verteidigen? Glaubt man den Erkenntnissen der russischen Untersuchungsbehörde in Moskau, der zwischenstaatlichen Luftfahrtkommission der Gemeinschaft Unabhängiger Staaten (MAK), dann scheint Ewa Błasik unrecht zu haben.

Ein besonders schwerer Vorwurf gegen den Luftwaffenchef Andrzej Błasik lautete, dass er angeblich alkoholisiert gewesen sei. Das jedenfalls behauptete die russische MAK-Untersuchungskommission, die in ihrem Abschlussbericht schrieb: »Das Ergebnis der medizinischen Untersuchung des Kommandanten der polnischen Luftwaffe hat aufgrund der Expertise ergeben, dass im Blut des Kommandanten der polnischen Luftwaffe 0,6 Promille Alkohol festgestellt wurden.«[19]

In den Medien konnte man daraufhin lesen: »Jetzt liegt der Abschlussbericht der russischen Untersuchungskommission vor. Und der gibt vor allem einem Mann die Schuld an dem Drama: Ex-Luftwaffen-Chef Andrzej Błasik (+ 47). Mit 0,6 Promille im Blut stürmte der Kommandeur, der wie die anderen Insassen auch zur Gedenkfeier für die Opfer von Katyn wollte, das Cockpit. Entgegen allen Anweisungen zwang er die Piloten zur Landung, um noch pünktlich zu der Veranstaltung zu kommen … Trotz mehrfacher Warnungen mussten die Piloten, mit dem Druck von Błasik im Nacken, versuchen, die Maschine (Typ Tupolew TU-154) im dichten Nebel zu landen, behaupten die Russen.«[20] Oder eine andere Meldung mit gleicher Stoßrichtung:»Der tödliche Flugzeugabsturz des polnischen Präsidenten Lech Kaczyński in Russland ist nach Angaben einer Untersuchungskommission unter anderem vom Luftwaffenchef an Bord verursacht worden. General Andrzej Błasik, der im Cockpit gewesen sei, habe demnach mit 0,6 Promille Alkohol im Blut die Piloten trotz Warnungen der russischen Flugüberwachung zur Landung gezwungen.«[21]

Nun ist die Wahrnehmung mit 0,6 Prozent Promille Alkohol noch lange nicht beeinträchtigt, aber aufschlussreich ist, wie die Medien genau diesen Sachverhalt in ihrer Berichterstattung hervorhoben. Die Schlagzeilen in den deutschen, österreichischen und schweizerischen Medien lauteten dementsprechend:»Betrunkener Luftwaffenchef schuld an Absturz?«,»Betrunkener Luftwaffenchef schuldig«,»Kaczyński-Tragödie: Betrunkener Luftwaffenchef schuld am Absturz«,»Betrunken im Cockpit«,»Angetrunkener Luftwaffenchef« und so weiter. Bereits nach Bekanntwerden des MAK-Untersuchungsberichts kritisierte der polnische Verteidigungsminister, dass die russische MAK-Kommission ein politisches Spiel treibe, indem sie den Alkoholgehalt im Blut von Andrzej Błasik hervorgehoben habe.»Der Bericht der Kommission rufe damit weltweit den Eindruck hervor, dass Polen von betrunkenen Befehlshabern regiert werde.«[22]

Hat Ihr Mann jemals getrunken, fragte ich daher Ewa Błasik.»Das letzte Mal zu Ostern, geringe Mengen. Ich bin schockiert, dass das nach seinem Tod behauptet wurde. Ich weiß nicht, wer dahintersteckt.«

Am 20. März 2014 veröffentlichte der Pressesprecher der Militärstaatsanwaltschaft ein Gutachten des Krakauer Sehn-Instituts für forensische Forschung.»Auf der Grundlage des Beschlusses der Militärstaatsanwaltschaft in Warschau vom 8. Februar 2013 hat das Institut für forensische Forschung in Krakau am 17. Februar 2014 toxikologische Untersuchungen von Proben des biologischen Materials durchgeführt, die bei

172

den Obduktionen von Opfern der Katastrophe entnommen wurden. Die toxikologischen Untersuchungen sollten das Vorhandensein von Ethylalkohol, Drogen, Hämoglobin und Kohlenmonoxid bei 21 Personen feststellen, unter anderem bei der Crew der TU-154, der Sicherungsgruppe BORU und von General Andrzej Błasik. Die Ergebnisse zeigen, dass sowohl General Andrzej Błasik wie die anderen Personen, die von der Erhebung erfasst wurden, zum Zeitpunkt des Todes ohne Alkoholeinfluss waren.«[23] Und weiter:»Darüber hinaus haben die Experten festgestellt, dass es zu keinen wesentlichen Konzentrationen von Kohlenmonoxid gekommen ist, die zu tödlichen Vergiftungen führen könnten.«[24]

Die Klarstellung der polnischen Staatsanwaltschaft, dass General Błasik weder im Cockpit anwesend noch alkoholisiert war, nicht einmal leicht, konnte in Moskau trotzdem keine Meinungsänderung auslösen. Bartosz Kownacki, der Rechtsanwalt von Ewa Błasik und Abgeordneter der PiS, schrieb am 7. April 2014 an die MAK-Kommission in Moskau und bat angesichts der Erkenntnisse der Militärstaatsanwaltschaft in Warschau um eine Stellungnahme. Am 12. Mai 2014 antwortete ihm Alexej Morosow, der Vorsitzende der MAK-Kommission, dass die gerichtsmedizinische Abteilung für Leichenobduktionen entsprechende Analysen durchgeführt habe, die zu dem bekannten Ergebnis geführt hätten:»Im Abschlussbericht wurde festgestellt, dass bei der Untersuchung des Bluts und der Nieren bei dem Oberbefehlshaber der Luftstreitkräfte der Republik Polen Äthylalkohol festgestellt wurde: ›Im Blut eine Konzentration von 0,6 Promille, das entspricht einer leichten Alkoholvergiftung‹.«

Es wäre ja noch schöner, wenn eine staatliche Behörde zugeben müsste, schwerwiegende Fehler gemacht zu haben. Denn sicher ist, dass auch im Fall des Luftwaffenchefs die Behauptung, er sei alkoholisiert gewesen, schlichtweg falsch war. In den deutschen, österreichischen oder schweizerischen

Medien, die drei Jahre zuvor dicke Schlagzeilen über den alkoholisierten General, der für den Absturz mitverantwortlich war, produzierten, konnte man über das Ergebnis der polnischen Staatsanwaltschaft wenig lesen. Aber wie änderte sich in Polen daraufhin die Haltung der Regierung? Am 28. März 2014 wurde im polnischen Parlament dem Sprecher des Parlaments eine Resolution vorgelegt. Darin sollte General Andrzej Błasik geehrt werden, dessen Ruf in der gesamten Welt massiv beschädigt worden war.[25] Diese Resolution wurde von der Parlamentsmehrheit jedoch abgelehnt.

Vergangenheitsbewältigung: Der lange Arm des Militärischen Nachrichtendiensts

Will man begreifen, warum der Absturz der Präsidentenmaschine am 10. April 2010 die polnische Gesellschaft bis zum heutigen Tag spaltet, dann führen die Spuren in die jüngere polnische Geschichte. Denn von 1944 bis 1989 war Polen eine kommunistische Volksrepublik mit einem allgegenwärtigen Sicherheitsapparat. Bei den ersten halbwegs freien Wahlen am 4. Juni 1989 gewann Solidarność die Mehrheit, und Lech Walesa setzte im August 1989 die erste nicht kommunistische Regierung unter Premierminister Tadeusz Mazowiecki durch. Er warb für die Versöhnung: »Unter die Vergangenheit ziehen wir einen dicken Strich; wir werden einzig dafür Verantwortung tragen, was wir getan haben, um Polen aus dem gegenwärtigen Zustand des Zusammenbruchs herauszuführen.«[1] Während in der DDR Bürgerkomitees die Archive der Staatssicherheit sicherten und danach eine staatliche Behörde über die Akten verfügte, gelang es in Polen dem kommunistischen Sicherheitsapparat rund um den Umbruch im Jahr 1989, wichtige Aktenbestände entweder zu vernichten oder rechtzeitig nach Moskau zu transportieren.

Die mafiosen Geschäfte eines Nato-Partners

Es war Andrzej Duda, der Unterstaatssekretär in der Kanzlei des Präsidenten, der im Zusammenhang mit der Amtsübergabe an den neuen Präsidenten Bronisław Komorowski wenige Stunden nach dem Absturz erklärte: »Vor 11 Uhr habe ich einen Anruf aus der Kanzlei des Parlaments erhalten, dass der Parlamentsvorsitzende Bronisław Komorowski in diesem Augenblick eine Erklärung abgibt, wonach er die Pflichten des Präsidenten der Republik Polen übernimmt. Ich habe deshalb Minister Lech Czapla[2] gefragt, auf welcher Grundlage, welchen Vorschriften der Verfassung dies geschehen sei.« Auf Grundlage der polnischen Verfassung, erhielt er als Antwort. Denn die lege fest, was geschehen müsse, wenn der Präsident der Republik stirbt. Andrzej Duda fragte daraufhin, »ob ein Mitarbeiter des Herrn Komorowski die Leiche des Präsidenten gesehen hat, ob sie sich sicher sind, dass der Präsident tatsächlich nicht mehr lebt, ob sie eine diplomatische Note von der russischen Seite erhalten haben, die bestätigt, dass der Präsident tot ist. Der Minister antwortete mir: ›Scherzen Sie bitte nicht.‹«

Während eines Treffens von Premierminister Tusk mit Angehörigen der Opfer am 10. November 2010 in Warschau wurde er gefragt: »Was waren die ersten Maßnahmen der Regierung, nachdem der Absturz bekannt wurde? Wer innerhalb der polnischen Regierung war der Erste, der offiziell vom Tod des Präsidenten Lech Kaczyński erfuhr, und wann? Warum haben Sie akzeptiert, dass der Parlamentssprecher Bronisław Komorowski die Amtspflichten des Präsidenten übernahm, bevor dessen Körper gefunden und sein Tod bestätigt wurde?« Im Totenschein nämlich wurde der Todeszeitpunkt mit 10.50 Uhr russischer Zeit, also 8.50 Uhr polnischer Zeit angegeben. Antworten haben die Angehörigen nicht bekommen.

Anlässlich der Amtsübergabe an Bronisław Komorowski wurde vermutet, dass er ein großes Interesse gehabt haben soll, in den Tresor seines Vorgängers zu schauen. Denn dort lagerte eine brisante Akte, der Annex zum Bericht über die Auflösung des Militärischen Nachrichtendiensts WSI. Das würde erklären, warum alle Dokumente über den Militärischen Nachrichtendienst sowie die der Kommission für Geheimdienste bereits zwei Stunden nach der Nachricht über den Absturz sichergestellt wurden. Gleichzeitig wurde die Wohnung des ehemaligen Geheimdienstkoordinators Zbigniew Wassermann durchsucht.

In diesem Zusammenhang erinnere ich mich an ein Gespräch, das ich mit Zbigniew Wassermann bereits Ende 2005 in seiner Wohnung in Krakau führte. Damals recherchierte ich über den Einfluss der organisierten Kriminalität auf die polnische Wirtschaft. Er beschrieb damals sehr detailliert, in welchem Umfang Angehörige der polnischen Streitkräfte in den Schmuggel mit Erdöl verstrickt waren und dass in der Vergangenheit enge Kontakte zwischen Offizieren der polnischen Armee zu russischen und italienischen kriminellen Organisationen bestanden. Bereits damals hatte er den Militärischen Nachrichtendienst WSI im Visier. Aber ich konnte mir bei unserem Gespräch nicht einmal ansatzweise vorstellen, welchen politischen und wirtschaftlichen Einfluss der Militärische Nachrichtendienst des Verteidigungsministeriums tatsächlich ausübte und welches politische Beben ein Bericht über dessen teilweise kriminelle Aktivitäten wenige Monate später auslösen sollte. Dieser Bericht riss tiefe Wunden in die jüngere polnische Geschichte, die von vielen Polen inzwischen verdrängt worden war – die Zeit, in der Polen von der Sowjetunion besetzt war und die kommunistische Partei Polens, die Polnische Vereinigte Arbeiterpartei, regierte.

Der von Zbigniew Wassermann erwähnte militärische Nachrichtendienst war Teil des Sicherheitsapparats und der bewaffnete Arm der Kommunistischen Partei Polens. Seine Aufgabe bestand darin, das kommunistische Regime in Polen zu sichern und gleichzeitig die politische Opposition zu eliminieren. Bis 1989 wurden mindestens achthundert Offiziere aus Polen in der UdSSR ausgebildet, unter anderem

Angehörige des Generalstabs der Armee, die nach der Wende 1989 im Militärischen Nachrichtendienst WSI aktiv waren. Der Sicherheitsapparat war in verschiedene Einrichtungen aufgeteilt, einschließlich der politischen Polizei und der Spezialeinsatzkräfte der Armee. Dazu gehörte auch der Militärische Nachrichtendienst. Kontrolliert und ausgebildet wurden deren Angehörige sowohl vom NKWD, dem sowjetischen Volkskommissariat für Innere Angelegenheiten, sowie dem späteren KGB. In den fünfziger Jahren war der Sicherheitsapparat verantwortlich für Gefängnisse und Arbeitslager, in denen jene verschwanden, die der kommunistischen Partei im Wege standen. Bis in das Jahr 1989 hinein bekämpften die Funktionäre des staatlichen Sicherheitsapparats politisch verdächtige Personen. Als Gegenleistung sicherte die Polnische Vereinigte Arbeiterpartei diesen Funktionären praktisch Immunität für ihren Machtmissbrauch und gewährte ihnen unterschiedliche wirtschaftliche und soziale Privilegien sowie hohe Pensionsansprüche.[3]

Ab dem Jahr 1956, als sich die Art und Weise der Unterdrückungsmechanismen änderte, war es Hauptaufgabe des Sicherheitsapparats, das kommunistische System zu schützen, unter anderem durch die Steuerung und Infiltration der polnischen Gesellschaft mit ihren eigenen Angehörigen und durch ein System von bezahlten Informanten. Damit sollte die politische Opposition infiltriert werden, insbesondere auch katholische Priester und alle Personen, die verdächtigt wurden, antikommunistische Ideen und Propaganda zu verbreiten, oder die Kritik am kommunistischen Parteiprogramm und ihren Mitgliedern äußerten. Die Infiltration war außerordentlich erfolgreich, denn dem Nachrichtendienst gelang es, selbst hohe Repräsentanten der 1980 gegründeten Gewerkschaft Solidarność und der katholischen Kirche für sich zu gewinnen.

Ein Beispiel ist Stanisław Wielgus, der Erzbischof von

Warschau. Papst Benedikt XVI. weihte ihn am 6. Dezember 2006 zum Erzbischof von Warschau. Kurz vor der feierlichen Amtseinführung am 7. Januar 2007 trat er wegen seiner Kontakte zum polnischen Geheimdienst in den sechziger und siebziger Jahren zurück. Der kommunistische Geheimdienst führte ihn in seinen Akten als »geheimen Mitarbeiter«. Er war nicht der einzige polnische Priester, der für den kommunistischen Sicherheitsdienst tätig war. Nach Angaben des Instituts für Nationales Gedenken, in etwa vergleichbar mit der deutschen Behörde des Bundesbeauftragten für die Unterlagen der Staatssicherheit der DDR, unterhielten zwischen 10 bis 15 Prozent aller polnischen Priester Kontakte zum Geheimdienst.

Der Militärische Nachrichtendienst war dem Verteidigungsministerium unterstellt und weit über den Bereich der originären militärischen Zuständigkeit hinaus aktiv. Er infiltrierte alle Ebenen der polnischen Gesellschaft. Ob in den unterschiedlichen Ministerien, Universitäten, den Medien, in Schulen, Banken, Krankenhäusern oder Energieunternehmen – Angehörige des Militärischen Nachrichtendiensts waren vor und auch nach der Wende in diesen Institutionen aktiv, und zwar nicht nur, um Informationen zu generieren. Zu ihren Aktivitäten gehörten der Schmuggel und illegale Handel mit Computerteilen, Geldwäsche in großem Umfang sowie der Drogenhandel.

Im illegalen Waffenhandel in den achtziger Jahren fielen insbesondere zwei Personen auf, die mit dem Militärischen Nachrichtendienst eng zusammengearbeitet hatten: zum einen der international bekannte Waffenhändler Adnan Kashoggi und zum anderen der nicht weniger berüchtigte Waffen- und Drogenhändler Monzer al-Kassar, der nach Informationen von Interpol und des BKA einer der mächtigsten Drogen- und Waffenhändler weltweit war. Letzterer pflegte intensive Kontakte mit Oberleutnant Jerzy Dembowski vom

WSI. Gemeinsam verkauften sie 1992 Waffen nach Kroatien und Somalia.

Ein weiterer Waffenhändler, der mit dem WSI kooperierte, war Abu Nidal, einer der bekanntesten palästinensischen Terroristen. Seine Organisation wurde für mehr als hundert Anschläge in über zwanzig Ländern verantwortlich gemacht. 1987 gründete er sowohl in Ost-Berlin wie auch in Warschau Unternehmen, in Polen war es das Unternehmen SAS Trade & Investment. »Konzern-Zentrale war seit Anfang der achtziger Jahre Warschau. Im 25. Stockwerk des Intraco-Gebäudes in der Stawki-Straße 2 hatte die SAS Trade & Investment ihren Sitz – ein Unternehmen, das sich angeblich mit ›internationalem Handel, Marketing, Baugeschäften und Investitionen‹ beschäftigte.«[4] Erst nach energischen Protesten der amerikanischen Regierung musste Abu Nidal seine Aktivitäten in Polen beenden. Im Grunde handelte es sich um staatlich gedeckte Drogen- und Waffengeschäfte, deren Erlöse ins westliche Ausland flossen, zu Tarnfirmen, die von Angehörigen des Militärischen Nachrichtendiensts geführt wurden.

Die organisatorischen Änderungen innerhalb des Militärischen Nachrichtendiensts nach dem Systemwechsel im Jahr 1990 hin zu einer demokratischen Gesellschaft hatten jedoch keine substanziellen strukturellen Veränderungen im Militärischen Nachrichtendienst zur Folge, was insbesondere seinen Einfluss innerhalb des politischen, wirtschaftlichen und gesellschaftlichen Apparats betraf. Das sollte sich erst im Herbst 2005 ändern, als ein neues Parlament gewählt werden sollte. Ein Wahlversprechen der Partei Recht und Gerechtigkeit war die Lustration, das heißt die Durchleuchtung der Vergangenheit. In der Vergangenheit gab es mehrere Versuche der Lustration, die jedoch mehr oder weniger scheiterten. Im Wahlkampf kämpften die Brüder Kaczyński für den »Aufbau einer neuen moralisch-tadellosen Vierten Republik«. Wahlsieger am 25. September 2005 wurde ihre Partei Recht und Gerechtigkeit (PiS), die eine Koalition mit zwei rechtsnationalen Parteien bildete. Jarosław Kaczyński wurde im Jahr 2006 zum Premierminister gewählt, sein Bruder Lech war bereits seit Dezember 2005 Staatspräsident.

Mit dem Regierungswechsel war klar, dass die konservative Mehrheit im Parlament und der neue Staatspräsident sich nun intensiv den politischen und militärischen Strukturen widmen würden, die in irgendeiner Weise mit dem kommunistischen System kooperiert hatten. Das Interesse der Partei Recht und Gerechtigkeit an einer erfolgreichen Lustration hing damit zusammen, dass der alte Sicherheitsapparat ein System der Unterdrückung der politischen Opposition installiert hatte, unter dem besonders die Angehörigen der politischen Verfolgten litten, die später in der Partei Recht und Gerechtigkeit ihre politische Heimat gefunden hatten. Hinzu kam, dass zahlreiche Führungspersönlichkeiten der Partei unter dem kommunistischen Regime politisch verfolgt worden waren, im Gefängnis gesessen hatten, teilweise gefoltert wurden oder in den Untergrund abtauchten mussten.

Die neue konservative Regierung setzte daher eine vierundzwanzigköpfige Verifizierungskommission unter dem Vorsitz von Antoni Macierewicz ein. Deren Aufgabe lautet, den Militärischen Nachrichtendienst WSI und dessen Aktivitäten in der Vergangenheit zu überprüfen. Im Grunde ging es um die Lustration des mächtigen und einflussreichen polnischen Militärapparats, der einst eng mit der Sowjetunion verbunden war, aber seit 1999 in die Nato-Befehlsstrukturen integriert war.

Doch eben diese Mitgliedschaft in der Nato war angesichts der Vergangenheit des Militärischen Nachrichtendiensts ein Problem. Im März 1998 trafen sich deshalb Mitglieder der polnischen Geheimdienste, unter anderem des WSI, mit dem Nato-Sicherheitskomitee, um die Standards von Informationen, Personen und Einrichtungen der Nato zu schützen.«»WSI-Chef Tadeusz Rusak stellte fest, dass eine Überprüfung der Strukturen aufgrund der vorhergehenden Angriffe wegen politischer Aktivitäten und der Nato-Mitgliedschaft notwendig sei.«[5] Anscheinend wusste in der Nato niemand, welche Vergangenheit der neue Partner WSI hatte und wie eng er noch mit dem russischen militärischen Nachrichtendienst GRU verbunden war.

Der 378 Seiten starke Bericht der Verifizierungskommission wurde am 16. Februar 2006 veröffentlicht. Das führte zu heftigen politischen Auseinandersetzungen, insbesondere die ehemaligen und noch aktiven Angehörigen des WSI fühlten sich verleumdet und in ihrer Ehre verletzt. Die Verifizierungskommission wertete Dokumente und Dateien aus, befragte Zeugen, hatte Einblick in bislang geheim gehaltene Sachverhalte. Aber nicht alles konnte ausgewertet werden, denn teilweise waren viele Dateien zerstört worden. Im Verifizierungsbericht wurde deshalb ein Chef des WSI erwähnt, der befohlen haben soll, diese Dateien zuvor zu scannen, um sie dem russischen militärischen Nachrichtendienst GRU zu übergeben.[6]

Glaubt man den Erkenntnissen der Verifizierungskommission, dann hatte der WSI nach der Wende im Jahr 1989 weiterhin Teile des Staats, der Wirtschaft und der Medien unterwandert, quasi ein paralleles Machtzentrum installiert. Zu den Aufgaben des WSI gehörten demnach das Sammeln belastender Dokumente gegen Abgeordnete, die Überwachung der Mitglieder des parlamentarischen Verteidigungsausschusses, der illegale Waffenhandel in Zusammenarbeit mit internationalen Kriminellen, die Überwachung der Medien, das Ausspionieren von Kirchenleuten, die Tolerierung der russischen Infiltration in Polens Wirtschaft und die Fälschung von Dokumenten. Der Bericht enthielt zahlreiche detaillierte Informationen über Aktivitäten im Zusammenhang mit der

Weitergabe oder Verwendung von Staatsgeheimnissen, der Behinderung der Strafverfolgung, der Anwendung von Gewalt und Erpressung, der rechtswidrigen Einflussnahme auf Behördenentscheidungen, der illegalen Zusammenarbeit mit Unternehmern, illegalen Geldtransfers auf Schweizer Konten und vielem anderen mehr. Auf der anderen Seite gelang es dem WSI kein einziges Mal, einen russischen Spion zu enttarnen. Dies, so der Bericht, gelang hingegen der Polizei. Erwähnt wird ein Dokument, wonach ein Repräsentant des WSI feststellte:»Ich behaupte in voller Verantwortung, was ich sage, dass der Dienst nicht zuverlässig ist, vor allem wegen seiner Führungspersönlichkeiten, die ungeklärte Kontakte mit dem Osten unterhalten. Und in einem internen Vermerk vom 24. März 1999 wurde darauf hingewiesen, dass diejenigen polnischen Offiziere, die in Russland an Ausbildungskursen teilgenommen haben, ›eine natürliche Rekrutierungsbasis‹ des KGB und GRU waren.«

Sowohl die Veröffentlichung des Berichts der Verifizierungskommission wie auch ein 2007 erlassenes Lustrationsgesetz stießen in Polen auf heftigen Widerspruch. Der Verifizierungskommission wurde vorgeworfen, dass sie einen antikommunistischen Feldzug führe, dass die Angehörigen der polnischen Armee schändlich diffamiert würden und dass viele Behauptungen nicht belegbar seien. Das Lustrationsgesetz, wonach auch Journalisten auf ihre Vergangenheit und ihre Kontakte zum Sicherheitsapparat überprüft werden sollten, sei nichts anderes als eine politische Hexenjagd. Das polnische Verfassungsgericht entschied dann am 11. Mai 2007, dass das Gesetz in einigen Dutzend Punkten verfassungswidrig sei.

Der polnische Präsident und
der geheimnisvolle Annex

Im Oktober 2006 wurde, nach Vorlage des Berichts der Verifizierungskommission, durch einen Parlamentsbeschluss der Militärische Nachrichtendienst WSI aufgelöst – mit 375 Stimmen dafür und 48 Stimmen dagegen. Verteidigungsminister und damit Dienstvorgesetzter des WSI war von 2000 bis 2001 der heutige Präsident Bronisław Komorowski. Im Sejm stimmte er als einziger Abgeordneter der Bürgerplattform, die im Parlament zusammen mit der Partei Recht und Gerechtigkeit der Auflösung des WSI zustimmte, gegen den Antrag: Er wolle nicht ausschließen, dass auch sein Name im Annex zum Bericht über die Auflösung der Militärnachrichtendienste auftauchen könne.

Im Annex des Berichts der Verifizierungskommission, der aus insgesamt 800 Seiten besteht, sollen auch brisante Informationen über Personen enthalten sein, die in führenden staatlichen Positionen keine Maßnahmen zur Beendigung der illegalen Aktivitäten der militärischen Spezialdienste ergriffen oder sie sogar unterstützt haben. Genau dieser Annex wurde als geheim eingestuft und lagerte im Panzerschrank des getöteten Präsidenten Lech Kaczyński. Während seiner Amtszeit weigerte er sich beharrlich, ihn zu veröffentlichen, obwohl er von seinen Parteifreunden dazu gedrängt wurde. Vermutet wurde, dass er sie als politische Hauptwaffe im Wahlkampf um seine Wiederwahl einsetzen wollte.

Einer der wenigen Menschen, die diesen Annex kennen, behauptete mir gegenüber: »Komorowski ist eine der wichtigsten Personen, die im Annex genannt wurden. Die Personen, die in diesem Dokument genannt werden, sind Militärangehörige, Politiker und Geschäftsleute, die undurchsichtige und wichtige Verbindungen mit dem Militärischen Nachrichtendienst unterhalten haben.« Doch Komorowski hatte, nach seinen eigenen Worten, als Parlamentspräsident sowieso Zugang zum Annex, außerdem sei er ja als Verteidigungsminister für den Dienst verantwortlich gewesen. Nach Aussagen von Antoni Macierewicz wiederum durfte nur der Präsident Einblick in diesen geheimnisvollen Annex nehmen.[7]

Auf der anderen Seite gibt es zumindest Anhaltspunkte, warum der Parlamentspräsident Komorowski versucht haben soll, mehr über diesen Annex zu erfahren. Das hängt mit einem Prozess gegen den polnischen Journalisten Wojciech Sumliński zusammen, gegen den seit vier Jahren ein Gerichtsverfahren läuft. Der Vorwurf: Er soll zusammen mit einem früheren Oberst des Militärischen Nachrichtendiensts versucht haben, für einen Angehörigen des WSI eine günstige Verifizierung zu erlangen. Deswegen sollen die beiden ehemaligen Mitarbeiter des WSI ins Büro des damaligen Abgeordneten Komorowski gegangen sein.

Am 18. Dezember 2014 wurde wegen dieses Vorfalls der heutige polnische Präsident Bronisław Komorowski von Richter Stanisław Zdun als Zeuge im Präsidentschaftspalast vernommen und die Zeugenbefragung live übertragen. Der Richter fragte den Präsidenten:»Warum haben Sie damals die Staatsanwaltschaft nicht informiert?«»Ich bin der Meinung, dass ich meiner bürgerlichen Pflicht genüge getan habe, indem ich die entsprechenden Dienste informierte.« Der Journalist wiederum erklärte vor Gericht:»Die zweite Person im Staat trifft sich mit zwei Offizieren des WSI und spricht darüber, wie man auf illegale Art und Weise das geheimste Dokument Polens erwerben kann. Heute hat er bestätigt, dass er wusste, dass einer der Offiziere Beziehungen zum russischen Nachrichtendienst gehabt haben könnte. Trotzdem traf er sich mit dieser Person und wollte den Annex bekommen. Ich habe den Annex nicht gesehen, aber ich weiß, dass Bronisław Komorowski der negative Hauptdarsteller darin ist. Er war davon besessen, in Besitz dieses Annex zu gelangen.«[8] Und was die bewussten Treffen mit den beiden WSI-Agenten anging, die Komorowski das Angebot unterbreiteten, ihm Einblick in den Annex zu ermöglichen, so hätten diese vor seiner Ernennung zum Parlamentspräsidenten stattgefunden, so seine Aussage vor dem Richter.[9] Damals sei er nur einfacher Abgeordneter gewesen.

Nach der Katastrophe von Smolensk hatte sich das Problem von allein gelöst, denn nun hatte Bronisław Komorowski ganz legal Zugriff auf alle Staatsgeheimnisse – und somit auch auf den Annex. Dieser ist immer noch streng geheim. Auffällig ist allenfalls, dass Komorowski von ehemaligen WSI-Mitarbeitern und hohen Generälen, die mit dem WSI verbunden waren, massiv unterstützt wurde. General Marek Dukaczewski, ein ehemaliger Chef des WSI, der einst vom sowjetischen Militärnachrichtendienst GRU ausgebildet wurde, bekennt ganz offen:»Die Soldaten des WSI werden nicht in Reih und Glied abstimmen, aber Komorowski hat meine Stimme und die der Nachrichtendienste (…) Ich werde eine Flasche Champagner öffnen, wenn er gewinnt.«[10] Er verteidigte die WSI-Offiziere und beschuldigte Antoni Macierewicz, durch die Veröffentlichung des Verifizierungsberichts die Gesetze verletzt zu haben. Als ein Journalist General Marek Dukaczewski vorhielt, dass Bronisław Komorowski die innerparteilichen Vorwahlen der Bürgerlichen Plattform für die Präsidentenwahl gewonnen hatte, weil ihn ehemalige Angehörige des WSI unterstützt hatten, antwortete ihm der General:»Es ist bekannt, dass die PiS absurde Behauptungen über den WSI aufstellte, die total grundlos sind. Es soll erwähnt werden, dass diese Partei die Parlamentswahlen 2005 und die Präsidentschaftswahlen deshalb gewann, weil sie eine Kampagne gegen den WSI lostrat.«[11] Antoni Macierewicz wiederum hatte den General massiv attackiert: Unter Dukaczewskis Führung sei der Militärgeheimdienst zu einer kriminellen Organisation verkommen. Gegen diese Behauptung wehrte sich der General mit einer Anzeige wegen Rufschädigung.[12] Die Anzeige wurde jedoch nicht weiter verfolgt.

Die Ehefrau von General Dukaczewski ist übrigens Dolmetscherin. Als am Tag des Absturzes in Smolensk Regierungschef Donald Tusk nach Smolensk kam, um dort der Opfer zu gedenken, war sie diejenige, die das Gespräch mit Wladimir Putin dolmetschte, der ebenfalls nach Smolensk gekommen war. Gemeinsam legten sie am Ort des Absturzes Blumen nieder.

Polnische Medien meldeten im Mai 2008, dass durch WSI-Offiziere eine neue Vereinigung gegründet wurde, die Pro Milito. Mitbegründer dieser Vereinigung war General Marek Dukaczewski. Offiziell wolle man sich für die Interessen, Rechte und die Ehre von Soldaten der polnischen Armee einsetzen. Doch Experten der Bürgerlichen Plattform sowie der Partei Recht und Gerechtigkeit, die enge Beziehungen zu den Nachrichtendiensten haben, glaubten, dass Pro Milito ein Versuch sei, das Militär zu penetrieren, um »eine illegale Struktur innerhalb der polnischen Streitkräfte aufzubauen«.[13]

Die Aufarbeitung der Rolle des ehemaligen Militärischen Nachrichtendiensts, die Erinnerungen an die kommunistische Herrschaft bis 1989, die Verfolgung aller antikommunistischen und demokratischen Persönlichkeiten während dieser Zeit sowie die Machenschaften des WSI nach der Wende zeigen die tiefe Spaltung der polnischen Gesellschaft. Diese tiefe Spaltung begann mit den Versuchen der Lustration im Jahr 2006, als die konservative Regierung der Partei Recht und Gerechtigkeit an den Schalthebeln der Macht saß. Bereits damals gab es, auch in den Medien, Befürworter und Gegner der Lustration. Die gleiche Spaltung in denselben Medien und politischen Strukturen gab es nach dem Absturz in Smolensk – und daran hat sich bis heute nichts geändert. Diese politische Feindschaft hat jedoch gravierende Auswirkungen auf die Untersuchung der Absturzursache: Jeder beschuldigt den anderen der Parteinahme für die Regierung oder die Opposition und veröffentlicht teilweise hochemotionale und politisch stark gefärbte Berichte, verwoben mit viel Phantasie.

Streit der Experten:
Schwierige Ermittlungen

Bis heute streiten Wissenschaftler und Politiker in Polen über die wahren Absturzursachen. Es ist ein erbitterter, geradezu gnadenlos ausgetragener Kampf um die Deutungshoheit, wer und was für den Absturz in Smolensk verantwortlich ist, bei dem selbst vor Rufmord nicht zurückgeschreckt wird. Dabei fiel jedoch auf, dass sowohl im Zusammenhang mit den Aktivitäten des Militärischen Nachrichtendienstes wie auch der Umstände, was den Absturz in Smolensk betraf, seltsame Dinge geschahen.

Selbstmorde, Unfälle und Herzinfarkte

Hohe Staatsbeamte, Geheimnisträger und Professoren müssen in Polen besonders unglücklich sein oder ungewöhnlich viel Pech haben. Hier nur ein kurzer Ausschnitt über typische Schicksalsschläge. Am 6. Juni 2010 erlitt Professor Marek Dulinicz einen tragischen Autounfall. Der Professor stand an der Spitze der Archäologengruppe, die nach Smolensk fliegen sollte, um an der Absturzstelle nach Wrackteilen zu suchen, die bislang nicht entdeckt worden waren.

Drei Monate später, am 15. Oktober 2010, starb der ehemalige stellvertretende Verkehrsminister Eugeniusz Wróbel. Sein Sohn habe ihn ermordet, indem er ihn mit einer Kettensäge zerstückelt habe, ergaben die Ermittlungen der Staatsanwaltschaft. Der Sohn wurde inzwischen für unzurechnungsfähig erklärt und in eine psychiatrische Anstalt eingewiesen. Zuvor gab es bei ihm keine Anzeichen einer psychischen Erkrankung, und in dem Zimmer, in dem er seinen Vater zersägt haben soll, fanden sich keine Blutspuren. Eugeniusz Wróbel galt als einer der bedeutendsten Experten für Navigations- und Steuerungssysteme in der Luftfahrt. Öffentlich hatte er zuvor erklärt, dass der Absturz keine normale Katastrophe gewesen sei.

Am 6. September 2012 verstarb der sechsundfünfzigjährige Professor Jerzy Urbanowicz, ein Mathematiker und Kryptograph, an einem Herzinfarkt. Während einer Herzattacke fuhr der Professor, der bereits einen Bypass hatte, ins Krankenhaus und musste dort vierzig Minuten auf einen Arzt warten. Einen Tag zuvor hatte er einen Bericht über den Eingriff russischer Server auf die polnischen Präsidentschaftswahlen 2010 verfasst und nachgewiesen, dass polnische Wahlcomputer an russische Server angeschlossen waren. Seine Ehefrau berichtete, dass er in den letzten Wochen vor seinem Tod extrem starkem Stress ausgesetzt gewesen war. »Er fühlte sich verfolgt. Jeden Tag erlebten wir hier Telefonterror und wurden durch anonyme SMS bedroht.«

Auch Professor Josef Szaniawski warnte die polnische Regierung vor den Aktivitäten russischer Nachrichtendienste in Polen.[1] Am 8. September 2012 wurde er in der Tatra tot in einer Schlucht aufgefunden, als er zu einer Bergwanderung unterwegs war. Nach Angaben der Staatsanwaltschaft handelte es sich um einen unglücklichen Bergunfall.

Die fragwürdigen Ergebnisse staatlicher Untersuchungskommissionen

Die MAK ist die staatliche russische Institution, die für die Zulassung von Flugzeugen und Flughäfen verantwortlich ist, aber auch für die Untersuchung von Flugzeugunfällen. Chefin ist seit 1991 die sechsundsiebzig Jahre alte Generalin Tatjana Anodina, die der Luftfahrt auch geschäftlich verbunden ist. Bei ihren Fernsehauftritten fällt sie wegen ihrer außerordentlich eleganten Kleidung auf, dem vielen edlen Schmuck und ihrer Designerbrille mit leicht getönten Gläsern. Neben ihrer Tätigkeit im staatlichen Institut ist sie auch privat engagiert: Sie besitzt Anteile an einer großen russischen Fluggesellschaft, die von ihrem Sohn Aleksandr gegründet wurde.[2] In den russischen Medien wurde über »Interessenkonflikte« berichtet, die mit dieser Doppelfunktion zusammenhängen.[3] »Bei mehreren großen Flugzeugabstürzen«, schrieb Gerhard Gnauck, der Osteuropa-Korrespondent der *Welt*, »hat das MAK ›Pilotenfehler‹ als Ursache angegeben, obwohl klare Hinweise vorlagen, dass die Technik schadhaft war (und bei den Zulassungen nicht alles mit rechten Dingen ablief).«[4]

Die MAK-Kommission präsentierte ihren Abschlussbericht auf einer internationalen Pressekonferenz am 12. Januar 2011 in Moskau. Die akkreditierten Repräsentanten und Berater Polens waren dazu nicht eingeladen, und Edmund Klich, der Vorsitzende der polnischen Untersuchungskommission, wurde erst einen Tag zuvor von Journalisten über die Pressekonferenz informiert.[5] Die Ergebnisse des Abschlussberichts wurden weltweit verbreitet. Resümee: Schuld an der Katastrophe hätten allein die polnischen Piloten. Mitverantwortlich sei zudem der angetrunkene Luftwaffenchef Błasik. Die MAK-Kommission kam zu dem Schluss, dass er mit 0,6 Promille Alkohol im Blut, trotz Warnungen der russischen Flugüberwachung, die Piloten zur Landung gezwungen habe. Der Tower auf dem Flughafen in Smolensk habe wegen schlechten Wetters ausdrücklich einen Ausweichlandeplatz angeboten, was den Luftwaffenchef nicht interessiert habe. Eine Landeerlaubnis für die Piloten des Flugzeugs habe es nicht gegeben, erklärte Tatjana Anodina. Zudem sei die Besatzung auf den Flug nach Russland und die dort herrschenden Wetterverhältnisse unzureichend vorbereitet gewesen. Völlig ausgeschlossen wurde dabei, dass es an Bord der Regierungsmaschine eine Explosion gegeben habe.

Die Pressekonferenz war Thema sämtlicher polnischer und vieler ausländischer Medien. In den meisten Fernsehkanälen war die Vorstellung des Abschlussberichts das wichtigste Thema. Ministerpräsident Donald Tusk erklärte anschließend: »Wir werden einen Teil der Verantwortung für die Ursachen der Katastrophe auf uns nehmen.« Jarosław Kaczyński hingegen, Oppositionsführer im Parlament und Bruder des ums Leben gekommenen Präsidenten, brandmarkte den russischen Bericht als »eine Verhöhnung Polens«. Fast alle polnischen und internationalen Medien akzeptierten kritiklos, dass auf der polnischen Seite schwerste Fehler und Unterlassungen begangen worden seien. Zu den Unterlassungen gehörte beispielsweise auch, dass Piloten in Flugsimulatoren eigentlich üben sollten, wie Risikosituationen zu meistern sind; doch solche Flugsimulatoren gab es in Polen für die Tupolew 154M anscheinend nicht. Der primitive Militärflughafen in Smolensk besaß kein Blindflugsystem, und den polnischen Piloten standen nur veraltete Anflugkarten zur Verfügung. Bei gutem Wetter ist das alles kein Problem, bei Nebel zweifellos.

Bemängelt wurde in Polen jedoch, dass Fehler und Unterlassungen der russischen Seite entweder heruntergespielt wurden oder im Abschlussbericht völlig unter den Tisch fielen. »Dass nun Warschau dennoch Einwände gegen die russische Darstellung vorbringt, liegt daran, dass die Moskauer Ermittler aus polnischer Sicht die Mitverantwortung der eigenen Seite nicht berücksichtigt haben und dass sie den polnischen Experten, die ihre Untersuchungen begleiten konnten, offenbar wichtige Beweismittel vorenthalten haben.«[6] Und klare Worte fand auch der polnische Verteidigungsminister Bogdan Klich in einem Interview: »Ich stehe 100 Prozent zu dem, was ich gesagt habe. Anodinas Bericht war ein politischer Bericht, und das Ziel war, Polen in Verlegenheit zu bringen, indem einer der wichtigsten Kommandeure der polnischen Armee als Säufer bezeichnet wurde.«[7]

Im Abschlussbericht der russischen Untersuchungskommission MAK wurde besonders darauf hingewiesen, dass die Piloten unter massivem Druck gestanden und deshalb gravierende Fehler bei der Landung begangen hätten – eine der zentralen Aussagen hinsichtlich der Absturzursachen. »Die Verletzung des Prinzips eines *sterilen Cockpits* und die Anwesenheit vieler VIP-Passaagiere dort beeinflusste die Entscheidung der Crew für den Landeanflug. Ein anderer Faktor für die Entscheidung zur Landung war das Ziel des Flugs.«[8] Und weiter: »Während des Flugs und bis zur Kollision befand sich der polnische Luftwaffenchef im Cockpit, und obwohl der die Wetterverhältnisse kannte, unterblieben Maßnahmen, den Landeversuch zu beenden.«[9]

Die MAK-Kommission folgerte aus alledem, dass der Kapitän der Tupolew 154M starkem psychischem Druck ausgesetzt war. »Auf der einen Seite hatte er verstanden, dass die Landung bei den aktuellen Wetterbedingungen unsicher war. Auf der anderen Seite gab es eine starke Motivation, genau auf dem Ankunftsflughafen zu landen. Die Anwesenheit des Luftwaffenchefs bis zur Kollision beeinträchtigte die Entscheidung des Piloten, den Landeanflug fortzusetzen, und zwar ohne visuellen Kontakt mit dem Boden zu haben.«[10] Heftige Kritik an diesem Abschlussbericht äußerte Sergey Verewkin, der frühere Chef des Flughafens Moskau-Wnukowo, der den Bericht ebenfalls studiert hatte. »Sie analysierten nur die Aktionen und das psychologische Profil des Flugzeugkapitäns. Und was ist mit den anderen Crew-Mitgliedern, die im Cockpit waren? Was mit den Personen am Boden, den Lotsen, den anderen Personen im Kontrollraum? Warum befanden sich dort fünf Personen? Welche Rolle spielten sie dort? Es gibt so viele unbeantwortete Fragen, dass sie mehrere Seiten füllen würden. Ich kann sagen, dass dieser Bericht entweder aus Inkompetenz der Experten oder aus anderen Gründen von einem Analphabeten geschrieben wurde.«[11] Nein, entgegnete hingegen Roman Gusarow, der Herausgeber des Online-Journals *Aviation.ru*: »Es gibt keinen Grund, dem Bericht nicht zu glauben, der eine sekundengenaue Analyse der letzten 30 Minuten der Cockpit-Gespräche analysierte, und zwar durch Topspezialisten. Es gibt keine technischen Details, die nicht überprüft wurden.«[12]

Ähnliche Ergebnisse wie dieser MAK-Bericht sind dem Abschlussbericht der polnischen Untersuchungskommission für Flugunfälle (Komisja Badania Wypadków Lotniczych Lotnictwa Państwowego) zu entnehmen. Bekannter ist diese Untersuchungskommission unter dem Namen des Vorsitzenden der Kommission, dem damaligen Innenminister Jerzy Miller – der für den Flug nach Smolensk übrigens mitverantwortlich war. 320 Seiten stark ist dieser Untersuchungsbericht, der am 29. Juli 2011 veröffentlicht wurde.[13] Auch er gibt zwar den Piloten die Schuld an dem Absturz, betont jedoch gleichzeitig, dass die russische Seite Mitverantwortung trage, und zwar aufgrund der mangelhaften Kommunikation zwischen dem Tower und dem Piloten und der schlechten Ausstattung des Militärflughafens. Das ist insofern verwunderlich, als der polnische Premierminister dort am 7. April 2010 problemlos landen konnte, wenn auch unter günstigeren Wetterverhältnissen. So stand im Miller-Bericht: »Im kritischen Moment befand sich der Luftwaffenchef im Cockpit, genau wie zuvor der Direktor des Protokolls ... Was bestätigt werden kann, ist, dass es Druck gegeben hat, der die Crew auf indirekte Weise wegen der hohen Persönlichkeiten im Flugzeug und der Bedeutung der Feierlichkeiten in Katyn beeinflusste. Wir müssen an das Element des indirekten Drucks durch die Anwesenheit des Luftwaffenchefs im Cockpit selbst erinnern sowie die Einstellung des Flugzeugkapitäns, was sich auf seine Bewertung des Landeanflugs auswirkte.«[14] Besonders gelobt wurde der polnische Abschlussbericht von einem Kommentator der polnischen Tageszeitung *Gazeta Wyborcza*: Demnach seien das größte Kapital der Regierungskommission »ihre Unabhängigkeit und die Qualifikationen ihrer Mitglieder. Es seien Piloten, Instrukteure, Meteorologen, Juristen, Militärs und zivile Experten – insgesamt 34 erfahrene Fachmänner, die sich über ein Jahr lang mit der Katastrophe beschäftigt haben. Sie seien schon einige Stunden nach dem Unglück in Smolensk gewesen und hätten sich in Moskau die Aufzeichnungen auf den Flugschreibern angehört.«[15]

Trotz dieser positiven Bewertung gab es Kritik selbst von Mitgliedern der Miller-Kommission, zum Beispiel von Professor Marek Zylicz:»Ich habe erhebliche Zweifel, ob er effektiv arbeitete. Ich sah ihn öfter im Fernsehen, als dass ich gehört hätte, dass er in Moskau war, um seine Aufgaben zu erledigen, um zu beobachten, was die Russen tun. Als er gefragt wurde, warum er keinen einzigen Übersetzer in seinem Team habe, warum er keinen Übersetzer angefordert hätte, antwortete er, dass er kein Geld von der Botschaft nehmen wollte, denn das Geld könnte gestohlen werden. Das ist genau, was Klich sagte.« Edmund Klich war der Verbindungsmann, der zwischen Polen und Russland in Moskau eingesetzt war.

Marek Zylicz sagte später gegenüber der Journalistin Anita Gargas in einem Interview:»Wir wollen keinen Krieg mit Russland provozieren. Wir wollten nur so viele Informationen wie möglich, um dann in der Lage zu sein, die Ermittlungen zu beenden.« Im Mai 2010 unterzeichnete Jerzy Miller mit der MAK-Chefin Tatiana Anodina ein Memorandum, wonach die Flugschreiber in russischen Händen bleiben konnten. Das bedeutete jedoch, dass die Miller-Kommission ihren Bericht verfasste, ohne über die Originalgeräte zu verfügen. Es gelang ihr erst nach mehreren Anläufen, Kopien zu bekommen.

Außerdem erhielt die Miller-Kommission keinen Einblick in wichtige Dokumente und Beweismittel, obwohl die polnische Seite die russische MAK-Kommission mehrmals dazu aufgefordert hatte. Zum Beispiel verlangte die Miller-Kommission von Moskau »Statements und Aufzeichnungen von Unterhaltungen mit Zeugen des Unfalls. Die Liste sollte sowohl die polnischen Personen enthalten, die sich am Flughafen Smolensk aufhielten, ebenso die Zeugen der Russischen Föderation einschließlich der Personen, die an den Rettungsaktionen beteiligt waren.« Immerhin konnte die Miller-Kommission aufgrund der Unterlagen genau feststellen, wie hoch der Wert der abgestürzten Tupolew 154M 101 war: In dem entsprechenden Dokument von 8. Juni 2010 wird dieser mit genau 48 184 638,94 Złoty angegeben, damals etwa 12,5 Millionen Euro.

Die PiS-Parlamentskommission kam ebenfalls zu einem Ergebnis. Das stand jedoch in krassem Widerspruch sowohl zu dem russischen MAK-Bericht wie dem polnischen Miller-Bericht. Denn frustriert von der in ihren Augen vorgenommenen Verschleierung der Absturzursachen hatte die Opposition eine eigene Parlamentskommission gebildet, um die ihrer Meinung nach unterdrückte Wahrheit über die Ursachen des Flugzeugabsturzes herauszufinden. Der Bericht, das Weißbuch *Biala Ksiega Smolenskiej Tragedii*, umfasste 169 Seiten und wurde am 29. Juni 2011 der Presse in Warschau vorgestellt. Dort ist unter anderem zu lesen: »Die polnische öffentliche Meinung und der Sejm wurden von der russischen Seite und der Regierung von Donald Tusk im Zusammenhang mit der Katastrophe und der Untersuchung der Ursachen und Umstände systematisch falsch informiert.«[16]

Die Kritik an diesem Weißbuch war heftig. So meinte Edmund Klich, der ehemalige Vorsitzende der polnischen Kommission zur Untersuchung von Luftfahrtunfällen (KBWLLP), dass das Weißbuch eine Lüge, Nonsens und politisch manipuliert sei.»Wenn man politisch Punkte sammeln will, dann kann man alles manipulieren.«[17] Ähnlich argumentierte Wilen Iwanow, der Berater der Russischen Akademie der Wissenschaften:»In Polen gibt es keine einheitliche Einstellung zu dem Absturz. Wer objektiv urteilt, ist mit den Schlussfolgerungen der russischen und der internationalen Experten einverstanden. Wer mehr oder weniger russlandfeindlich ist, bietet dagegen seine unbegründeten Theorien an. Es wurden aber Verstöße gegen die elementaren Regeln nachgewiesen. Passagiere dürfen sich nicht in die Arbeit der Piloten einmischen. Wer Fakten ignoriert, ist voreingenommen. Es wird versucht, einerseits sich zu rechtfertigen und andererseits die russische Staatsführung in ein schlechtes Licht zu rücken.«[18]

Antoni Macierewicz, der Vorsitzende dieser Parlamentskommission und mitverantwortlich für das Weißbuch, sieht das anders. Im Gespräch mit mir in seinem Büro berichtete er sehr konkret:»Die russische Behauptung, im Cockpit seien während der letzten Phase der Katastrophe Personen anwesend gewesen, die kein Recht hatten, dort zu sein, stimmt nicht mit der Realität überein. Denn bei einem militärischen Flug gilt dieses Prinzip nicht.« Während die polnischen und russischen Behörden davon ausgingen, dass es sich bei dem Flug um einen zivilen Flug handelte, stand der parlamentarische Untersuchungsausschuss der PiS auf dem Standpunkt, dass es ein militärischer Flug war – weil die Tupolew ein Militärflugzeug war und die Passagiere höchste politische Entscheidungsträger und hohe Militärangehörige waren.

Wichtiger seien jedoch, so Antoni Macierewicz, andere Tatsachen:»Es gibt keinen einzigen Beweis, der belegen würde, dass sich zum Zeitpunkt der Landung General Błasik im Cockpit befand und er dort Befehle erteilte.« Er verweist dabei auf die phonographische Analyse, die vom Krakauer Sehn-Institut für die forensische Forschung durchgeführt wurde. Wurde dort etwas erfunden, um seiner These, dass der Absturz kein Unfall war, Nahrung zu geben?

Die Aussage von Macierewicz deckt sich mit den Ermittlungen der polnischen Generalstaatsanwaltschaft. Bereits am 16. Januar 2012 erklärte die polnische Militärstaatsanwaltschaft, dass die forensischen Experten des Sehn-Instituts für forensische Forschung in Krakau bei der Auswertung des Stimmenrecorders CVR festgestellt hätten, »dass nicht die Stimme von General Andrzej Błasik zu hören sei, sondern die des Kopiloten Robert Grzywna. Die Stimme des Generals konnte auf dem Stimmenrecorder nicht festgestellt werden.«[19] Damit war eines der zentralen Ergebnisse der russischen Untersuchungskommission sowie der offiziellen polnischen Kommission widerlegt, nämlich die These, der polnische Luftwaffenkommandeur Andrzej Błasik habe im Cockpit auf die Piloten Druck ausgeübt, trotz des dichten Nebels und des fehlenden Leitsystems auf dem Militärflughafen von Smolensk zu landen.

Antoni Macierewicz sagte weiterhin: »Die Analyse der Leichen an der Katastrophenstelle und vor allem die Fundstelle der Leiche von General Błasik schließen eindeutig aus, dass er sich im Cockpit befand. Das Cockpit befand sich nämlich im Sektor 2, und dort wurden die Leichen der Piloten gefunden, während die Leiche des Generals am Rande von Sektor 1 gefunden wurde, also über zwanzig Meter vom Wrack des Cockpits entfernt. Die Behauptung des MAK-Berichts ist schlichtweg falsch, wonach die Leiche von General Błasik im gleichen Sektor gefunden wurde wie die des Navigators.« Hatte er wieder recht? Inzwischen bestätigte der Generalstaatsanwalt, dass die Leiche von General Andrzei Błasik, zusammen mit zwölf weiteren Leichen, im Sektor 1 gefunden wurde, also weit entfernt von der Stelle, wo die Leichen des Kopiloten und des Piloten lagen.[20]

Somit wurde ein weiteres zentrales Argument der russischen MAK-Kommission hinfällig, wonach General Błasik sich während des Absturzes im Cockpit aufgehalten und die Piloten zur Landung gezwungen habe. Nur zur Erinnerung: Bereits zwei Monate nach dem Absturz am 10. April 2010 schrieb eine deutsche Illustrierte im »Protokoll eines Absturzes«, dass Andrzej Błasik den Piloten offenbar zur Landung gedrängt habe. »Niemand traute sich, gegen ihn vorzugehen. ›Herr Kapitän, wann werden Sie landen? Darf man fragen?‹, erkundigt er sich … Błasik klappt den fünften Sessel von der Wand des Cockpits und sitzt der Tupolew-Crew von nun an im Nacken. Vieles von dem, was im Cockpit gesprochen wird, wird später im Transkript der Tonbandaufzeichnungen als ›unverständlich‹ ausgewiesen.«[21]

Selbst Staatsanwälte, die unabhängig von der russischen und polnischen Untersuchungskommission den Absturz in Smolensk untersuchten und entsprechende Ermittlungen führten, also die Militärstaatsanwaltschaft und die zivile Generalstaatsanwaltschaft, befehdeten sich untereinander. Makabrer Höhepunkt war eine Pressekonferenz am 9. Januar 2012 in Posen. Der stellvertretende Leiter der Posener Militärstaatsanwaltschaft Leutnant Mikolaj Przybyl hatte dazu eingeladen. Thema waren seine Ermittlungen über eine undichte Stelle innerhalb seiner Behörde, die Informationen an Journalisten über den Absturz in Smolensk weitergegeben haben soll. Nachdem er festgestellt hatte, dass er die Ehre eines Offiziers in der polnischen Armee und Staatsanwaltschaft schützen werde, bat er um eine fünfminütige Pause, ging in sein Büro und versuchte sich das Leben zu nehmen. Der Schuss mit seiner Pistole ging jedoch daneben, weil er durch einen Besucher abgelenkt wurde, die Kugel durchschlug nur seine Wange. Als Motiv für den Selbstmordversuch sagte er später, er habe auf die Bedeutung der Militärstaatsanwaltschaft hinweisen wollen.

Zuvor war er von Generalstaatsanwalt Andrzey Seremet

heftig kritisiert worden, weil er ein Verfahren in Gang setzen wollte, um zu erfahren, wie Unterlagen der Militärstaatsanwaltschaft an Journalisten gelangen konnten, die über den Absturz in Smolensk recherchierten. Kurz zuvor hatten zudem Politiker die Auflösung der Militärstaatsanwaltschaft gefordert. Mikolaj Przybyl selbst wird später erklären, dass die Forderungen nach der Auflösung der Militärstaatsanwaltschaft ihre Ursache in seinen Ermittlungen zu Korruptionsvorfällen in der polnischen Armee hätten.»»Ich weiß, dass auf meinen Kopf deshalb eine Million Złoty (220 000 Euro) ausgesetzt war‹, erklärte Przybyl, ohne zu sagen, wer sein Leben bedrohe und um welche Vorwürfe es bei seinen Ermittlungen geht.«[22] Im Sommer 2012 wurde er in den vorzeitigen Ruhestand verabschiedet.

Fakt ist, dass es innerhalb der Militärstaatsanwaltschaft eine Fraktion gab, die mit der Partei Recht und Gerechtigkeit sympathisierte. Das machte unabhängige Ermittlungen entsprechend schwierig. Vielleicht erklärte deshalb noch Mitte 2012 die Militärstaatsanwaltschaft:»Wir wissen noch weniger als zuvor behauptet.« Kurz zuvor hatte ein Sachverständigengutachten ergeben, dass die von dem Flugschreiber aufgezeichneten Stimmen aus dem Cockpit in wichtigen Teilen überhaupt nicht zugeordnet werden konnten.

Wie polnische Wissenschaftler politische Parias wurden

Der Versuch der Opposition, unabhängige Wissenschaftler zu finden, führte dazu, dass einige dieser Experten massiv unter politischen und medialen Druck gerieten, weil sie Kritik an den Untersuchungsergebnissen der polnischen oder russischen Regierung übten. Während einer Pressekonferenz am 10. April 2014 im Warschauer Parlamentsgebäude, einberufen von der parlamentarischen Untersuchungskommission der Partei Recht und Gerechtigkeit, erklärten Vertreter der Wissenschaftsakademien Warschau und Krakau: »Obwohl vier Jahre vergangen sind, haben die staatlichen Stellen die Ursachen des Absturzes nicht festgestellt. Die Wissenschaftler verlangen, dass der Bericht der russischen Behörden abgelehnt wird, wenn es um die Ursachen des Absturzes geht. Die Wissenschaftler aus Australien, USA, Kanada und Dänemark widersprechen allen Daten aus technischen, physikalischen, rechtlichen und mathematischen Gründen. Wir appellieren an alle Wissenschaftler, sich an der Aufklärung der Katastrophe zu beteiligen und dem politischen Druck standzuhalten.«

Diesen Appell unterschrieben 420 polnische Wissenschaftler, die meisten von ihnen Professoren mit hohem Ansehen in den verschiedensten wissenschaftlichen Disziplinen. Dass sie alle politisch von der Partei Recht und Gerechtigkeit manipuliert worden sein sollen, lässt sich schwerlich behaupten, obwohl zahlreiche Unterzeichner des Appells durchaus mit der PiS sympathisierten. Doch hatte das Einfluss auf ihre Analysen und Erkenntnisse, die dem offiziellen Bild der Absturzursache widersprachen und Beweise dafür vorlegten, dass es sich bei dem Absturz doch um ein Attentat gehandelt haben musste? Waren sie nur nützliche Idioten für einen politischen Propagandafeldzug der Partei Recht und Gerechtigkeit? So sieht er jedenfalls die polnische Regierung.

Bereits am 12. Februar 2011 veröffentlichen Wissenschaftler der Posener Universität einen ähnlich bemerkenswerten Aufruf, der von 147 Wissenschaftlern unterzeichnet wurde. Darin stand unter anderem:»Wie unsere Kollegen an der Warschauer Universität beobachten wir, dass es sowohl im akademischen Leben als auch in der Öffentlichkeit immer weniger unabhängiges Denken und wissenschaftlich ausgetragene Meinungsverschiedenheiten gibt. Personen werden massiv vor allem an den Universitäten angegriffen, die eine andere Meinung vertreten und die die Wahrheit über die Katastrophe von Smolensk herausfinden wollen.«

Um mehr über diese Einschüchterungen zu erfahren, traf ich mich in der Universität Posen mit drei renommierten polnischen Wissenschaftlern: Professor Wojciech Rypniewski vom Institut für bioorganische Chemie der polnischen Akademie der Wissenschaft in Posen, Stanisław Mikolajczak, Professor für Geisteswissenschaften, sowie Professor Grzegorz Musial vom Institut für Computerphysik in Posen.[23] Was sagten sie zu dem Vorwurf, dass sie parteipolitisch an die Partei Recht und Gerechtigkeit angebunden seien?»Wir sind keine Anhänger dieser Partei«, entgegnete Mikolajczak.»Wenn man behauptet, ich sei ein Anhänger, dann ist das eine Beleidigung. Wir sind unabhängig. Wir laden alle politischen Gruppen zur Zusammenarbeit ein. Aber nur die Partei Recht und Gerechtigkeit antwortet. Der Rest beschimpft uns.« Es wurde behauptet, alle Behauptungen über ein Attentat kämen von der rechtskatholischen Partei von Lech Kaczyński.»Warum möchte die Regierung keine sachliche Auseinandersetzung mit uns? Wir sind Wissenschaftler, wir wollen sachliche Gespräche.«

Warum glaubten sie an die Version eines Attentats?»Ich bin Physiker«, sagt Grzegorz Musial.»Anfangs wusste ich nicht, was ich dazu sagen soll. Die Beweise sind ja alle in Russland. Wir können nur darüber urteilen, was wir sehen können. Aber stufenweise bin ich zu der Erkenntnis gekommen, insbesondere nachdem internationale Experten ihre Zweifel an der Unfallursache äußerten und sie belegen konnten, dass für mich als Wissenschaftler keine Zweifel übrigbleiben, dass wir es mit einem Täuschungsmanöver der Regierung zu tun haben.«

Professor Wojciech Rypniewski beurteilte das ähnlich. »Viele können nicht glauben, dass man auf so eine Art und

Weise lügen kann. Als Physiker, Biophysiker, wenn man vernünftig denkt, stimmt nichts mit den Gesetzen der Physik überein, dass zum Beispiel das Flugzeug auf den Boden stürzt und zersplitterte in Zigtausende Einzelteile, wie ja nachgewiesen wurde. Es gibt keine Möglichkeit, den Sachschaden des Flugzeugs auf eine andere Art und Weise zu erklären, als dass es zur Zersplitterung des Flugzeugs in der Luft kam. Bei der Untersuchung von Wrackteilen stellte sich heraus, dass die Zerstörung größerer Oberflächen charakteristisch ist für etwas, was von innen kam. Auf jeden Fall war der Verlauf des Vorfalls nicht so, wie die Regierungskommission angibt. Wir haben deshalb nur ein einziges Ziel, Aufklärung.«

Sie haben erklärt, frage ich die drei Wissenschaftler, dass auf die Experten Druck ausgeübt wurde, um die Untersuchungen zu beenden. Wer denn diesen Druck ausgeübt habe? Einer der Wissenschaftler, der in diesem Zusammenhang aber anonym bleiben wollte, antwortete mir:»Es gab offiziellen Druck, es gibt kein Geld für unsere Forschungen. Man wertet wissenschaftliche Arbeitsergebnisse als politische Propaganda. Die Hochschulen kämpfen dafür, dass man sich auch politisch engagiert. Warum dürfen wir nicht darüber sprechen?« Immerhin wurden diese drei Wissenschaftler noch nicht entlassen, aber massiv eingeschüchtert und teilweise ihre Haushaltmittel für Forschungsarbeiten gekürzt.

Grundlage für die Entlassung der kritischen Wissenschaftler, erzählten sie, sei immer wieder, dass sie sich in der Politik engagierten und ihre Arbeit das Ansehen der Wissenschaft und der polnischen Regierung angeblich beschädige.»Entsprechende E-Mails wurden an ihre Vorgesetzten geschickt. Das war eine breite Aktion gegen die Wissenschaftler, obwohl sie immer wieder erklärten, sie machen nur ihre wissenschaftliche Arbeit und haben mit der Politik nichts zu tun.« Das führte dazu, sagen die drei Experten übereinstimmend, dass in Polen ein Klima geschaffen wurde, das es schwierig mache, neue Wissenschaftler zu finden, die bereit seien, sich an den wissenschaftlichen Ermittlungen über die Katastrophe von Smolensk zu beteiligen. Die Experten würden zwar anbieten zu helfen, aber sie wollten nicht, dass ihr Name bekannt würde.»Es kam zur paradoxen Situation: Auf der einen Seite werden die Professoren verspottet, auf der anderen Seite werden sie still und heimlich wegen ihrer wissenschaftlichen Auszeichnungen gepriesen.«

Streit um Fakten oder Streit um die Wahrheitsfindung?

Nach Abschluss der offiziellen russischen und polnischen Untersuchungen zum Flugzeugabsturz im Jahr 2011 ermittelten die polnische Militärstaatsanwaltschaft und die parlamentarische Untersuchungskommission unter Leitung von Antoni Marcierewicz weiter. Dabei ging es inzwischen um drei zentrale Fragen, die seit dem Absturz leidenschaftlich kontrovers diskutiert wurden: Was war tatsächlich mit den verschiedenen Aufzeichnungsgeräten in der Tupolew 154M geschehen? Wurden sie manipuliert? Stürzte die Präsidentenmaschine aufgrund des Zusammenpralls mit einer Birke ab? Von zentraler Bedeutung war die Frage: Gab es an Bord der Präsidentenmaschine eine Explosion, die zum Absturz führte?

Diese drei Fragen beantworteten die offiziellen Behörden damit, dass alles endgültig geklärt sei: Es habe keine Manipulation an den Flugschreibern und dem Cockpit-Voice-Rekorder gegeben. Die Präsidentenmaschine sei aufgrund der Wetterbedingungen und des Zusammenpralls mit der Birke abgestürzt, und es gebe keinerlei Anzeichen für eine Explosion.

Die parlamentarische Untersuchungskommission und die dort mitarbeitenden internationalen Wissenschaftler haben zu diesen drei Hypothesen andere Erkenntnisse gewonnen und widersprechen bis zum heutigen Tag vehement dieser offiziellen Darstellung. Aufgrund ihrer Kritik ergäben sich Gefahren für die polnische Gesellschaft, mahnte Roman Giertych, der ehemalige polnische Vizepremier und frühere Bildungsminister. Denn die Verbreitung der These, dass es ein Attentat gewesen sein könnte, und der Mangel an Widerspruch seitens der Staatsanwaltschaft könnten zum »Bürgerkrieg« und zur Bildung von zwei Lagern in Polen führen, die sich so sehr hassten, dass sie bereit wären, »ein Verbrechen zu begehen«.[24] Der ehemaliger Minister war der Meinung, dass die Staatsanwaltschaft zu dem Unglück eindeutig Stellung beziehen und das gesammelte Beweismaterial vorlegen sollte. Inaktivität seitens der Staatsanwaltschaft und der Regierung könnte gefährlich sein, warnte Giertych. Nun könnte man sagen, hier gehe es um einen politischen Glaubenskrieg. Aber dem ist nicht so.

Um ihre Erfahrungen und Untersuchungen öffentlich zu diskutieren, veranstaltet die Macierewicz-Kommission seit dem Jahr 2012 jährlich mit internationalen Wissenschaftlern hochkarätig besetzte sogenannte Smolensk-Konferenzen. Diese werden von polnischen Wissenschaftlern initiiert, die sowohl die Organisation der Veranstaltung wie auch die Forschungsarbeiten selbst finanzieren. Die erste Konferenz fand im September 2012 statt. Neunzehn Expertisen wurden vorgestellt und diskutiert, die in einem 169 Seiten umfassenden Bericht mit dem Titel *28 Monate nach Smolensk* zusammengefasst wurden. Gestützt auf Expertenstudien wurde dort behauptet, dass die Präsidentenmaschine nicht wegen schlechter Wetterverhältnisse und Pilotenfehlern abstürzte, sondern aufgrund von Explosionen an Bord.

Sowohl die polnische Regierung wie einige Medien kritisierten daraufhin die in der parlamentarischen Untersuchungskommission beteiligten Wissenschaftler quasi als Lügner und Spinner. Die der Partei PiS kritisch gegenüberstehende Tageszeitung *Gazeta Wyborcza* schrieb, dass die Ethikkommission der Akademie der Wissenschaft den Experten ein »eindeutig unethisches und verwerfliches Handeln« vorwerfe. Mit diesen Worten wurde Professor Andrzej Zoll, der Vorsitzende der Ethikkommission und Professor für Strafrecht an der Jagiellonen-Universität zitiert. Die in der Kommission beteiligten Wissenschaftler würden »von politischen, ideologischen oder geschäftlichen Interessengruppen beeinflusst«.[25] In einem anderen Interview sagte er, »dass es schwierig ist, mit der Sekte Smolensk zu reden, denn die Diskussion gründet sich auf Glauben und nicht auf Fakten. Glauben unterscheidet sich immer von Wissen.«[26] Für ihn ist der Vorsitzende der PiS, Jarosław Kaczyński, eine »völlig unverantwortliche und außerordentlich gefährliche Person für die Demokratie«, und die in der Kommission beteiligten Professoren »sollten verdammt werden, wenn sie den Titel Professor missbrauchen«.[27] Für einen kühlen Juristen durchaus ungewöhnliche Töne.

Aufgrund der heftigen Angriffe nahmen an der zweiten Smolensk-Konferenz im Oktober 2013 einhundert polnische und international tätige Forscher und Wissenschaftler teil. Einige waren bereits bei der ersten Konferenz als wissenschaftliche Gutachter aktiv. Piotr Witakowski, Professor an der Krakauer Universität für Forschung und Technologie, war der Vorsitzende des Organisationskomitees und nannte als Beweggründe für sein Engagement: »Das Ziel der Konferenz ist es, ein Forum zu bilden, in dem interdisziplinäre Forschungsergebnisse in den Bereichen Technik, Medizin sowie die soziologischen und juristischen Fragen im Zusammenhang mit dem Flugzeugabsturz diskutiert und ausgewertet werden.«

Während der zweitägigen Konferenz präsentierten diesmal mehr als sechzig Experten ihre Forschungsergebnisse zum

Flugzeugabsturz von Smolensk. Dr. Grazyna Przyblska-Wendt, eine ehemalige Gerichtsmedizinerin der Militärischen Medizinakademie in Lodz, kritisierte zum Beispiel die Autopsien der Absturzopfer in Moskau, die dazu geführt hätten, dass die tatsächlichen Todesursachen nicht mehr festgestellt werden konnten. Die amerikanische Anwältin Maria Szonert-Binienda analysierte in einem aufwendigen Gutachten den Absturz in Smolensk hinsichtlich internationalen Rechts. Die Soziologin Professor Barbara Fedyszak-Radziejowska wiederum untersuchte den Mechanismus des Einflusses von »Autoritäten auf die Autonomie der Wissenschaft und die Reaktionen der Wissenschaftsgemeinde auf diesen Einfluss«. Gemeint war damit der Einfluss staatlicher Institutionen auf die Freiheit der Wissenschaft, gerade bei der Untersuchung des Smolensker Flugzeugabsturzes. Bei den Expertisen ging es außerdem um die Analyse des Wracks, um die Untersuchung der Materialstrukturen der Wrackteile, um Computersimulationen zur Analyse des Absturzes, um die Nachweisbarkeit von Sprengstoffspuren sowie um die Überprüfung des Quellenmaterials, das in den Berichten der russischen und der offiziellen polnischen Untersuchungskommission verfügbar war.

Teilnehmer waren unter anderem Professor Kazimierz Flaga von der Krakauer Universität für Technologie, Professor Chris Cieszewski, Professor Arun Kumar und Professor Pete Bettinger von der Universität im amerikanischen Georgia, Professor Grzegorz Gładyszewski von der Universität für Technologie in Lublin, die Professoren Sławomir Szymański und Krystyna Kamieńska-Trela vom Institut für Organische Chemie der Polnischen Akademie der Wissenschaften, Professor Jacek Gieras von der Universität für Technologie und Naturwissenschaften in Bydgoszcz, Jerzy Stefan Wiśniowski vom Zentrum für Militärische Geographie. Die Nennung nur einiger der Teilnehmer an der Konferenz erscheint notwendig, um zu dokumentieren, dass hier hochkarätige polnische Wissenschaftler ihre Forschungsergebnisse öffentlich diskutierten. Diese renommierten Experten präsentierten in ihren Arbeitsergebnissen unter anderem, dass Sprengstoffspuren sowohl am Wrack wie an Fragmenten der Sitze und der Kleidung festgestellt wurden, aber auch die umstrittene These, dass die Birke anhand durchgeführter Computersimulationen nicht den linken Flügel zerbrochen haben könne.[28] In Polen löste all das erneut eine heftige Kontroverse aus.

Die Aufklärung der polnischen Bürger durch ihre Regierung

Seit Anfang 2013 gibt es eine vom damaligen Regierungschef Donald Tusk persönlich einberufene Expertenkommission. Offiziell soll sie für eine endgültige Aufklärung der noch offenen Fragen im Zusammenhang mit dem Absturz in Smolensk sorgen. Vor allem dient sie jedoch als Gegenpol zu den Aktivitäten der Macierewicz-Kommission. Tatsächlich drängt sich der Eindruck auf, dass die einzige Aufgabe dieser aus sechs Personen bestehenden Expertenkommission ist, dafür zu sorgen, dass die Ergebnisse der Wissenschaftler, die in der parlamentarischen Untersuchungskommission arbeiten, als unglaubwürdig vorgeführt werden, zumal keiner der Experten am Absturzort selbst Untersuchungen durchgeführt hat.

Eigene Ermittlungen und Analysen führt diese »Expertenkommission« ebenfalls nicht durch. Sie beruft sich vielmehr auf den Bericht der Miller-Kommission und besteht, bis auf eine Ausnahme, aus Experten eben dieser Miller-Kommission. Vorsitzender der neuen Expertengruppe ist Maciej Lasek, zuvor der stellvertretende Vorsitzende der Miller-Kommission und Experte für Segelflugzeuge, also ein herausragender

Fachmann für Flugzeugunfälle. Kontaktieren kann man sein Team über das Informationszentrum der Regierung.

Mit einem Dekret des damaligen Premierministers Donald Tusk wurden dem Team für das Jahr 2013 insgesamt 300 000 Złoty (69 500 Euro) zugewiesen, für 2014 insgesamt 93 000 Euro.[29] Separat bezahlt wurden die Gehälter der sechs Mitglieder des Expertenteams: Sie erhielten von Mai 2013 bis November 2013 140 000 Złoty (32 500 Euro), und 45 500 Złoty (10 500 Euro) wurden Maciej Lasek, dem Vorsitzenden des Expertenteams zugesprochen – viel Geld für polnische Verhältnisse. Kritisch sieht diese Finanzierung Rechtsanwalt Stefan Hambura, der Familienangehörige der Opfer vertritt: »Wir möchten wissen, wofür das Team diese Gelder einsetzt. Wenn zum Beispiel damit Gutachten finanziert werden sollen, dann stellt sich die Frage, welche Gutachten erstellten diese Leute drei Jahre nach der Katastrophe, wenn sie behaupten, alle Fragen wären bereits von der Miller-Kommission geklärt worden?« Eine Antwort erhielt er nicht.

Immerhin stellte das neue Team eine Webseite ins Internet.[30] So kann man auf der Webseite der Regierung lesen: »Wenn irgendjemand sagt, dass die Untersuchungen, die die Miller-Kommission in ihrem Bericht präsentiert, unglaubwürdig seien, der kennt die Geschichte der Flugzeugunfälle nicht.«[31] Mit diesem Internetauftritt sollte der Regierung ein Instrument in die Hand gegeben werden, um die Ergebnisse ihrer eigenen Ermittlungen gegenüber der polnischen Öffentlichkeit zu kommunizieren und Beweise zu präsentieren, dass die Aussagen der Wissenschaftler, die in der Macierewicz-Kommission arbeiten, mehr oder weniger abenteuerlich seien. Die Hoffnung vieler Polen, dass ohne Scheuklappen die offenstehenden Fragen im Zusammenhang mit dem Absturz geklärt werden, wurde maßlos enttäuscht.

Konsequent verweigerte sich Maciej Lasek, der Vorsitzende des neuen Expertenteams, einem Dialog mit den Kritikern der offiziellen Ermittlungen. Zum Beispiel erklärte Antoni Macierewicz, dass er zu einem Treffen mit den von Premierminister Tusk genannten Experten stets bereit sei. »Es ist uns gleichgültig, ob es Herr Lasek sein wird oder eine andere Person, die als Experte von Premierminister Tusk genannt wird.« Der PiS-Politiker nannte jedoch eine Bedingung: Es »sollte eine offene Debatte sein, zugänglich für die Öffentlichkeit, und es darf keine politischen Bedingungen hinter den Kulissen geben. Nur an einer solchen Debatte sind wir bereit teilzunehmen.«[32] Eine Reaktion darauf gab es nicht.

Eingeladen wurden Maciej Lasek und die Mitglieder seines Teams bereits Ende Januar 2013 von Verwandten und Angehörigen der Absturzopfer. Sie sollten an einer Debatte mit unabhängigen Experten in der Kardinal-Wyszynski-Universität teilnehmen. »Wir glauben es ist hilfreich, um die vielen Zweifel über die Umstände des Todes unserer Angehörigen auszuräumen.« Maciej Lasek lehnte diese Einladung ab – nicht aber Einladungen zu Diskussionen in genehmen Medien mit anderen Mitgliedern der Miller-Kommission.

Auch die Einladung zur dritten internationalen Smolensk-Konferenz am 20. Oktober 2014 in Warschau nahm er nicht an. Das sei eine politische Initiative, und es sei auch eine Schande, dass sich an der Konferenz überhaupt so viele Wissenschaftler beteiligten, kritisierte er. Während der Konferenz diskutierten hundert Wissenschaftler die Ergebnisse ihrer Forschungsarbeit zu technischen, medizinischen, soziologischen und juristischen Aspekten des Absturzes in Smolensk.

Professor Wiesław Binienda, Mitglied des beratenden Forschungsausschusses des Dekans der Universität Akron, Mitglied des Exekutivkomitees für Zukunftstechnologien der US-Regierung und mehrfach unter anderem von der NASA ausgezeichnet, war einer der Ersten, die behaupteten, dass die Präsidentenmaschine aufgrund einer Explosion abgestürzt sein musste. Daraufhin beschuldigte ihn ein Mitglied des

Expertenteams, Beweismaterial gefälscht zu haben, um seine eigenen Thesen zu begründen, mit dem Ziel, die Öffentlichkeit irrezuführen. Binienda hätte, so der Vorwurf, während einer Präsentation seiner Studie das gefälschte Foto eines russischen Bloggers benutzt, in dem zwar ein Loch mitten in der Tragfläche zu erkennen sei, aber an den Rändern der Tragfläche keine Schäden existierten.

Maciej Lasek, der Vorsitzende der staatlichen Expertengruppe, wurde von Journalisten daraufhin gefragt, warum er behaupte, dass es sich um einen Betrug und nicht um einen Fehler gehandelt habe. Seine Antwort war eindeutig:»Das Foto wurde in einer Präsentation gezeigt, die zu beweisen versuchte, dass die Tragfläche nicht aufgrund des Zusammenpralls mit der Birke zerstört wurde. Das ist eine Manipulation der Fakten, eine offensichtliche Fälschung der virtuellen Realität. Außerdem gebe es an der Tragfläche keine Anzeichen einer Explosion.«[33] Tatsache ist, dass dieses Foto des Bloggers, ob gefälscht oder nicht, überhaupt keinen Einfluss auf die ausführliche wissenschaftliche Expertise von Professor Binienda hatte, die sich im Wesentlichen auf Computersimulationen und offizielle Daten bezog. Fotos spielten bei seiner Analyse keine Rolle. Der Nachteil der Studie bestand auf der anderen Seite sicher darin, dass Binienda nicht selbst das Wrack begutachten konnte.

Ob Binienda in seinen Computersimulationen wirklich alle Faktoren einbezogen oder gar falsche Indikatoren verwendet hatte, wurde in der Macierewicz-Kommission ausführlich diskutiert: Waren beispielsweise die von ihm ausgewählten technischen Parameter einer Boeing B-727 mit denen einer TU-154M, der Präsidentenmaschine also, hinsichtlich der Stärke der Tragflächen vergleichbar? Und konnte eine noch so perfekte Computersimulation wirklich alle Indikatoren erfassen, zum Beispiel die konkreten Bodenverhältnisse zur Stunde des Absturzes? Auf jeden Fall war Binienda ein Kronzeuge für die Macierewicz-Kommission im Zusammenhang mit dem Absturz der Präsidentenmaschine und bestätigte damit gleichzeitig die Überzeugung der staatlichen Expertenkommission, dass es Antoni Macierewicz nur darum gehe, eine politische These wissenschaftlich zu unterfüttern. Für Maciej Lasek bestand kein Zweifel, dass Macierewicz ein Fanatiker war, der sich nur für die Fakten interessiere, die mit seiner Sicht übereinstimmten.

Doch was hatte es mit dem Loch in der Tragfläche wirklich auf sich? In einer Fernsehdiskussion am 8. August 2014 ging Maciej Lasek erneut auf die Löcher in der Tragfläche ein: »Unfalluntersuchungen werden nicht mit Fotos unbekannter Herkunft durchgeführt. Und damit hatten wir es in der Gruppe von Macierewicz zu tun.« Zu den Löchern in der Tragfläche sagte er diesmal, dass sie durch eine Kollision mit den Bäumen und Sträuchern entstanden seien.[34]

Einen Tag später meldete sich Bartłomiej Misiewicz, Bürochef der parlamentarischen Untersuchungskommission, in einer Presseerklärung zu Wort: »Aufgrund der gestrigen Aussage von Herrn Lasek im Fernsehsender TVP Info übergebe ich Ihnen ein Originalfoto der Löcher an der Tragflächenklappe. Auf dem beigefügten Foto sieht man Löcher, die durch die gesamte Tragflächenklappe gehen.« Das heißt, dass nicht nur an der Oberfläche Löcher vorhanden waren, sondern dass die Tragflächenklappe von der Ober- bis zur Unterfläche durchbohrt wurde. »Die Aussage von Herrn Lasek, dass diese Löcher das Ergebnis des Zusammenstoßes mit den Baumspitzen oder Sträuchern seien, weist auf den Grad seiner Inkompetenz und Ignoranz hin, weil Baumspitzen die riesige Konstruktion der Flugzeugklappen nicht auf diese Art und Weise beschädigen können.« Misiewicz wies außerdem darauf hin, dass die Löcher sowohl auf der rechten als auch auf der linken Klappe der Tragfläche vorhanden seien. »Zum Schluss möchte ich daran erinnern, dass niemand von der parlamentarischen Untersuchungskommission behauptet hatte, dass diese Löcher die Ursache der Katastrophe seien. Die Angelegenheit muss jedoch untersucht werden.«[35]

Bereits im Mai 2012 bot der heftig kritisierte Antoni Macierewicz der Militärstaatsanwaltschaft ein Gespräch mit dem Wissenschaftler Wiesław Binienda an, damit dieser seine Arbeitsergebnisse der Militärstaatsanwaltschaft zur Verfügung stellen konnte. Geplant war es für den 28. Mai, doch dazu kam es nicht, obwohl Professor Wiesław Binienda im polnischen Parlament zwei Stunden auf die Staatsanwälte gewartet hatte. Ein Missverständnis? In einer Presseerklärung der Militärstaatsanwaltschaft vom 28. Mai 2012 wurde auf ein Fax des Bürochefs der parlamentarischen Untersuchungskommission verwiesen, das bei der Militärstaatsanwaltschaft um 12.30 Uhr eingegangen war und das sie zu einem Gespräch mit Wiesław Binienda einlud.»Die Staatsanwälte haben unverzüglich per Fax informiert, dass diese Einladung nicht angenommen wird.«

Abgelehnt wurde die Einladung, weil gleichzeitig eine Sitzung der parlamentarischen Untersuchungskommission stattfand, an der auch Wiesław Binienda teilnahm.»In der Sache des Treffens kontaktiert die Staatsanwaltschaft Herrn Binienda direkt, telefonisch oder mittels elektronischer Post. Heute hat Herr Binienda per E-Mail ein Schreiben an die oberste Militärstaatsanwaltschaft geschickt, in dem er informierte, dass er nicht in der Lage ist, den Vorschlag des Treffens bei der Staatsanwaltschaft anzunehmen. Er hat auf seine US-Staatsbürgerschaft hingewiesen und stellte fest, solch ein Treffen sollte nicht bei der Staatsanwaltschaft stattfinden, sondern auf einem neutralen Boden und in Anwesenheit eines Vertreters der US-Botschaft.« Dazu war die Militärstaatsanwaltschaft bereit.»Die oberste Militärstaatsanwaltschaft wartet auf den Vorschlag von Herrn Binienda bezüglich des Orts und der Zeit eines eventuellen Treffens.«[36]

Nachdem es nicht zu dem geplanten Treffen gekommen war, hatte Macierewicz eine Pressekonferenz einberufen. Dort zitierte er Teile der Korrespondenz zwischen Oberst Kopczyk von der Militärstaatsanwaltschaft und Professor Binienda. Der Vertreter der Militärstaatsanwaltschaft hatte an den Experten geschrieben:»Im Hinblick auf die Ermittlungen stimme ich, wenn es Ihr Wunsch ist, zu, dass es zu einem Treffen kommt. Sie können einen neutralen Ort bestimmen, der die Möglichkeit eines sachlichen Gesprächs garantiert.« Professor Binienda hatte einen solchen Platz genannt, und zwar das Parlament. Macierewicz zitierte eine weitere E-Mail, die von Binienda an die Militärstaatsanwaltschaft geschickt worden war:»Ich bedauere, dass wir uns im Parlament am 28. Mai nicht treffen konnten. Ich bin jedoch immer noch bereit, der Staatsanwaltschaft alle Informationen sowie Forschungsergebnisse bezüglich der Katastrophe von Smolensk zur Verfügung zu stellen.«[37] Zu dem Gespräch kam es ein Jahr später.

Pawel Artymovicz, Professor für Astronomie an der Universität im kanadischen Toronto, war einer der schärfsten Kritiker Biniendas.[38] Für ihn war klar, dass dessen Forschungen nicht korrekt sein konnten. Hingegen würden seine eigenen Forschungen die Auffassung der Miller-Kommission bestätigen, dass es zu keiner Explosion gekommen sei.[39]

Trotzdem scheint einiges dafürzusprechen, dass der Absturz nicht so abgelaufen sein kann, wie er in den offiziellen staatlichen Untersuchungsberichten, zum Beispiel dem der Miller-Kommission, beschrieben wurde. Das besagten jedenfalls die verschiedenen Analysen und Berichte der Wissenschaftler der parlamentarischen Untersuchungskommission. Dabei handelte es sich nicht um irgendwelche Feld-Wald-und-Wiesen-Wissenschaftler, die sich leicht manipulieren ließen. Sie genießen vielmehr national wie international ein hohes Renommee und werden sich hüten, ihren Ruf durch manipulierte Analysen zu beschädigen. Die meisten von ihnen sind gebürtige Polen, einige von ihnen flohen während der kommunistischen Herrschaft in den achtziger Jahren in die USA oder waren damals im politischen Untergrund aktiv. Und sicher ist ebenfalls, dass einige von ihnen mit der Partei Recht und Gerechtigkeit sympathisieren, auch wenn sie seit Jahrzehnten in den USA leben und forschen.

Die Wissenschaftler, die bei den jährlichen Smolensk-Konferenzen wie im parlamentarischen Untersuchungsausschuss aktiv sind, haben sich bisher nie einer Diskussion mit den Mitgliedern der staatlichen Untersuchungskommission verschlossen. Sie suchten sie geradezu händeringend, während in Teilen der medialen Öffentlichkeit und der polnischen Regierung diese Wissenschaftler wie politische Parias behandelt wurden. Weil sie hochkarätige Wissenschaftler sind, bedeutet das aber natürlich noch lange nicht, dass sie die Wahrheit über die tatsächlichen Gründe des Absturzes herausgefunden haben. Aber ihre Studien bestätigten die nagenden Zweifel in Teilen der polnischen Bevölkerung, dass bei der Flugzeugkatastrophe in Smolensk vieles vertuscht wurde.

Einen Generalangriff gegen drei bislang hochangesehene Professoren eröffnete am 17. September 2013 die Zeitung *Gazeta Wyborcza* mit einem vernichtenden Artikel. Grundlage der Berichterstattung war die Vernehmung der Professoren Wiesław Binienda, Jacek Rońda und Jan Obrębski durch die Militärstaatsanwaltschaft im Mai und Juni 2013. Diese Vernehmungsprotokolle wurden der Zeitung wahrscheinlich aus der Militärstaatsanwaltschaft selbst zugespielt, und deren Pressesprecher war später gerne bereit, der Journalistin von *Gazeta Wyborcza* Auskunft zu geben. Kritisiert wurde, dass keiner der vernommenen Professoren Materialien und Daten, welche die Grundlage ihrer Untersuchungen bildeten, der Militärstaatsanwaltschaft übergeben hatte. In der Tat hatten sie sich dazu nicht bereiterklärt, zumal ihre Forschungsergebnisse alle im Internet nachzulesen waren.

Sodann zitierte die Zeitung den Sprecher der Militärstaatsanwaltschaft: »Einer der vernommenen Zeugen wies darauf
hin, dass die Schlussfolgerungen zum Thema der Katastrophe
ein Gedankenexperiment waren, gestützt auf ein Foto von
der Katastrophenstelle. Der andere Zeuge formulierte eine
Schlussfolgerung, indem er ein winziges Metallstück 40 Minuten in der Hand hatte, das angeblich von der Katastrophenstelle stammt. Als Grundlage zur Formulierung ihrer Schlussfolgerungen wurden beispielsweise die Erfahrungen genannt,
die sie mit Flugreisen als Fluggäste gemacht hatten.«[40]

Tatsächlich wurden diese Aussagen wie die der anderen
beiden Professoren vom Pressesprecher der Militärstaatsanwaltschaft vollkommen aus dem Zusammenhang gerissen
und gleichzeitig unterschlagen, was die Experten genau ausgesagt hatten. Die Botschaft der Militärstaatsanwaltschaft war
klar: Die bislang in der internationalen Fachwelt anerkannten
Professoren seien unfähig und die gesamten Forschungsarbeiten der parlamentarischen Untersuchungskommission unter
Leitung von Macierewicz damit ad absurdum geführt. »Macierewicz steht nackt da«, triumphierte die Autorin des Artikels,
der in vielen polnischen Tageszeitungen zitiert wurde.[41]

Im Übrigen besagt das polnische Luftfahrtgesetz, dass
Experten, die in einer Sonderkommission Flugzeugunfälle
untersuchen, Kenntnis in ihrem speziellen Arbeitsgebiet auf-
weisen müssen, nicht jedoch genaue Kenntnisse über die konkrete Katastrophe selbst. So wurde Professor Jan Obrębski
für die parlamentarische Untersuchungskommission nicht
beauftragt, über Navigationsprobleme zu forschen, sondern
über Materialprobleme der Tupolew 154M. Und genau dafür
ist Professor Jan Obrębski zweifellos ein Experte, was er auch
in seiner Vernehmung ausführlich darstellte. Aber darüber
wurde nichts berichtet.

Professor Jacek Rońda wurde vorgeworfen, niemals ein
Spezialist auf dem Gebiet der Luftfahrt gewesen zu sein: »Er

war nie und ist kein Fachmann im Bereich des Flugzeugwesens.« Tatsächlich äußert er sich in der Vernehmung sehr ausführlich zu seiner wissenschaftlichen Karriere. In dem Vernehmungsprotokoll stand unter anderem seine Aussage: »Ich erkläre, dass ich meine Doktorarbeit über die Konstruktion von Munition und Raketen geschrieben habe. Während meiner vierjährigen Studien war ich Stipendiat im Verteidigungsministerium. Nach meiner Promotion arbeitete ich im Militärinstitut für Waffentechnologie in Zielonka.« In den letzten Jahren forschte er für das Unternehmen WSK Rzeszow, zusammen mit drei Universitäten, auf dem Gebiet von Gasturbinenmotoren. »Vor drei Monaten entwickelte ich eine IT-Plattform für die Entwicklung von Schweißverbindungen in Turbinentriebwerken.« Das von ihm genannte US-Unternehmen ist spezialisiert auf die Herstellung von Flugzeugen und Flugzeugmotoren.[42]

Besonders kritisch wurde Professor Wiesław Binienda von der Militärstaatsanwaltschaft beziehungsweise der Zeitung *Gazeta Wyborcza* beurteilt: Er sei kein Experte, ebenso wenig wie die anderen beiden Professoren, und seine Untersuchungen basierten auf wenig Fachwissen. Außerdem habe er sich geweigert, seine Unterlagen der Militärstaatsanwaltschaft zur Verfügung zu stellen. Tatsächlich stand im Vernehmungsprotokoll: »Zuerst benötige ich die Genehmigung der NASA und meiner Universität, denn einige der Informationen sind für Benutzer außerhalb der USA geheim.« Und die Akron-Universität, an der Professor Wiesław Binienda lehrt, veröffentlichte eine Presseerklärung: »Die Universität Akron ist stolz auf das Engagement und die Arbeit von Professor Binienda. Er genießt in der internationalen Wissenschaftsgemeinschaft einen hervorragenden Ruf. Er hat wie jeder unserer Professoren das Recht, seine Meinung zu äußern oder seine Forschungen zu veröffentlichen, ohne die Erlaubnis von der Universität, so wie es in vielen anderen amerikanischen Universitäten üblich ist. Sein Laboratorium beschäftigt sich mit den Tests und Computersimulationen von Flugzeugmaterialien unter extremen Bedingungen.«[43]

Der gescheiterte Versuch einer Vermittlung

In dieser Spirale der destruktiven Emotionalität und der daraus entstandenen politischen Konflikte wollte Professor Michał Kleiber, Präsident der polnischen Akademie der Wissenschaften, Sachlichkeit in die Diskussion bringen. Sein Renommee ist, unabhängig von den verfeindeten politischen Lagern, unbestritten. Kleiber ist Mitglied der Europäischen Akademie der Wissenschaft, war zwischen 2001 und Oktober 2005 Minister für Wissenschaft und Hochschulbildung, in den Jahren 2006 bis 2011 Mitglied des Europäischen Forschungsrats und Mitglied des Lenkungsausschusses des Verwaltungsrats der Europäischen Wissenschaftsstiftung in Straßburg – eine Persönlichkeit von hohem internationalem Ansehen also.

Im April 2013 rief er erstmals zu einer Expertendebatte über den Absturz von Smolensk auf. Teilnehmen sollten sowohl die Wissenschaftler der parlamentarischen Untersuchungskommission von Antoni Macierewicz als auch die staatliche Expertengruppe unter dem Vorsitzenden Maciej Lasek. Beide Kommissionen sollten sich hinter verschlossenen Türen treffen, ohne Beteiligung von Politikern oder Medien. Seine Absicht war, eine Konferenz zu veranstalten, bei der die höchsten Standards des wissenschaftlichen Diskurses eingehalten werden, unter Beteiligung kompetenter nationaler Experten. Sein Ziel war eindeutig: »Es ist eine wissenschaftliche Konferenz. Wir wollen eine Einigung finden. Die Situation wird immer schlimmer, und ich bin fest entschlossen, etwas dagegen zu unternehmen.« Professor Michał Kleiber wollte vermitteln und dadurch für Klarheit in der Diskussion über die Absturzursachen sorgen. In einem Interview sagte er:»Ein Staatsstreich in Smolensk? Heute gibt es keinen Grund, das zu bejahen. Aber es gibt eine Reihe von Fakten, die die Erweiterung des Denkens über die gesamten Vorgänge in Smolensk erfordern. Denn wenn es keine ausführlichen Erklärungen zum Absturz gibt, sind wir zu einem Jahrzehnt der Angst verdammt. Ich möchte die Emotionen beruhigen.«

Der Vorsitzende der Staatlichen Kommission für Flugunfalluntersuchungen Maciej Lasek wies, nachdem Professor Michał Kleibers Vorschlag in den Medien bekannt geworden war, darauf hin, dass»eine Debatte ein Streit über die Natur der Dinge ist, aber die Debatte muss auf Tatsachen beruhen. Wenn eine der Parteien die Tatsachen nicht erkennen kann, gibt es keinen Raum für die Debatte.«[44] Die Ablehnung war klar. Dem Einwurf entgegnete Professor Michał Kleiber:»Ich habe das Gefühl, dass einige dieser Menschen, die in diesem Sinne argumentieren, keine ernsthaften Menschen sind. Mein Wunsch ist es, ehrlich über ihre Forschungsergebnisse zu sprechen. Aber wenn man die methodischen Einzelheiten nicht kennt, fällt es mir schwer, diese Ergebnisse zu bewerten.«

Er selbst äußerte zwar Zweifel an manchen Ergebnissen der parlamentarischen Untersuchungskommission, ohne sie jedoch als absurd zu verurteilen, zum Beispiel welche Bedeutung es hatte, dass die Präsidentenmaschine in so viele Einzelteile zerbrochen war. Eine These lautete bekanntlich, dass dies das Resultat einer Explosion gewesen sei.»Ich glaube nicht, dass das ein echtes Argument ist. Man kann sich vorstellen, dass es auch eine Folge einer Kollision ist, wie in anderen Expertisen berichtet wurde. Aber ich glaube, das ist eine dieser Fragen, die bei solch einer Konferenz geprüft werden können.«

Wie wurde Kleibers Vorschlag in Polen aufgenommen? Fand er Unterstützung mit seinem Vermittlungsversuch? Seine Anregung stieß auf der einen Seite bei vielen Politikern auf Zustimmung, wie er selbst sagte,[45] aber die Ablehnung war weitaus größer. Einwände kamen von einem Anwalt, der die Interessen einiger Familien wahrnahm, deren Angehörige bei dem Absturz ums Leben kamen. Er kritisierte die Bedingung, dass nur Experten an den Konferenzen teilnehmen sollten. Für ihn und die Angehörigen der Absturzopfer sei die höchstmögliche Transparenz notwendig und keine Abschottung gegenüber der Öffentlichkeit. Kritisiert wurde außerdem, dass die Experten von der Regierung ernannt und bezahlt werden sollten und daher unter Umständen nicht die erforderliche Objektivität hätten. Das waren jedoch nicht die einzigen Einwände gegen Professor Kleibers Vermittlungsversuch.

Viel heftiger und erbitterter waren die Einwände der Regierungsseite. »Ich bin noch nie so heftig von Personen, die mich seit vielen Jahren kennen, attackiert worden«, klagte er gegenüber Journalisten. »Die Politik unterzieht sich nicht einmal der Mühe, die Essenz meines Vorschlags zu verstehen.« Einer seiner Kritiker war Leszek Miller, der ehemalige polnische Ministerpräsident: Professor Kleiber habe anscheinend Schwierigkeiten, zwischen Sinn und Unsinn zu unterscheiden, so Miller.[46] Dabei müsste er Kleiber eigentlich ziemlich gut kennen, war der doch während seiner Regierungszeit Minister für Wissenschaft und Hochschulbildung. Der stellvertretende Parlamentspräsident forderte sogar die Entlassung von Kleiber als Präsident der Akademie der Wissenschaften.

So weit ging Professor Zbigniew Szawarski nicht, der Vorsitzende des Bioethikkomitees. Aber er forderte seinen Kollegen auf, von seinem Vorschlag Abstand zu nehmen. »Die Debatte über die Gründe der Smolensker Katastrophe ist an erster Stelle eine ideologische Debatte. Wenn eine der Parteien davon überzeugt ist, dass es eine kriminelle Tat war, und die zweite nur die Fakten referiert, die beweisen, es war ein Unfall, dann gibt es keine rationale Methode, die Opponenten in ihrem Glauben zu erschüttern. Es wird keine Diskussion über die Fakten, sondern eine Auseinandersetzung über die Interpretation der Wahrheit.«[47] Sein Kollege Professor Radosław Markowski war der Überzeugung, dass Kleiber das hohe Prestige der Wissenschaft beschädigen würde. Und Professor Aleksander Smolar, ein Politikwissenschaftler und Präsident der angesehenen Stefan-Batory-Stiftung, sprach von einem großen Fehler Kleibers.

Im Oktober 2013 geschah dann Unglaubliches. Professor Jacek Rońda, der zwar überhaupt nichts mit der parlamentarischen Untersuchungskommission zu tun hatte, sondern Vorsitzender der Smolensk-Konferenz war, erlaubte sich während einer Fernsehdiskussion einen Fauxpas. Vom Moderator fühlte sich der sechsundsechzigjährige Professor an der Akademie für Bergbau und Hüttenwesen (AGH)[48] in Krakau provoziert, bluffte, wie er später sagte, indem er behauptete, die Präsidentenmaschine sei nicht niedriger als einhundert Meter geflogen, und das könne er anhand von Dokumenten beweisen.[49] Das sollte die Hypothese einer Explosion verstärken. Was darauf folgte, zeigte trefflich die politisch aufgeheizte Stimmung in Polen. In einer der wichtigsten polnischen Tageszeitungen war über ihn zu lesen:»Neue Erscheinung in der polnischen Wissenschaft: Ein Professor, dessen bisherige Fachrichtung die Naturwissenschaft war, spezialisiert sich jetzt auf eine Verschwörungstheorie.«[50] Aufgrund der Empörung, die sein Statement im Fernsehen auslöste, trat er von seinem Posten als Vorsitzender der Smolensk-Konferenz im Oktober 2013 zurück.

Der Vorwurf gegen ihn wog schwer: Mit seinem Interview habe er unwissenschaftliche Aussagen getätigt, gelogen und die wissenschaftliche Würde verletzt. Auf einer Sitzung der Ethikkommission seiner Universität wurde bekannt, dass der

Direktor der Akademie der Wissenschaft dieser Kommission ein Schriftstück überreicht hatte, in dem Professor Rońda als Hochstapler und Pseudowissenschaftler bezeichnet wurde, der sich einer Gossensprache bediene. Seine Begründung, dass er sich über den Moderator geärgert und deshalb geblufft habe, änderte nichts an den Strafmaßnahmen gegen ihn. Alle seine Forschungsprojekte wurden gestoppt, er durfte keine Studenten mehr unterrichten, und seine Universität eröffnete ein Disziplinarverfahren gegen ihn mit dem Ziel, ihn von der Universität zu entfernen. Er wird deshalb von der Krakauer Rechtsanwältin Małgorzata Wassermann anwaltlich vertreten. Sie sagte:»Er soll beispielhaft wegen eines einzigen Satzes verurteilt werden und wird als ein Mann beschrieben, bei dem man sich schämen muss, ihm die Hand zu geben.«[51] Bis zu dem umstrittenen Interview galt Rońda als geschätzter Wissenschaftler, der sogar einst für den ehemaligen Ministerpräsidenten Leszek Miller gearbeitet hatte. Und jetzt, sagt er,»fliehen meine Kolleginnen und Kollegen bei meinem Anblick, die mir noch vor kurzem freundlich auf den Rücken klopften«.[52]

Auch aufgrund dieses medial aufgeplusterten Skandals gab Professor Michał Kleiber am 19. Oktober 2013 entnervt auf. Er sah in dem politisch und medial aufgewühlten Klima keinen Sinn mehr, als Vermittler tätig zu werden.»Die vielen Emotionen, die ich in den letzten Tagen erlebt habe, lassen eine Konferenz nach wissenschaftlichen Standards nicht zu.«[53] Außerdem beklagte er sich, dass es auf der einen Seite die Aussagen von Experten der parlamentarischen Kommission von Antoni Macierewicz gebe und auf der anderen Seite die Berichte der Staatsanwaltschaft,»die fast jeden dritten Tag neu vorgelegt werden«.[54] Das bedeutete, dass die zentralen Fragen hinsichtlich der Gründe für den Absturz in Smolensk immer noch nicht schlüssig beantwortet und die großen Zweifel im Zusammenhang mit den offiziellen Untersuchungen der russischen wie auch der polnischen Seite nicht ausgeräumt werden konnten.

Die von der polnischen Regierung eingesetzte Expertengruppe sah das ganz anders. Für sie handelte es sich um einen ganz normalen Flugzeugabsturz. Ihr Vorwurf gegen die parlamentarische Untersuchungskommission von Antoni Macierewicz: Dessen Team lege keine Beweise für seine zahlreichen, sich oft widersprechenden Hypothesen über die Ursachen des Absturzes bei Smolensk vor. Hätten sie diese, sollten sie sofort den zuständigen Behörden wie der Staatsanwaltschaft oder dem Ausschuss für die Untersuchung der nationalen Luftfahrtunfälle übergeben werden.»Stattdessen zeigen die Beweise der von Macierewicz geleiteten Kommission gefälschte Bilder, Materialien, Dokumente und Informationen unbekannter Herkunft, die, wie wir wissen, sich als Bluff herausstellten, und sie manipulierten Materialien der Miller-Kommission, um die öffentliche Meinung irrezuführen.«[55]

Kann man es sich wirklich so einfach machen? Im Oktober 2014 fand die dritte Smolensk-Konferenz statt, mitinitiiert von Antoni Macierewicz. Der Vorsitzende der Konferenz Professor Piotr Witakowski hatte alle Hochschulen und staatlichen Institutionen eingeladen, auch die Expertengruppe der Regierung, und zudem die Materialien der ersten und der zweiten Smolensk-Konferenz mitgeschickt. In der Einladung hieß es unter anderem:»Wir appellieren an die Politik, es den Mitarbeitern der Hochschulen zu ermöglichen, sich an den Untersuchungen über den Verlauf der Katastrophe von Smolensk unter Einhaltung sämtlicher wissenschaftlichen Regeln zu beteiligen. Wir sind der Meinung, dass es notwendig ist, Mittel zu finden, um im Rahmen der Hochschulen unabhängige Forschungsarbeiten durchzuführen und unabhängig einzelne technische Aspekte der Katastrophe zu analysieren.« Keine einzige Universität und Hochschule hat auf diesen

Appell reagiert – die politische Situation verhinderte es anscheinend, sich zu engagieren.

Das Rätsel der Flugschreiber und des Cockpit-Voice-Rekorders

Bei dieser dritten Smolensk Konferenz ging es unter anderem auch um die Auswertung des Cockpit-Voice-Rekorders, der alle Gespräche im Cockpit aufzeichnet. Die letzten Minuten des Flugs der Präsidentenmaschine sind, von den allerletzten Sekunden abgesehen, unumstritten.

8.32 Uhr, Kapitän: »Wir setzen jetzt zur Landung an. Wenn es nicht klappt, starten wir automatisch durch.« 8.39 Uhr, zum ersten Mal schlug das Bodenannäherungswarnsystem TAWS Alarm. Eine laute Computerstimme meldete: »Hindernis voraus!«, und: »Hochziehen, hochziehen!« 8.40 Uhr, Navigator-Ansage: »Flughöhe 80 Meter.« Kopilot: »Wir ziehen hoch!« Ein Warnton signalisierte: »Gefährliche Höhe!« Das TAWS-Warnsystem meldete erneut: »Hochziehen, hochziehen!« 8.40.55 Uhr, der Navigator gab eine Flughöhe von 30 Metern an. Der Tower wies an: »Höhenkontrolle! Horizont beachten!« Der Navigator meldete eine Flughöhe von 20 Metern. Drei zusätzliche Warntöne signalisierten, dass die Maschine viel zu niedrig anflog. 8.40.58 Uhr: »Hochziehen, hochziehen!«, warnte das TAWS-System. 8.40.59 Uhr: Geräusche, als ob die Maschine mit Bäumen zusammenstieße. 8.41.01 Uhr, Kopilot: »Verdammte Sch…!« Das TAWS-System meldete weiter: »Hochziehen!« 8.41.03 Uhr: »Fliegt noch mal an«, forderte der Tower. Im Cockpit ein Schrei: »Sch…!« Um genau 8.41.05 Uhr brach die Aufnahme ab.

War das, was von offizieller russischer Seite aus dem Cockpit-Voice-Rekorder ausgelesen wurde, wirklich exakt? Nach Angaben polnischer Regierungsexperten wurden am 10. April an der Absturzstelle die beiden Flugschreiber MLP-14-5 und 70A-10M gefunden, der Stimmenrekorder KBN-1-1 stand dabei im Mittelpunkt des Interesses. An der Oberseite hatte er mechanische Schäden, aber es gab keine Anzeichen, dass er hohen Temperaturen ausgesetzt gewesen war, was hoffen ließ, dass das Magnetband gesichert werden konnte.»Die Daten von diesem Rekorder wurden am 14. April 2010 in Moskau, am Sitz der MAK ausgelesen, in Anwesenheit polnischer Spezialisten sowie eines polnischen Militärstaatsanwalts. Am 31. Mai 2010 übergab die russische Seite den polnischen Ermittlern Kopien der Aufnahmen vom Flugdatenrekorder KBN-1-1.«[56] Basierend auf den Aufzeichnungen des Stimmenrekorders, der den polnischen Ermittlern übergeben wurde, wurden Abschriften angefertigt. So weit der offizielle Bericht der polnischen Miller-Kommission über die Auswertung der wichtigen Flugschreiber.

Im Prinzip schien also alles in Ordnung – war es aber nicht. Denn ein Cockpit-Voice-Rekorder fiel für 1,5 bis 2 Sekunden aus, und zwar, so die Vermutung, aufgrund einer Beschädigung eines elektrischen Systems, das über keine Notstromversorgung verfügte. Nach Auskunft der polnischen Militärstaatsanwaltschaft war die Frage nach den Gründen für diesen Ausfall der Stromversorgung nicht Gegenstand ihres Gutachtens.[57]

Mit der Auswertung des Stimmenrekorders stellt sich zumindest der Vorwurf, der von russischer Seite erhoben wurde, dass die Piloten durch den Luftwaffengeneral Błasik zur Landung genötigt wurden, sehr schnell als falsch heraus. Aber ein gravierendes Problem bestand von Anfang an: Die Flugschreiber und der Cockpit-Voice-Rekorder befinden sich bis zum heutigen Tag in russischer Hand. So beklagten sich polnische Staatsanwälte darüber, dass sie ihre Expertisen nicht beenden können, ohne die Flugschreiber der Tupolew 154M zu überprüfen. »Bereits am Unglückstag hatten die polnischen Staatsanwälte die Herausgabe der Flugschreiber beantragt und mehrmals bekräftigt. Im Laufe der nächsten Monate wurden die Erwartungen der polnischen Ermittler immer bescheidener.«[58]

Im Juni 2010 wünschten die polnischen Ermittler nur noch eine Leihgabe für 60 Tage und erklären sich sogar mit einer Überprüfung der Flugschreiber durch polnische Spezialisten in Russland einverstanden. Mehrmalige Anfragen von polnischer Seite wurden aber überhaupt nicht beantwortet. Im März 2011 zitierte die Zeitung *Rzeczpospolita* den Sprecher des polnischen Generalstaatsanwalts Mateusz Martyniuk. »Die Unmöglichkeit der Prüfung der Originale blockiert die Vorbereitung der Endexpertise. Die Spezialisten müssen verifizieren, ob die Aufnahmen vollständig sind und ob niemand daran manipuliert habe.«

Im Dezember 2012 meldeten die Medien: »Das Flugzeugwrack und die Flugschreiber befinden sich noch immer in Russland. Wie ein Versicherungsvertreter hat der polnische Außenminister an die russischen Türen geklopft: beim Justizminister, beim Präsidenten, beim Premier. Nichts.«[59] Damals schrieb Ulrich Krökel auf *Spiegel online*: »Bis heute sind die Aufzeichnungen des Stimmenrekorders nur unzureichend ausgelesen. Ein Speziallabor in Krakau konnte lediglich die Hälfte der Personen, die auf dem Band zu hören sind, sicher identifizieren. ›Der Lärmpegel im Cockpit war zu hoch‹, erklärte Militärstaatsanwalt Szelag schon vor Monaten bei der Präsentation des Gutachtens. ›Wozu gibt es dann überhaut Stimmenrekorder und Spezialisten für ihre Analyse?‹ konterten kritische Kommentatoren.«[60]

Das führte zwangsläufig zu vielen Spekulationen: Die Aufnahmen, die von den russischen Experten durchgeführt wurden, seien manipuliert worden, behauptete zum Beispiel

Antoni Macierewicz. Er ist der Meinung, dass es verschiedene Kopien der Aufnahmen des Cockpit-Voice-Rekorders gebe, die sich in zentralen Fragen, insbesondere was in den letzten zwei Minuten geschah, voneinander unterschieden. Er erklärte, dass die in Moskau untersuchten Aufnahmen um 20 Sekunden länger seien als die, welche die polnischen Experten bekommen hatten.»Man könne nachträglich digital durchgeführte Änderungen bei den Aufnahmen nicht ausschließen.« Mitglieder des von der polnischen Regierung berufenen Expertenteams dementierten die Behauptungen Macierewiczs.

Dabei wurde der analog aufzeichnende Flugschreiber K3-63 nie gefunden. Die Daten der digitalen Flugschreiber hingegen, behauptete die amerikanische Rechtsanwältin Maria Szonert-Binienda und Ehefrau von Professor Wiesław Binienda, seien in einem unleserlichen Format präsentiert worden und Zeiten seien willkürlich geändert worden. Zwar gab es fünf Datenschreiber in der Tupolew 154M, doch der polnischen Seite fehlten verlässliche Daten der letzten Sekunden des tödlichen Flugs.»Der Stimmenrekorder K3-63, der in der Mitte des Flugzeugs installiert ist, zeichnet die Geschwindigkeit, Beschleunigung und Höhendaten auf, und es war das einzige analoge Aufnahmegerät. Als Ergebnis bleibt übrig, dass die einzigen verfügbaren Daten für die polnische Seite über die letzten Sekunden des Flugs vom Datenschreiber MLP-14-5 stammen, der jedoch von sehr schlechter Qualität ist.«[61]

Die Miller-Kommission stellte hingegen fest, dass die Flugschreiber in Anwesenheit von Vertretern der polnischen Staatsanwaltschaft und Mitgliedern der Miller-Kommission auf Spezialmaschinen kopiert wurden. Der sogenannte Quick-Access-Rekorder (QAR) der polnischen Firma ATM hingegen »zeichnete die Daten verschlüsselt auf, und sie konnten nur in Polen gelesen werden. Diese Auswertung erfolgte am Technischen Institut der Luftwaffe in Warschau.

Die Daten aus dem Rekorder sind vollständig ausgelesen worden.«[62] Teilgenommen an der Auswertung hatte auch ein Vertreter Russlands. Ein Gutachten, das von der Firma ATM im Auftrag der Staatsanwaltschaft angefertigt worden ist, dokumentierte sehr starke Erschütterungen, die vom polnischen Flugschreiber aufgezeichnet wurden und die vor dem Absturz begannen. Dasselbe Gutachten bestätigte eine Motorenstörung der Tupolew 154M, die auch Zeugen beobachtet hatten, und zwar bevor das Flugzeug die Birke überflogen hatte. Das wiederum würde die These der Macierewicz-Kommission stützen, wonach die Birke nicht die Ursache des Absturzes war, sondern eine Explosion stattgefunden hatte.

Und so stellt sich die Frage, wie die Flugschreiber in Moskau gesichert und ausgewertet wurden. Denn die Originale befinden sich ja bis heute nicht in Polen, sondern in Moskau. Zbigniew Rzepa, der Sprecher der Militärstaatsanwaltschaft wurde von der Journalistin Anita Gargas gefragt, wie die Blackbox nach Moskau transportiert und dort gesichert wurde.»Ich sah die Boxen in einem Karton, in dem die Flugrekorder waren.« Und was sei geschehen, als sie in Moskau landeten? »Sie wurden von Repräsentanten der MAK-Kommission in ihr Hauptquartier gebracht.« Und dann habe er die Flugrekorder aus »dem Auge verloren? »Ja, für einige Stunden. Am Morgen des nächsten Tages gingen wir zum MAK-Hauptquartier, zusammen mit Repräsentanten von MAK. Die Rekorder wurden aus dem Karton genommen und die Bänder in ein besonderes Aufnahmegerät gelegt. Von dort wurden sie auf eine Computer-Festplatte kopiert. Danach wurden die Bänder gesichert und in einem Safe gelegt, den ich zusammen mit einem MAK-Repräsentanten versiegelte.« Was sei das für ein Siegel gewesen? »Es war ein Stück Papier mit einigen Stempeln und mit meinem Namen und Vornamen versehen.« Wie wurde das Papier am Safe angebracht? »Mit Leim. Ich verfolgte die Arbeit der polnischen und russischen

Spezialisten während der ersten Auswertung der Konversation auf dem Flugrekorder. Zwischen 5 oder 6 Uhr am Nachmittag verließen wir üblicherweise das MAK-Hauptquartier und gingen zur Botschaft zurück. Am nächsten Morgen kamen wir wieder.« Und wie waren die Computerfestplatten und die Computer selbst gesichert?»Ich beantworte diese Frage nicht, denn das war eine Angelegenheit der MAK. Es waren ihre Computer in ihrem Büro.«[63]

Kritisch beurteilte diese Sicherung der Flugschreiber Oberst Andrzej Kowalski, der ehemalige stellvertretende Chef des militärischen Nachrichtendiensts.»Was wir erfahren konnten, war, dass nach der Arbeit im Labor die Flugschreiber in einen Panzerschrank gelegt, die Tür mit einer Banderole, abgestempelt vom polnischen Staatsanwalt, versiegelt wurde. Die Russen, wenn sie nur wollten, hatten auf unbegrenzte Art und Weise die Möglichkeit, bei den Flugschreibern entsprechende Änderungen durchzuführen. Niemand vor Ort konnte bezeugen, dass die Aufzeichnungsgeräte aus der Präsidentenmaschine sicher aufbewahrt waren, weil die Sicherheitsmaßnahmen nicht ausreichend waren.« Vielleicht war seine Erklärung nur Ausdruck des tiefen Misstrauens eines ehemaligen Mitarbeiters des militärischen Nachrichtendiensts.

Weitaus seriöser beschäftigten sich mit der Thematik der Flugschreiber, insbesondere des Cockpit-Voice-Rekorders, einige polnische Wissenschaftler auf der dritten Smolensk-Konferenz in Warschau. Die Version der russischen MAK-Kommission untersuchte Professorin Anna Gruszczyńska-Ziółkowska vom Institut für Musikwissenschaften der Warschauer Universität. Ihr Vortrag trug die Überschrift »Wie klingt der Zusammenprall mit einer Birke?«, und sie versuchte zu beweisen, dass ein solcher Zusammenstoß auf den Aufzeichnungsgeräten wie dem Stimmenrekorder überhaupt nicht klänge, wie sie sich ausdrückte. Sie erinnerte daran, dass die Mitglieder der Miller-Kommission sich nicht entscheiden konnten, was in der Aufzeichnung genau zu hören war. Und weil sie an der Authentizität der von den beiden Kommissionen ausgewerteten Stimmenrekorder zweifelte, versuchte sie nachzuweisen, dass es zum Beispiel unterschiedliche Interpretationen der Aufzeichnungen über die letzten Sekunden der Maschine gab: »Aufprall auf die Birke«, »Aufprall auf einen Baum«, »das Geräusch des Aufpralls«, oder ein »Geräusch, das an ein Klopfen erinnert« – für sie im Prinzip völlig unterschiedliche akustische Erscheinungen.

Die Musikwissenschaftlerin stellte fest: »Markiert wurde der Moment, den ich als einen Beweis für den Aufprall gegen die Birke angenommen habe. In Wirklichkeit ist diese Intensität ein Lärm, ein charakteristisches Rauschen, das in Rattern übergeht, und es beginnt über eine Sekunde früher als in dem Moment eines konkreten, starken ›Aufpralls‹, und es wird immer lauter. Und noch mehr, diese Erscheinung tritt zwischen dem zweiten und dritten nicht identifizierten Klopfen durch ein Geräusch ›metallischen‹ Charakters auf.« Das alles habe, so erläuterte sie, bereits zirka sieben Sekunden vor dem Ende der Aufzeichnung begonnen, als sich das Flugzeug noch mindestens 19 Meter über dem Boden befand. Es könne demzufolge keine Rede von einem Aufprall gegen eine Birke sein, lautete daher ihre Schlussfolgerung.

»Wir konnten genau den Befehl des Kontrollers in Bezug auf das Verfahren des Fortfliegens in die zweite Schleife hören. Der Russe intoniert die zwei letzten Worte eines Satzes auf eine unnatürliche Art und Weise. Nach dem Wort ›zweite‹ hört man sehr deutlich, wie er einen Punkt setzt. Nach einer Weile der Stille fügt er das Wort ›Kreis/Schleife‹ hinzu, mit identisch klingendem Punkt und absteigender Intonation, ein Wort nach dem anderen Wort.« Das beweise, dass an der Aufzeichnung etwas verändert wurde, folgerte die Wissenschaftlerin. Denn dies sei genau in dem Moment geschehen, als der Navigator der JAK-40, also der Navigator jener polnischen

Maschine, die eine Stunde zuvor auf dem Flughafen gelandet war, den Befehl an die Crew von TU-154M gehört hatte, bis zu 50 Meter zu fliegen – und nicht bis zu 100 Meter, wie es die Vorschriften vorsahen.

Die Professorin wies außerdem auf die unterschiedliche Intensität der Töne hin.»Es entsteht der Eindruck, als ob in verschiedenen Phasen des Flugs einzelne Mikrophone eingeschaltet wurden oder Änderungen in der Aufzeichnung während des Kopierens stattfanden«, berichtete sie den Kongressteilnehmern. Bis zu den Gesprächen der Crew mit dem Kontrollturm des Militärflughafens Smolensk seien die Töne aus dem Cockpit von ausgezeichneter Qualität gewesen, in der letzten Phase des Flugs hätte es hingegen gravierende Veränderungen gegeben.»Teile des Materials aus Smolensk überdecken nicht nur die Stimmen des Verantwortlichen im Tower. Fast alle Stimmen von anderen Personen sind schlecht oder überhaupt nicht hörbar, überlagert von einem lauten Geräusch.«

Für Anna Gruszczyńska-Ziółkowska vom Institut für Musikwissenschaften stand demnach fest, dass die von der MAK-Kommission und der Miller-Kommission beschriebenen Aufzeichnungen »gewisse Merkmale besitzen, die den Eindruck erwecken, als ob ihr Inhalt verändert wurde, und dies nicht nur im Bereich der Intensität der Töne, sondern auch im Bereich der Synchronisierung von Tonspuren«. Zum Beweis wies sie auf die charakteristischen Pausen hin, die auf Tondiagrammen sichtbar wären. Ihr Fazit: Nur der Originalrekorder könne für endgültige Klarheit sorgen.

Dem widersprach der polnische Generalstaatsanwalt Andrzej Seremet und betonte, dass die Experten der Staatsanwaltschaft »anspruchsvollere Methoden verwenden als die, von denen wir gelesen und gehört haben«, und dass keinem der von der Staatsanwaltschaft beauftragten Sachverständigen irgendwelche Fehler aufgefallen seien.[64] Außerdem hätte es keinen Sinn, sagte Generalstaatsanwalt Andrzej Seremet, das Original des Aufnahmegeräts zu überprüfen, denn bei einer Prüfung durch verschiedenste Institutionen könnte das Band manipuliert werden. Außerdem hätten seine Experten dieses Band mehrfach in Moskau abgehört.

Verschwörungstheorie oder Verbrechen: Gab es Explosionen an Bord der Präsidentenmaschine?

Wenn überhaupt von Verschwörungstheorien die Rede sein kann, dann bei der Frage, ob es an Bord der Präsidentenmaschine eine Explosion gab, die zum Absturz des Flugzeugs führte. Die Stellungnahmen der russischen sowie der polnischen Regierung und einiger wichtiger polnischer Medien waren dabei eindeutig. Bereits vierzehn Tage nach dem Absturz erklärte der damalige Premierminister Donald Tusk:»Heute können wir sagen, dass mit Sicherheit weder eine Explosion noch ein Maschinenfehler den Absturz verursachte.« Einen Tag später, am 29. April 2010, verkündete der Vorsitzende des polnischen Komitees für die Untersuchungen von nationalen Flugzeugabstürzen, dass weder Explosivstoffe noch chemisches oder nukleares Material für den Absturz verantwortlich seien.

»Erinnern wir uns daran, dass die Miller-Kommission bestätigte, dass das Flugzeug als Folge eines Fehlers der polnischen Piloten abstürzte«, schrieb Wojciech Czuchnowski in der *Gazeta Wyborcza* am 6. Februar 2013. Er bestätigte die insbesondere in seiner Zeitung von Anfang an feststehende Tatsache, dass der Absturz ein tragischer Unfall war. »Sie kamen auf einer nicht genehmigten Höhe an und ignorierten die Signale der Warnanlagen vor der Landung. Schuld haben auch die russischen Flugkontrolleure, die nicht nachdrücklich genug die Crew vor dem Nebel auf dem Flughafen warnten und falsche Positionsangaben übermittelten. Bei dem Versuch, wieder aufzusteigen, streifte eine Tragfläche einen Baum, der in der Flugbahn stand. Vor dem Absturz drehte sich die Maschine auf den Rücken, so dass die empfindlichsten Teile den Boden berührten. Deshalb war der Schaden so umfangreich.«[1]

Indizien und Augenzeugen einer Explosion

Viele Indizien wiesen darauf hin, dass es doch eine oder mehrere Explosionen gegeben haben könnte. Erinnert sei an den BND-Bericht vom März 2014. In diesem Dokument wurde nicht nur behauptet, dass der Auftrag für das Attentat auf die TU-154 »direkt« von einem hohen polnischen Politiker an den FSB-General Juri D. gerichtet war. »Wann und wo dieses geschehen sein soll, konnte nicht geklärt werden.« Der FSB-General habe daraufhin Kontakt mit der im ukrainischen Poltava stationierten operativen Gruppe um Dmitro S. aufgenommen. »Dmitro S. sowie seine gesamte operative Gruppe von fünfzehn hauptamtlichen FSB-Beamten arbeiten offiziell mit Ausweisen des SBU innerhalb der Ukraine als unterstützende Kräfte zur Optimierung des SBU. In Wahrheit sind alle Mitarbeiter direkt im FSB, in der Abteilung 3, Wissenschaftliche und Technische Dienstleistungen tätig. Es erscheint fraglich, warum Abteilung 3 des FSB in einen solchen Vorgang verwickelt werden sollte. Allerdings diente D. bis 2011 als Sicherheitsberater für Hamid Karsaj in Kabul. Gleichzeitig dürfte es für D. leicht sein, sich entsprechende Zugänge zu Sprengstoff zu verschaffen. Trotzdem wäre es unter Zugrundelegung der Tatsache, dass es sich bei der TU-154 um eine Regierungsmaschine des polnischen Präsidenten handelt, also einer Maschine mit einem sehr hohen Sicherheitsbedürfnis, nach Ansicht des Verfassers kaum möglich, eine oder gar mehrere TNT-Ladungen, ausgestattet mit Fernzündern, an der Maschine ohne Miteinbindung polnischer Kräfte, anzubringen.« So weit die BND-Erkenntnisse aufgrund der Aussagen von zwei unterschiedlichen Quellen, und zwar einem polnischen Regierungsvertreter und einer russischen Quelle aus dem FSB selbst. Beide Quellen berichteten über den Vorgang Smolensk unabhängig voneinander, ohne sich zu kennen.

Bereits Ende April 2010 hatte sich der BND zu dem Flugzeugabsturz geäußert: »Die polnischen Sicherheitsbehörden prüfen gegenwärtig Verdachtsmomente, die für einen bewusst herbeigeführten Absturz der Tupolew des polnischen Präsidenten Lech Kaczyński am 10. April bei Smolensk sprechen. Dazu wurden folgende Hintergründe mitgeteilt. In der zweiten Hälfte des Jahres 2009 begannen die Verhandlungen zwischen dem polnischen Mineralölkonzern PKN Orlen und der russischen Gazprom über einen neuen Gasliefervertrag.« Demnach, so das BND-Papier, stellte die russische Seite völlig überzogene Forderungen, die für die polnischen Verhandlungsteilnehmer nicht annehmbar waren. Der BND verwies dabei auf ein Gutachten des polnischen Nationalen Geologischen Instituts, aus dem hervorging, dass Polen eventuell über die europaweit größten Lagerstätten an Schiefergas verfüge: »Mehr als genug, um das Land die nächsten 100 Jahre völlig unabhängig von ausländischem Gas zu machen. Nachdem der Inhalt dieses Gutachtens durch die Medien gegangen war, drängte Gazprom und insbesondere der russische Präsident auf eine zeitnahe Unterzeichnung des Gasliefer- und -transitvertrages ... Da der polnische Präsident Lech Kaczyński nicht als Freund Russlands bekannt war, setzte Putin auf Donald Tusk und seine regierende Partei Platforma Obywatelska. Denn dieser gilt seit seiner Wahl zum Ministerpräsidenten als russlandfreundlich.« Wie ernst ist das zu nehmen? Handelte es sich um eine der bei allen internationalen Geheimdienstkreisen üblichen Desinformationen oder um eine kühle Analyse politischer Machtstrukturen in Polen, bei der es um große wirtschaftliche Projekte ging? Doch zurück zu den Explosionen.

Immerhin behaupteten zahlreiche Augenzeugen, die sich in unmittelbarer Nähe der Absturzstelle aufhielten, dass sie eine Explosion an Bord der Tupolew TU-154M beobachtet oder gehört hätten. Die parlamentarische Untersuchungskommission von Antoni Macierewicz sammelte nach eigenen Angaben Aussagen von 67 Zeugen der Katastrophe. Unter ihnen befanden sich 24 Personen, die entweder eine Explosion in der Luft gesehen oder gehört hatten, sagte Antoni Macierewicz. Und er nannte Details ihrer Aussagen:»Das waren Töne von einer Explosion und/oder der Blitz von einem Feuer, von einem Feuerball als auch/oder dem Auseinanderbrechen der Tupolew 154M in der Luft. Diese Berichte weisen darauf hin, dass der Schwanz vor dem Absturz abgebrochen sei. 32 Zeugen hätten unnatürliche Motorengeräusche gehört.« Zum Beispiel Marif Ipatov:»Ich sah das Flugzeug, das sehr niedrig flog. Es war offensichtlich, dass etwas nicht stimmt. Es flog über die Baumkrone, streifte sie, und wir hörten ein Geräusch wie die Explosion einer Bombe.« Ein Mitarbeiter des Novyi-Hotels, 300 Meter vom Absturzort entfernt, erinnerte sich folgendermaßen:»Ich hörte ein seltsames Geräusch, nicht typisch für eine Landung, sondern wie ein Pfeifen. Ich sah nur den Schwanz, dahinter eine Flamme mit einer Länge von vielleicht fünf Metern wie von einem Kometen.«

Eine andere Augenzeugin war Anna Nosarczuk Nikolajew, eine Bewohnerin des Hauses direkt an der Kutuzow-Straße, über die die Tupolew 154M flog:»Plötzlich hörte ich etwas, so als ob etwas explodiert. Sie wissen – wie eine Explosion.« Eine Bewohnerin des gleichen Hauses stimmte ihr zu:»Ich hörte ein seltsames Geräusch, ungewöhnlich für eine Landung. Das Flugzeug war nicht zu sehen. Ich sah nur den Schwanz und fühlte, dass etwas passieren würde. Dann gab es einen Flammenschweif hinter dem Schwanz, fünf Meter lang.«

Erinnert sei an die Aussage von Artur Wosztyl, des Piloten der JAK-40, die eine Stunde zuvor auf dem Militärflughafen gelandet war. Als sich die Maschine im Anflug auf die Landebahn befand, hörten der Pilot und sein Bordtechniker, dass die Antriebsdrehungen der Motoren der Präsidentenmaschine stärker wurden, so als wollte er durchstarten.»Plötzlich konnte man hören, dass ein Motor ausgefallen sein muss. Er wurde langsamer und stand schließlich still. Dann hörte ich beunruhigende Klänge. Es war ein Geknatter, verschiedene andere Geräusche, die sich immer wieder wiederholten. Dann kam der Klang, als ob etwas auseinanderbricht, ich hörte das Dröhnen einer Explosion.« Haben Sie die selbst gehört, fragte ich nach.»Es waren mehrere Explosionen. Ich weiß nicht, ob es ein Echo war oder mehrere Explosionen. An der Stelle, wo wir waren, befand sich ein etliche Meter hoher Betonzaun, und vielleicht deshalb konnte es auch ein Echo sein. Ich habe auf jeden Fall mehr als eine Explosion gehört.«

Auf dem Anrufbeantworter von Joanna D., der Ehefrau des beim Absturz ums Leben gekommenen Leszek D., kam kurz vor dem Absturz eine Nachricht an.»Ich hörte die Stimme meines Mannes. Er schrie. Im Hintergrund hörte ich Schläge und Krachen. Ich konnte die Stimmen von anderen Leuten hören. Es war das Schreien. Die Stimme meines Mannes war undeutlich. Ich hörte, als ob etwas auseinanderbricht, und dann Windgeräusche.« Nach dem Abhören ihres Anrufbeantworters wurde genau diese Nachricht gelöscht, und die Agentur für Nationale Sicherheit (ABW) erklärte, dass es keine Kopie der Aufnahme geben würde.

Professor Marek Zylicz, ein Mitglied der Miller-Kommission erklärte zu den merkwürdigen Schlägen während des Anflugs:»Es gab zwei Schläge. Sie könnten damit zusammenhängen, dass das Fahrwerk während des Landeanflugs ausfährt. Ich kann es nicht kommentieren. Ich vertraue immer noch den Experten, die diese Vorgänge im Bericht der Miller-Kommission beschreiben.«

In einem Interview im polnischen Rundfunksender ZET am 23. Oktober 2013 präsentierte Generalstaatsanwalt Andrzej Seremet zwei Augenzeugen des Absturzes, die im vollkommenen Widerspruch zu den Aussagen der anderen Augenzeugen standen. Der Arzt Nikolay Bodin aus Smolensk, auf dessen Grundstück die geheimnisvolle Birke steht, sagte aus: »Ich habe das Flugzeug gesehen. Es flog in einer Höhe von weniger als zehn Metern parallel zum Boden. Dann sah ich, wie es gegen eine Birke prallt. Es war das erste Mal, dass ich ein so tief fliegendes Flugzeug sah. Nach meiner Meinung hatte die Birke eine Höhe von etwa 15 Metern. Als Ergebnis des Zusammenpralls mit der Birke wurde der Stamm durchtrennt, der obere Teil fiel in Richtung Norden.« Gegenüber der polnischen Journalistin Anita Gargas sagte er: »Hier lagen viele kleine Teile, verschiedene kleine Teile lagen auf der Straße. Ich wollte in mein Auto einsteigen, und in diesem Moment flog die Maschine über meinen Kopf. Die Hitze der Motoren konnte ich hautnah spüren. Und dann rannte ich zur Stelle, wo das Flugzeug abstürzte. Und als ich zurückkam, lagen hier verschiedene Aluminiumteile.«[2]

Generalstaatsanwalt Andrzej Seremet zitierte außerdem die Aussage eines weiteren Zeugen: »Ich stieg aus, um zu schauen, und sah hinter mir, etwa dreihundert Meter von mir entfernt, ein auf sehr niedriger Höhe fliegendes Verkehrsflugzeug. Ich hatte den Eindruck, dass sich die Geschwindigkeit des Flugzeugs verringert, und dann sah ich, dass die linke Seite den Stamm eines großen Baums traf. Daraufhin begannen die Motoren, dreimal lauter zu arbeiten, ich konnte das laute Dröhnen der Turbinen hören und hatte den Eindruck, dass das Flugzeug versuchte, Höhe zu gewinnen. Danach begann sich die rechte Seite nach oben zu drehen, gegen den Uhrzeiger, und dann verlor das Flugzeug plötzlich an Höhe.«[3]

So weit die unterschiedlichen Beobachtungen der Augenzeugen am Ort des Absturzes. Die einen bestätigten, dass es Explosionen und einen Feuerschweif am Flugzeugschwanz gab und die Maschine ansonsten in normaler Position flog. Andere Augenzeugen wiederum bestätigten, dass die Tupolew 154M gegen eine große Birke prallte, die linke Tragfläche deshalb abbrach, die Maschine sich danach um die eigene Achse drehte und abstürzte. Genau das war auch die offizielle Version des Absturzes.

Wie nur wenige Worte hochbrisante Sachverhalte verändern können, zeigte eine Auswertung von Satellitenaufnahmen des Katastrophenschauplatzes. Die Militärstaatsanwaltschaft in Warschau erteilte dem polnische Unternehmen SmallGIS[4] den Auftrag, die Absturzstelle mit Hilfe von Satellitendaten zu untersuchen. Genau auf diese Auswertung bezog sich auch die Miller-Kommission in ihrem Untersuchungsbericht, um zu dokumentieren, dass es keine Explosion gegeben habe. Antoni Macierewicz warf jedoch der Kommission vor, falsche Angaben gemacht zu haben: »Die Staatsanwaltschaft besitzt ein Gutachten der Firma SmallGIS, der Niederlassung einer US-Firma, wonach es zu zwei Explosionen in der Luft kam, und markierte dieses Gelände in ihrem Bericht mit den Worten *Explosions-Zone*. Im Miller-Bericht steht aber *Feuer-Zone*. Das heißt, es herrscht eine ideologisch geprägte Angst vor der Tatsache, dass es eine Explosion gab.«

Stimmte seine Erklärung im Hinblick auf die Feststellungen der Miller-Kommission? Denn zwischen einer Feuerzone und einer Explosionszone besteht in der Tat ein Unterschied. Der offensichtliche Widerspruch müsste sich zwangsläufig aus einem Vergleich des von Macierewicz kritisierten Miller-Berichts mit der Untersuchung der Satellitendaten durch SmallGIS ergeben.

Im Miller-Bericht stand: »Auf der Grundlage von Fotos und Filmen kann festgestellt werden, dass Feuer beim Aufprall auf den Boden an zwei Stellen, an der Absturzstelle und einem Teil des Waldes, zu erkennen ist.«[5] Anschließend wurde eine Satellitenaufnahme mit der Unterschrift abgebildet: »Wahrscheinliches Gebiet von Feuer«, was sich ausdrücklich auf die Auswertung der Sattelitenbilder des Unternehmens Small-GIS bezog.[6] Im Untersuchungsbericht von SmallGIS wurde jedoch kein Feuer erwähnt. Unter Punkt 8 der Analyse stand auf Seite 27 »Strefy Wybuchu«, was auf Deutsch nichts anderes als »Explosionszone« bedeutet, auf keinen Fall »Feuerzone«, wie im Miller-Bericht nachzulesen ist. Es wurde auch die im Untersuchungsbericht der Miller-Kommission abgedruckte Satellitenaufnahme gezeigt, zusammen mit dem Text: »Die Explosionszonen wurden an den Stellen der stärksten Einwirkungen des Feuers festgestellt.«

So gesehen war der polnische offizielle Untersuchungsbericht, der Miller-Bericht, durchaus angreifbar, weil anscheinend auf keinen Fall der Verdacht entstehen sollte, dass es vielleicht doch zu einer Explosion gekommen war. Und die Bilder und Fernsehaufnahmen nach dem Absturz zeigten ebenfalls keine besonders regen Aktivitäten der russischen Feuerwehr vor Ort, welche auf ein großes Feuer schließen ließen, das unbedingt bekämpft werden musste.

Fragwürdige Erkenntnisse der Militärstaatsanwaltschaft

Die polnische Militärstaatsanwaltschaft, die dem Verteidigungsministerium untersteht, prüfte ebenfalls intensiv, ob es zu einer Explosion gekommen war. Zu welchen Erkenntnissen gelangte sie?

Mit einem Beschluss der Militärstaatsanwaltschaft vom 19. Mai 2010 wurden Experten des Militärinstituts für Chemie und Radiometrie in Warschau am 18. Juni 2010 damit beauftragt, an der Absturzstelle Proben zu entnehmen. Das Ergebnis war eindeutig: Bei den untersuchten Fragmenten wurden keine Sprengstoffspuren festgestellt. »Die Experten fanden keine Sprengstoffpartikel wie Dinitrotoluol, Nitroglycerin, Trinitrotuluol, Hexagon, Oktogon und Nitropenta.«[7] Dabei handelt es sich um chemische Substanzen, die Sprengstoffe üblicherweise enthalten. Doch was genau wurde überprüft? Die Militärstaatsanwaltschaft prüfte nach dem Absturz lediglich neun Fragmente, die den Opfern des Absturzes gehörten: einen Regenschirm, den Rest eines Schuhs, einige Rechnungen, Reste einer Bluse und ein einziges Fragment des Flugzeugswracks.

Auch während ihres Aufenthalts in Moskau fanden die Experten keine Spuren von TNT am Wrack. Doch die von den russischen Experten benutzten Geräte »waren ungeeignet, um irgendwelche Arten von Explosivstoffen festzustellen«, offenbarte am 19. Dezember 2012 Generalstaatsanwalt Andrzej Seremet während eines Treffens mit dem polnischen Nationalen Sicherheitsrat in Warschau. Vor dem Abflug hätte der Spürhund im Flugzeug außerdem keine Sprengstoffspuren gefunden, stellte er zudem fest. Doch genau dieser Spürhund hatte bekanntlich nicht das gesamte Flugzeug durchsucht, da die Suche aufgrund des starken Lärms abgebrochen wurde. Und noch immer steht der Vorwurf im Raum, es habe ungeprüfte Zuladungen kurz vor dem Abflug gegeben.

Es waren die Familien der Absturzopfer, die mit den Erklärungen der Militärstaatsanwaltschaft nicht zufrieden waren und massiven Druck ausübten, damit weitere Exhumierungen oder Autopsien und zusätzliche Tests durchgeführt wurden. Dazu sagte mir Antoni Macierewicz:»Der Druck der Familien zwang die Staatsanwaltschaft, noch einmal zur Absturzstelle zu gehen und sowohl das Wrack wie auch die Umgebung des Wracks zu prüfen. Dann fanden wir heraus, dass es Anzeichen für Sprengstoffe gab. Gefunden wurden sehr viele Partikel an den verschiedensten Stellen des Wracks.«

Dreißig Monate nach dem Absturz wurde daher eine neue Untersuchung mit Sprengstoffspürgeräten durchgeführt. Diese Spektrometer können die unterschiedlichen chemischen

Bestandteile einzelner Sprengstoffsubstanzen nachweisen. Doch nach einer so langen Zeit zwischen Absturz und der Prüfung von Teilen des Wracks oder von Kleidungsstücken sind sie nicht mehr besonders zuverlässig, weil dann nur noch sehr schwer feststellbar ist, ob bestimmte Sprengstoffmoleküle vorhanden waren. Doch sie wurden fündig.

Die Tageszeitung *Rzeczpospolita* veröffentlichte am 30. Oktober 2012 einen Bericht, nach dem die von der Militärstaatsanwaltschaft beauftragten Experten des Zentralen Forensischen Labors der Polizei herausgefunden hätten, dass am Wrack eine Vielzahl von Sprengstoffsubstanzen festgestellt wurde.[8] Unter der Überschrift »TNT am Wrack der Tupolew« schrieb der Autor Cezary Gmyz, dass an der Präsidentenmaschine Spuren von Sprengstoff, TNT und Nitroglycerin gefunden wurden. »Ihre Untersuchungen führten einen Monat lang die polnischen Staatsanwälte und Sachverständigen durch«, stellte die Zeitung *Rzeczpospolita* fest. Die Information, dass die Staatsanwaltschaft die Ergebnisse der Expertisen bereits seit einigen Tagen kannte, bestätigte demnach auch Generalstaatsanwalt Seremet. Die polnischen Staatsanwälte hatten Zweifel an dem russischen pyrotechnischen Gutachten geäußert, da die von den Russen gelieferten Analysen nicht die Anforderungen an das Überprüfungsverfahren erfüllt hätten.

Zusammen mit den Staatsanwälten fuhren die Sachverständigen für Sprengstoff vom Zentralen Kriminallabor sowie vom Zentralen Ermittlungsbüro (CBS) mit der modernsten Ausrüstung nach Smolensk. Bereits die ersten Proben, sowohl aus dem Inneren des Flugzeugs als auch von der Oberfläche der Tragfläche, lieferten ein positives Ergebnis. Die Geräte zeigten unter anderem an, dass an über dreißig Flugsesseln Spuren von Trotyl, einem aus Trinitrotuluol bestehenden Sprengstoff, sowie der Sprengstoff Nitroglyzerin nachzuweisen waren. Diese Substanzen wurden auch am

Flügelstummel des Flugzeugs gefunden, also an der Verbindungsstelle des Rumpfs mit der rechten Tragfläche. Üblich ist, dass bei Sprengstoffen in erster Linie Nitrokörper verwendet werden, wie zum Beispiel Trinitrotuluol (TNT) oder Hexogen (RDX). TNT ist hochtoxisch und sowohl krebserregend wie erbgutschädigend.

»Die Informationen über die Feststellung von Sprengstoffspuren wurden unverzüglich nach Warschau zu Händen des Generalstaatsanwalts sowie des obersten Militärstaatsanwalts Oberst Artymiak geleitet.« Der Generalstaatsanwalt habe, berichtete die Zeitung, diese Informationen persönlich an Premierminister Donald Tusk übermittelt. »Seit der Rückkehr aus Smolensk dauern intensive Gespräche an, wie mit diesen Erkenntnissen umzugehen ist. Die Experten sind nicht in der Lage festzustellen, woher die an den Wrackteilen festgestellten Spuren von Trotyl und Nitroglyzerin stammen. Sie ziehen Hypothesen in Erwägung, nach denen die Ablagerungen von Sprengstoffen von den Blindgängern aus dem Zweiten Weltkrieg stammen könnten.«[9] Die gab es in dieser Gegend massenhaft: Zwischen 1941 und 1943 fanden im Raum Smolensk schwere Kämpfe zwischen der Roten Armee und der deutschen Wehrmacht statt. Doch es gab keine Hinweise darauf, dass sich Spuren von damals eingesetzten Sprengstoffen noch so lange nachweisen ließen. Außerdem enthielten die im und um das Wrack festgestellten TNT-Spuren eine andere chemische Zusammensetzung als die während des Zweiten Weltkriegs benutzte Mischung, erklären fachkundige Sprengstoffexperten.

»Der Sprecher der Generalstaatsanwaltschaft Mateusz Martyniuk hat gestern im Gespräch mit der Zeitung angekündigt, dass in den nächsten Tagen die Staatsanwaltschaft in dieser Angelegenheit ihre Stellungnahme abgeben werde.«[10] Der Journalist bezog sich bei seiner Meldung auf unterschiedliche Quellen. Als der Artikel erschien, dementierte der Generalstaatsanwalt sofort:»Es könne ›hoch energetische Partikel‹ geben, die als TNT interpretiert werden könnten, aber in Wirklichkeit keines seien. Möglicherweise. Man könne das aber erst in einem halben Jahr überprüfen, die Proben lägen noch immer in Russland.«[11] Und auf einer Pressekonferenz erklärte der zuständige Staatsanwalt am 30. Oktober 2012:»Die von der Staatsanwaltschaft ernannten Experten, die bei Smolensk zusammen mit einem polnischen Staatsanwalt tätig waren, haben keine Spuren von TNT festgestellt oder irgendwelche andere Arten von Sprengstoffen.« 12 Minuten später antwortete der gleiche Staatsanwalt auf Nachfrage nach dem Vorhandensein von TNT:»Ich habe nicht gesagt, dass dort kein TNT war. Ich sagte, es wurde kein TNT erkannt.«

Der für den Artikel verantwortliche Journalist Cezary Gmyz und ein Chefredakteur wurden kurz nach der Veröffentlichung des inkriminierten Artikels entlassen. Der gefeuerte Journalist rechtfertigte sich später.»Wenn zwei meiner Quellen von TNT und Nitroglycerin sprechen, muss es im Text erwähnt werden, sagte mir einer der Chefredakteure von *Rzeczpospolita*. Es war nicht derjenige, der entlassen wurde. Mir wurde während der Arbeit an dem Artikel gesagt, schreibe nicht über Sprengstoffe, weil ich kein Spezialist dafür wäre. Und einer der Chefredakteure entschied, wenn zwei meiner Quellen die Worte TNT und Nitroglycerin verwenden, dann soll das so im Text stehen.« Grzegorz Hajdarowicz, der Herausgeber der Zeitung, kommentierte den Rauswurf der Journalisten mit den Worten»Man muss nur ein Minimum an Vorstellungsvermögen haben, um sich die gesellschaftlichen und politischen Folgen[12] auszumalen. Dass aber ein Verleger nachts den Regierungssprecher trifft, dass innerhalb von 48 Stunden eine ganze Führungsriege entlassen wird – das befeuert das Misstrauen bei jenen, die schon immer an der politischen Unabhängigkeit des Verlegers gezweifelt haben.«[13]

Der Verleger, der ein Jahr zuvor unter bislang nicht geklärten Umständen die eher national und religiös ausgerichtete Zeitung für 35 Millionen Euro übernommen hatte, machte unmissverständlich deutlich:»Ich bin ein polnischer Patriot. Es war meine Pflicht, so zu handeln.«Von dem Medienunternehmer, der einst Plantagenbesitzer in Brasilien war, stammte auch der bemerkenswerte Satz:»In Brasilien arbeiten die Leute in Käfigen, und sie beklagen sich nicht.«[14] Nach seiner Entlassung wurde der erfahrene Journalist Cezary Gmyz von seinem Herausgeber außerdem aufgefordert, seine Quellen einer vom Verleger berufenen Kommission offenzulegen. Da er dessen hervorragende Beziehungen zur Regierung kannte, lehnte der Journalist dieses Ansinnen ab.

Nach dem spektakulären Zeitungsbericht erhielt die Staatsanwaltschaft vollkommen unerwartet die Proben vom Unglücksort, um sie in Warschau untersuchen lassen zu können – nach zweieinhalb Jahren. Und schon fünf Wochen später, am 6. Dezember 2012, während der Tagung des Parlamentskomitees für Gerechtigkeit und Menschenrechte, bestätigte die Staatsanwaltschaft überraschend die Informationen, die Wochen zuvor von der Zeitung *Rzeczpospolita* veröffentlicht und ebenso prompt dementiert worden waren: »Einige der Sprengstoffdetektoren, die in Smolensk eingesetzt wurden, stellten TNT fest.«[15] Militärstaatsanwalt Oberst Jerzy Artymiak dazu:»Sie entdeckten Partikel Trinitrotuluol.«

Oberst Ireneusz Szeląg erklärte den Parlamentariern auf der gleichen Sitzung:»Die MO-2M[16] hat einen Display, der programmiert wurde, um verschiedene Arten von Sprengstoff, einschließlich Trinitrotuluol zu registrieren. Das ist offensichtlich.« Und was zeigte der Display, wurde Szeląg von Abgeordneten gefragt.»Staatsanwalt Artymiak hat Sie bereits darüber informiert.« Oberst Ireneusz Szeląg von der Militärstaatsanwaltschaft fügte noch hinzu, dass das auf dem Display angezeigte TNT»nicht gleichbedeutend mit der Aussage des Vorhandenseins von TNT ist. Es ist wahr, als Ergebnis der durchgeführten Operationen und Forschung wurde festgestellt, dass die Proben sowohl aus dem Flugzeuginneren als auch von den Tragflächen Spuren von TNT und Nitroglycerin feststellten.«[17] Der benutzte Detektor wird international üblicherweise bei der Kontrolle von Personen, Gepäck, Fracht und Fahrzeugen eingesetzt. Der Militärstaatsanwalt Ireneusz Szeląg hingegen erklärte.»Wir haben die Sprengstoffdetektoren an eine Flasche Parfüm, eine Dose Schuhcreme und an ein Paar Würste gehalten. Jedes Mal hat das Gerät TNT-Alarm ausgelöst.« Es ist bei Gepäck- und Personenkontrollen mit dem gleichen benutzten Sprengstoffdetektor bislang nicht aufgefallen, dass der Detektor bei Parfüm, Schuhcreme oder Würstchen Alarm wegen TNTs oder anderer Explosivstoffe ausgelöst hätte.

Dr. Tomasz Ludwikowski und Dr. Jan Bokszczanin arbeiten für das Unternehmen Korporacja Wschód, führend in der Entwicklung und dem Vertrieb von Hightech-Ausrüstung für Polizei, Armee und Grenzschutz. Sie erklärten, dass die von den polnischen Experten benutzten MO-2M-Geräte sehr genaue Ergebnisse lieferten, welche die Dämpfe in der Luft, die Sprengstoffe abgäben, feststellen und identifizieren könnten. »Ich bin nicht mit dem einverstanden, was die Staatsanwaltschaft sagt. Wenn auf den Geräten TNT-Ionen angezeigt werden, sind es Ionen von TNT. Die mögliche Fehlerquote ist zero. Woher es kam, ist nicht meine Angelegenheit«, erklärte Jan Bokszczanin zu den Sprengstoffspürgeräten, die von Spezialeinsatzkräften in über sechzig Ländern ebenso regelmäßig eingesetzt werden wie auch auf Flughäfen:[18] »Es sind die gleichen Sprengstoffspürgeräte, die auch in Smolensk eingesetzt wurden.«

Unterdessen hatten Angehörige – unter anderem Stanisław Zagrodzki, dessen Cousine Ewa Bakowska bei dem Absturz ums Leben gekommen war – einige Kleidungsstücke zur Untersuchung in die USA an das Unternehmen Mistral Security geschickt, das eng mit dem amerikanischen Heimatschutzministerium und anderen US-Sicherheitsbehörden zusammenarbeitet.[19] Nach dieser Analyse wurden an den Sitzgurten Spuren von TNT gefunden. Der Test wurde nach 24 Stunden wiederholt – mit dem gleichen Ergebnis. Es hieß aber auch dort, dass weitere Untersuchungen mittels einer Massenspektrometrie erforderlich seien, um die ersten Ergebnisse zu bestätigen.

Am 8. Februar 2013 meldete die Deutsche Presseagentur aus Warschau:»Polnische Ermittler und Experten werden vom 17. Februar an in Smolensk und Moskau Untersuchungen zum Absturz der polnischen Präsidentenmaschine im April 2010 aufnehmen. Generalstaatsanwalt Andrzej Seremet sagte am Donnerstag, die Ermittlungen werden bis 8. März laufen. Sie sollten sich auf die Tragflächen konzentrieren. Zudem gebe es noch keine Untersuchung von Trümmerteilen auf Sprengstoff an Bord der Maschine. Auch Lotsen des Smolensker Flughafens sollen noch einmal befragt werden.«

Am 27. Juni 2013 organisierten die Militärstaatsanwälte eine Pressekonferenz. Die Aussage war eindeutig: Die untersuchten Teile waren analysiert wurden, und es wurden dabei keine Spuren von Sprengstoffen gefunden. Gleichzeitig betonten die Staatsanwälte, dass noch nicht alle Testergebnisse vorlägen. Man würde noch auf die Überprüfung der Proben von der Birke und von Körpern exhumierter Opfer warten.

Für den damaligen Regierungschef Donald Tusk waren diese Aussagen von großer Bedeutung. Am gleichen Tag, an dem die Presskonferenz in Warschau stattfand, hielt er sich anlässlich eines Treffens des Europäischen Rates in Brüssel auf. Dort ließ er erklären, dass der heutige Tag das Ende des »TNT-Krawalls« wäre. Und nun sei die Gelegenheit, dass die Politiker, die schwerwiegende Anschuldigungen gemacht hätten, sich entschuldigen sollten. Doch niemand von der angesprochenen parlamentarischen Untersuchungskommission der PiS entschuldigte sich. Sie hatten dazu auch keinen Grund.

Zehn Monate später, am 7. April 2014, erklärte der polnische Generalstaatsanwalt Andrzej Semeret in einem Interview mit dem Journalisten Konrad Piasecki:»Die Frage einer Explosion halten wir für letztlich begraben und abgeschlossen, und im Bereich der Attentatsexplosionshypothese sagen wir, wir haben hier nichts mehr zu machen. Alle vorgesehenen Tätigkeiten sind bereits durchgeführt worden, wie es gestern die Militärstaatsanwälte erklärt haben. Was die Hypothese einer Explosion angeht, wenn es um das Attentat geht, enthalte ich mich einer endgültigen Stellungnahme.«

Der Journalist fragt ihn daraufhin:»Und welche andere Attentatshypothese wird berücksichtigt, falls noch irgendeine in Erwägung gezogen wird?«Daraufhin antwortet ihm der Generalstaatsanwalt:»Es gibt mindestens noch zwei, das heißt jene, die mit dem technischen Zustand des Flugzeugs verbunden ist, und vor allem jene, die die Qualität der Flugzeugführung betrifft, hier auch die Tätigkeiten, die von den Piloten ausgeübt wurden, sowie Tätigkeiten, die von den Kontrolleuren im Tower in Smolensk unternommen wurden.« Frage des Journalisten Konrad Piasecki:»Also die erste Möglichkeit, wenn ich das recht verstehe, könnte eine Art Sabotage, Verletzung, Beschädigung des Flugzeugs während zum Beispiel der technischen Wartung sein?«»Oder irgendetwas, was die Flugzeugführung beeinflussen würde und sich aus den technischen Mängeln ergeben würde«, antwortete ihm der Generalstaatsanwalt.

Der Journalist fragte des Weiteren nach dem Widerspruch, dass einmal auf Sprengstoffspuren hingewiesen wurde, während vorige Gutachten das absolut ausgeschlossen hatten. »So, auf eine ganz einfache Art und Weise. Diese Geräte haben nicht die Aufgabe, definitiv festzustellen, dass sie Sprengstoffmittel aufdecken, sondern sie haben die Aufgabe, die sogenannte Selektion oder Vorselektion auszuführen. Einfach ein Siebverfahren. Ich habe vor mir liegend die Festlegung von Sachverständigen, die genau beschreiben, welchen Charakter und Funktionen diese Geräte haben und wie ihre Anzeigen abzulesen sind. Sie antworten auf folgende Art und Weise: ›Im Falle eines positiven Ablesens, also der Anzeige, dass von ihnen ein Sprengstoff festgestellt wird, soll diese Anzeige durch die Laboruntersuchung bestätigt werden, da diese Untersuchungen als einzige die Wahrscheinlichkeit der Aufdeckung des Sprengstoffs verifizieren können.‹ Zusammenfassend, nur die Laboruntersuchungen können in dieser Sache für maßgebend angenommen werden. … Es wurde nie festgestellt, dass die Proben, die von den Staatsanwälten und Sachverständigen am Ort der Katastrophe entnommen wurden, Explosivstoffe aufwiesen.«[20]

Wie war diese Aussage des Generalstaatsanwalts zu bewerten? Stimmte das, was er behauptete? Heftige Kritik an dem von ihm erwähnten polizeilichen Gutachten äußerten die Chemie-Professorin Krystyna Kamieńska-Trela und Professor Sławomir Szymański, der übrigens Mitte der neunziger Jahre am Max-Planck-Institut für medizinische Forschung in Heidelberg arbeitete, vom Institut für organische Chemie an der Universität Warschau. Beide sind ausgewiesene Experten für Sprengstoffe mit jahrelanger Erfahrung. Sie haben das Gutachten des Zentralen Kriminallabors der Polizei (CLKP) analysiert. Dieses Gutachten bildete die Grundlage dafür, dass sich die Generalstaatsanwaltschaft sicher war, dass die Frage des Sprengstoffs endgültig geklärt sei, denn das Labor habe ja keine Sprengstoffsubstanzen feststellen können.

Nach Angaben der beiden Professoren wies der Bericht des CLKP zahlreiche Unstimmigkeiten und methodische Fehler auf und entsprach nicht den grundlegenden weltweiten Standards für analytische Untersuchungen. Kamieńska-Trela und Szymański wiesen nach, dass die Daten, die sie vom Zentralen Kriminallabor der Polizei (CLKP) erhalten hatten, auf keinen Fall zu der kategorischen Feststellung führen konnten, dass es am Bord des Flugzeugs keine Sprengstoffe gegeben habe. Professorin Kamieńska-Trela sagte gegenüber Journalisten:»Die meisten Untersuchungen, die vom CLKP durchgeführt wurden, wurden so durchgeführt, dass nicht mal ein Student wagen würde, solche Analysen seinem Professor vorzulegen.« Beide Wissenschaftler stellten ihre Erkenntnisse bereits im Oktober 2013 bei der zweiten Smolensk-Konferenz vor.

Im Analyseergebnis hatten die Experten des CLKP beispielsweise festgestellt, dass die aus den Trümmern und aus dem Flugzeuginneren entnommenen Proben keine explosiven Stoffe oder deren Abbauprodukte aufwiesen. Gleichzeitig enthielt dasselbe Gutachten Chromatogramme, die das Vorhandensein von einigen Sprengstoffen wie Hexogen (RDX) und Pentaerythrittetranitrat belegten. Die Entdeckung von Sprengstoffen einerseits und die gleichzeitige Erklärung andererseits, dass keine Sprengstoffe gefunden wurden, führten jedoch zu Fragen: Die Militärstaatsanwaltschaft sah sich gezwungen, eine Erläuterung der Analyse einzufordern, die erklären sollte, was diese»Substanzen mit ähnlichen Parametern wie Sprengstoffe« tatsächlich dort zu suchen hatten. Die Militärstaatsanwaltschaft fragte auch, was die Ursache für Hunderte positiver Messwerte der mobilen Spektrometer sein könnte, die im Herbst 2012 in den Trümmern der Maschine festgestellt wurden. Die Antwort der Gutachter war knapp: »Wir wissen es nicht.« Was die Entdeckung von Sprengstoffen anging, mussten die Laborexperten des CLKP zugeben, dass einige Analysemethoden tatsächlich wiederholt die Signale von Sprengstoffen erfasst hatten. Die Gutachter versuchten, die Wahrheit zu vertuschen, und erklärten, dass ihre Ergebnisse»falsch interpretiert« worden seien.

Die beiden Professoren entdeckten außerdem eine Reihe

von weiteren groben Fehlern, woraufhin sich die Militärstaatsanwaltschaft erneut an die CLKP-Gutachter mit der Bitte wandte, eine ergänzende Stellungnahme zu den Vorwürfen zu verfassen. In ihrer Antwort gaben die CLKP-Experten an, dass die Erkennung von Phthalaten, den sogenannten Weichmachern, mittels GC/TEA ihr tägliches Brot sei. Als Beweis präsentierten sie die Chromatogramme dieser Untersuchungsmethode mit sichtbaren Höhenausschlägen für Phthalate. Es handelte sich also nicht um Hexogene, sondern um Phthalate, so die CLKP-Gutachter. Sie fügten hinzu, dass sie nicht in der Lage seien, Diisobutylphthalat und Hexogen auseinanderzuhalten, da sich diese im Chromatogramm überlappen würden. Für die Militärstaatsanwaltschaft war das eine nachvollziehbare Erklärung, die keine weiteren Zweifel mehr zuließ, dass eben keine Sprengstoffsubstanzen festgestellt wurden.

Auf der dritten Smolensk-Konferenz im Oktober 2014 präsentierten die Professoren Krystyna Kamieńska-Trela und Sławomir Szymański neue Untersuchungen, die abermals sowohl der Militärstaatsanwaltschaft als auch dem Bericht des Zentralen Kriminallabors der Polizei widersprachen. Antoni Macierewicz von der parlamentarischen Untersuchungskommission sagte dazu:»Zwei der bekanntesten Professoren der polnischen Wissenschaftsakademie haben eine Analyse des Berichts der Staatsanwaltschaft durchgeführt. Sie haben festgestellt, dass die Analysen der Staatsanwaltschaft beziehungsweise des Polizeilabors wissenschaftlich an drei verschiedenen Stellen der Berechnungen falsch sind. Die Professoren wiesen darauf hin, dass es notwendig sei, diese Proben unabhängig von der Regierung in einem anderen polnischen Labor oder im Ausland untersuchen zu lassen. Die Staatsanwaltschaft lehnte ab.«

Professorin Kamieńska-Trela verdeutlichte in ihrem Vortrag, warum die Darstellung der Gutachter des kriminalistischen Labors der Polizei falsch sei. Sie präsentierte dazu die Schlussfolgerungen aus ihrer Korrespondenz mit dem Hersteller der GC/TEA-Geräte, mit denen sich Sprengstoffbestandteile wie Hexogen analysieren lassen.[21] Die Professoren hatten dem Hersteller die Frage gestellt, unter welchen Bedingungen es möglich sei, die hohe Selektivität dieser Geräte zu beeinflussen. Die Antwort: Bei normalem Gebrauch der Geräte können solche Ergebnisse, die durch die Polizeigutachter vorgestellt wurden, nicht erreicht werden.

Als Beweis dafür, dass der GC/TEA-Apparat bei der Untersuchung der Proben in Smolensk richtig funktionierte, wertete Kamieńska-Trela die Ergebnisse einer statistischen Analyse mit verschiedenen Methoden aus. Es ging ihr darum, die Ergebnisse der Massenspektronomie, welche die chemische Weichmacherverbindung Phthalate nachweisen können, den Ergebnissen des GC/TEA-Geräts, das diese Verbindungen nicht nachweisen kann, gegenüberzustellen. Das Wissenschaftsteam stellte dabei eindeutig fest, dass die GC/TEA-Methode selbst bei Proben mit einem hohen Grad von Phthalaten solche Verbindungen nicht nachweisen könne.

Die Feststellungen des Zentralen Kriminallabors der Polizei, die für die Staatsanwaltschaft zentraler Beweis waren, dass es keine Sprengstoffe an Bord der Maschine gab, waren nicht mehr aufrechtzuerhalten. Hatte das irgendwelche Konsequenzen? Nein. »Aus wissenschaftlicher und sachlicher Sicht ist diese Situation offensichtlich – die Techniker des Zentrallabors der Hauptkommandantur der Polizei sind nicht imstande, den kompetenten wissenschaftlichen Analysen der Professoren der Polnischen Akademie der Wissenschaften – außer einer inhaltslosen Negierung – irgendwelche sachlichen Argumente entgegenzusetzen. Und es gibt ja auch noch andere Indizien, die von Explosionen sprechen.«[22] Die Forderung, dass die Militärstaatsanwaltschaft entsprechende Untersuchungen durch ein von der Regierung unabhängiges ausländisches Labor durchführen lassen solle, wurde abgewiesen. Im Dezember 2014 wiesen die Staatsanwälte zudem das Gutachten der Professoren Kamieńska-Trela und Szymański als unseriös zurück.

In Kopenhagen traf ich den dänischen Ingenieur Glenn Jorgensen. Er beschäftigte sich ebenfalls mit den Unfallursachen der Präsidentenmaschine, nachdem ihn seine polnische Ehefrau mehrmals auf die ihrer Meinung nach bestehenden Widersprüche bei der Aufklärung angesprochen hatte. Daraufhin entschloss er sich, eine ausführliche Analyse anzufertigen, die in *Ingenioren*, der Fachzeitschrift für dänische Ingenieure, veröffentlicht und bei den Smolensk-Konferenzen in Warschau vorgestellt wurde.[23] Seine Analyse, wonach es einfach nicht stimmen konnte, dass die Tupolew 154M ihre Tragfläche durch den Zusammenprall mit einer Birke verloren hatte, schickte er zur Überprüfung an Professor Grzegorz Kowaleczko vom polnischen Institut für Luftwaffentechnik. Auch dessen Berechnungen zeigten, dass das Flugzeug elf Meter über der erwähnten Birke geflogen sein musste.[24]

Trotz einiger Widersprüche in der Arbeit von Jorgensen erklärte Professor Kowaleczko später, dass er glaube, dass Jorgensens aerodynamisches Modell korrekt sei, und bot seine Hilfe für weitere Untersuchungen an. »Kowaleczkos Berechnungen zeigen, dass das Flugzeug elf Meter über der Birke geflogen sein muss, wenn es an der Stelle abstürzte, die offiziell angegeben wird«, berichtete mir der dänische Ingenieur. In einer E-Mail an die Zeitung *Ingenioren* schrieb Grzegorz Kowaleczko, dass Jorgensens Modellberechnung korrekt sei: »Ich habe sein Modell mit meinem eigenen Computermodell verglichen und komme zum gleichen Ergebnis. Aber ich glaube, dass dieses Modell zu einfach ist, als dass es die gesamten aerodynamischen und mechanischen Teile der Flugzeugbewegung in jeder Einzelheit darstellen kann. Es kann nur eine Tendenz anzeigen, zum Beispiel das Überschlagen des Flugzeugs. Sein Modell ist nur eine Erklärung, die jedoch weitere Untersuchungen notwendig macht.«[25]

Von Glenn Jorgensen wollte ich erfahren, warum er sich überhaupt für den Flugzeugabsturz interessierte. »Anfangs hatte ich den Eindruck, dass es eine Verschwörungstheorie war. Ich sah mir die englische Version des MAK-Reports an, begann die Daten zu analysieren, um zu sehen, ob er logisch ist. Sehr schnell wurde mir klar, dass das nicht stimmt.« Aber wie kam er dazu, von einer Explosion zu sprechen? »Wir haben die Daten ausgewertet, wie das Flugzeug an Höhe verloren hat und was der Grund dafür war, dass die Tragfläche abgebrochen ist. Und was kann dazu führen, dass nach meiner Berechnung in 30 Meter Höhe die Tragfläche abbricht? Dass es nicht an der Birke zerbrochen sein kann, konnte ich nachweisen. Die vielen Tausende Fragmente, die gefunden wurden, sind ein Indiz, dass eine Explosion stattgefunden haben muss. Das kann nicht davon stammen, dass der Flügel gegen eine Birke geprallt ist. Es ist unmöglich, dass dieser stabile Flügel durch einen Baum zerschnitten werden kann.«

Jorgensen steht mit seiner Aussage nicht alleine, wonach die Tupolew 154M nicht, wie in den russischen und polnischen Untersuchungsberichten angegeben, aufgrund des Zusammenpralls mit der Birke abstürzte.

Nach Angaben von Professor Andrzej Ziółkowski vom Institut für technische Grundsatzfragen an der Akademie der Wissenschaften in Posen passten viele Deformationen der Wrackteile zu den typischen Auswirkungen von Explosionen. Er konzentrierte sich bei seinen Untersuchungen auf die gefundenen Metallfragmente und stellt fest, dass die Hauptursache für den Flugzeugabsturz eine Explosion an Bord des Flugzeugs war, als es noch in der Luft war.

Zu ähnlichen Schlussfolgerungen gelangte eine Studie von Professor Chris Cieszewski. Sein Team analysierte hochauflösende Satellitenaufnahmen vom Absturzgebiet, und zwar vom 5. April, 9. April, 11. April, 12. April und 14. April 2010.[26] Nach dieser Analyse musste die bewusste Birke bereits am 5. April abgebrochen sein. Die wichtigste Schlussfolgerung der Studie:»Das Muster der Verteilung der Flugzeugteile auf dem Boden aufgrund des Absturzes passte nicht zu der Annahme eines normalen Flugzeugabsturzes, sondern eher zu einer Flugzeugexplosion. Überraschend war die Anzahl der schweren Fahrzeuge am Fundort am 10. April. Diese Fahrzeuge sind jedoch auf den Satellitenfotos vom 11., 12. oder 14. April 2010 nicht sichtbar.« Festgestellt wurde ein Gebiet mit hoher Reflexion im Mittelpunkt der Absturzstelle.»Direkt daneben jedoch gering reflektierende Stellen, bedingt durch trockenen Boden, obwohl sich der Absturzort auf sumpfigem Gelände befindet und es offiziell keine Explosion der Maschine gegeben habe. Nur die hätte eine schnelle Austrocknung der Schneeschmelze mit viel Wasser verursachen können.«[27] Im offiziellen Bericht der Miller-Kommission ist von »hoher Feuchtigkeit« und »Schneeschmelze in den Wäldern« die Rede,[28] was in der Tat auf sumpfiges Gelände schließen ließ. Mit dieser Studie sollte bewiesen werden, dass bei einem Aufprall in sumpfigem Gelände die Präsidentenmaschine schwerlich in derart viele Einzelteile zerbrechen konnte, was wiederum eher für eine Explosion oder für ein Feuer spräche.

Aber über welche Qualifikationen verfügten Cieszewski und sein Forschungsteam überhaupt? Chris Cieszewski ist Leiter der Forschungsabteilung der Warnell School of Forestry and Natural Resources an der Universität von Georgia und Chefredakteur internationaler Wissenschaftsjournale. Professor Pete Bettinger, ein anderer Mitarbeiter an der Studie, ist Experte für Forstliche Biometrie mit einer dreißigjährigen Forschungserfahrung bei der Beurteilung des Gesundheitszustands von Wäldern. Professorin Marguerite Madden, eine weitere Koautorin der Analyse, ist anerkannte Expertin für die Analyse von Satellitenfotos.

Ihnen widersprach prompt die Expertengruppe der Regierung. Demnach stürzte die Maschine »mit den Rädern nach oben auf den Boden, nachdem sie mit einer Geschwindigkeit von über 230 Stundenkilometern gegen Bäume geprallt sei. Die Bäume haben den Rumpf auseinandergerissen, und ein Teil der Tragfläche mit 11 Tonnen Treibstoff zerfetzte den Rumpf.«[29]

Maciej Lasek von der staatlichen Expertengruppe kritisierte außerdem, dass es aufgrund der schlechten Qualität der Satellitenfotos unmöglich sei, den Zustand der Birke festzustellen, um wenig später hinzuzufügen, dass es sich bei dem Teil der abgebrochenen Birke, die von dem Team Cieszewski bereits Tage vor dem Absturz auf Satellitenbildern registriert wurde, nur um herumliegendes Gebüsch handeln würde. Dazu sagte Professor Chris Cieszewski: »Ich habe nur die Geschichte dieser Birke untersucht, und das war es. Ich hatte nicht damit gerechnet, wie die Medien darauf reagieren. Dieser Hass und diese Wut waren für mich surreal. Meinem Dekan an der Universität wurden Schmähschriften mit Verleumdungen geschickt. Sie sollten ihn beeinflussen, um meine Karriere zu beenden. Es war ein Alptraum.«[30]

Übrig blieb ein Widerspruch: Auf welcher Höhe brach diese Birke beim Zusammenprall mit der Präsidentenmaschine ab? Im Bericht der russischen MAK-Kommission sowie dem Bericht der polnischen Miller-Kommission stand, dass dies in einer Höhe von 5,1 Metern über dem Boden geschah.[31] Knapp zwei Jahre später sagte jedoch Marcin Maksjan von der Militärstaatsanwaltschaft in Warschau gegenüber der Zeitung *Rzeczpospolita*, dass die Birke in der Höhe von 7,7 Metern zerbrach. Das wäre ein Unterschied von über zwei Metern und würde der gesamten offiziellen Flugberechnung der letzten Sekunden bis zum Absturz der Tupolew 154M widersprechen.

Daraufhin dementierte der Chef der Militärstaatsanwaltschaft und erklärte, dass die Birke in der Höhe von 6,66 Metern abgebrochen sei. Selbst das ist noch ein Unterschied von 1,50 Metern gegenüber den offiziellen Untersuchungsberichten der russischen MAK-Kommission und der polnischen Miller-Kommission. »Was die Unterschiede zwischen dem MAK-Bericht, dem Bericht der Miller-Kommission und der Staatsanwälte angeht, möchte ich betonen, dass die Staatsanwaltschaft unabhängig ist, egal was die Mitglieder dieser Ausschüsse gemessen haben«, wird Marcin Maksjan von der Militärstaatsanwaltschaft in polnischen Medien zitiert.[32] Und warum sah man auf dem Satellitenbild vom 11. April 2010, dass die linke Stabilisierungsflosse, ein über einhundert Kilo wiegendes Wrackteil, mindestens 20 Meter entfernt vom Wrack lag, im Gegensatz zum Satellitenbild, das am 12. April 2010 aufgenommen wurde? Warum wurde dieses wichtige Wrackteil verschoben?

Bei einer öffentlichen Anhörung zum Thema der Smolensker Katastrophe im Europäischen Parlament am 28. März 2012 mit Vertretern der Familien der Opfer, Politikern sowie Experten der Gruppe um Antoni Macierewicz erklärte der Physiker Professor Kazimierz Nowaczyk von der Universität Maryland, »dass das Flugzeug nicht nach links in Richtung der Birke fliegen konnte, an der es zerschlagen sei. Eine solche Neigung hätte Einfluss auf einen Richtungswechsel. Die Untersuchungen des Flugzeugs durch die russische Untersuchungskommission MAK sprechen von einer Linksneigung des Flugzeugs, die jedoch nicht mit seinen technischen und aerodynamischen Eigenschaften übereinstimmt.« Seiner Meinung nach war eine Explosion an Bord der Maschine noch vor dem Bodenkontakt eine mögliche Ursache für die Katastrophe. »Das ist eine Hypothese, die am besten durch eine Untersuchung des Flugzeugwracks und eine Autopsie aller Körper überprüft werden kann. Es ist bisher die einzige Hypothese, die die Konstellation des zerschlagenen Flugzeugs erklären würde.«[33]

Für Nowaczyk bedeutete seine Aussage das berufliche Ende: Der Rektor seiner Universität, Professor Josef Lakowicz, verlängerte seinen Lehrauftrag nicht mehr. Die Begründung lautete, dass Nowaczyk den Namen seiner Universität bei seinen Forschungsarbeiten genannt habe, und die wolle sich nicht in die polnische Auseinandersetzung einmischen. Der Hauptvorwurf war jedoch, dass Nowaczyk ihn zusammen mit Antoni Macierewicz besucht hätte.»Dieses Treffen sei nur organisiert worden, um sagen zu können, dass ich mit Antoni Macierewicz gesprochen hätte und in seine Arbeit eingebunden wäre.«[34]

Der australische Sprengstoffspezialist Dr. Gregory Szuladziński hatte ebenfalls eine ausführliche Studie angefertigt, die sich mit der Möglichkeit einer Explosion beschäftigte. In Australien gilt er als ausgewiesener Experte für Sprengstoffe und führte in der Vergangenheit entsprechende Forschungen und Computersimulationen in Bezug auf Explosionen durch.[35] Im Jahr 2012 begann er mit der Analyse des Absturzes in Smolensk. In seiner Studie hieß es:»Die Zerstörung des Flugzeugs begann noch in der Luft, kurz vor der Landung. Eine Explosion fand in der linken Tragfläche statt, ungefähr auf Höhe eines Drittels vom Flugzeugrumpf. Das hatte eine starke Auswirkung auf die Tragfläche, die dazu führte, dass sie in zwei Teile zerbrach. … Eine zweite Explosion fand innerhalb des Flugzeugrumpfs statt. Diese führte zu einer erheblichen Zersplitterung des Rumpfs in einige größere Teile und Hunderte von kleineren Stückchen. Die Landung (oder der Absturz) in einem Waldgebiet, gleichgültig wie unglücklich und in welchem Winkel, kann nicht zu einer solchen Fragmentierung wie dokumentiert führen.«[36]

Seine Annahme stützte Szuladziński vor allem auf die Auswertung der Fotos von der Absturzstelle und entsprechende Dokumentationen.»Eine Explosion in einem sich noch in der Luft befindlichen Flugzeug ist die einzige logische Erklärung für die Auswirkungen, die teilweise auf den Fotos zu erkennen sind.« Szuladziński zeigte in seiner Analyse eine Reihe von entsprechenden Fotodokumenten, unter anderem die große Zahl menschlicher Überreste und zerrissener Kleidungsteile. »Diese Effekte werden immer festgestellt, wenn eine Explosion in der Nähe einer Gruppe von Menschen stattfand.«[37] Und weiter: »Die einzige andere Möglichkeit, die solch kleine Flugzeugfragmente verursacht, ist eine starre Barriere, gegen die das Flugzeug mit hoher Geschwindigkeit prallt. Das war es in diesem Fall nicht, und eine Geschwindigkeit von 270 km/h führt nicht zu solchen Zerstörungen.«[38]

Die inhaltliche Bewertung dieser Studie nahm unter anderem Dr. Martin Hertzberg vor, ein amerikanischer Fachmann für Explosionen, der über eine zwanzigjährige Erfahrung mit Sprengstoffen im staatlichen US Bureau of Mines verfügte.[39] Das US-Innenministerium zeichnete ihn für seine Leistungen aus, weil er »wichtige Aspekte der Brand- und Explosionsforschung untersucht hat. Sein Wissen ist bei zahlreichen Regierungsbehörden und Privatunternehmen in den USA, England, Frankreich, China und Bulgarien gefragt.«[40] Inzwischen arbeitet er als privater Berater bei der Feuer- und Explosionsprävention und lehrt an verschiedenen Universitäten. Dr. Martin Hertzberg hatte keine Zweifel, dass die Ergebnisse der Untersuchungen von Dr. Szuladziński im Zusammenhang mit der Explosion an Bord der TU-154M korrekt waren: »Ich habe keine Einwände gegen diesen Bericht. Die Schlussfolgerung, dass es eine Explosion gegeben hat, scheint durch die von ihm erarbeiteten Erkenntnisse gerechtfertigt. Mein einziger Kritikpunkt läuft darauf hinaus, dass Szuladziński nicht untersuchte, was der Grund für die Explosion im Kraftstofftank war, denn es gibt viele dokumentierte Fälle solcher Explosionen.«[41]

Im Dezember 2014 legte Gregory Szuladziński eine weitere Studie vor. Sie kam zu folgendem Ergebnis:»In diesem

Bericht wird beschrieben, wie der linke Flügel der TU-154M aufgrund einer Serie von Explosionen in der Luft zerstört wurde und wie dadurch der Rumpf des Flugzeugs auseinanderbrach. Die Explosionen am Hauptflügel leiten sich aus den Aufzeichnungen über Größe und Dauer der vertikalen Beschleunigung ab. Die erste erfolgte 42 Meter vor der Birke und verursachte beachtlichen Schaden an der Tragfläche. Die zweite wurde 67 Meter vor Punkt T-38 ausgelöst und führte dazu, dass die linke Tragfläche außerhalb des Fahrwerks abbrach, und zumindest zum ersten Bruch des rechten Flügels an der gleichen Stelle sowie zur Zerstörung des Flugzeugrumpfs infolge von Torsion. Das zweite Ereignis war eine kurze Serie von zwei Explosionen. Obwohl deren Wirkung auf das Auseinanderbrechen des Rumpfs nicht bestritten werden kann, wird dies in diesem Bericht nicht erörtert.«[42]

Jan Obrębski, Professor an der Fakultät für Bauingenieurwesen an der Technischen Universität Warschau, Fachbereich Materialstärke, untersuchte ein einzelnes Wrackteil der TU-154M. Er stellte aufgrund seiner Analysen fest, dass an mehreren Punkten des Flugzeugs Explosionen stattgefunden haben müssen. »Dieses Element vom linken Tragflügel des Flugzeugs wurde zerstört, und zwar durch eine gut präparierte Explosion. Wir wissen nicht, wo genau dies geschah, ob in der Kabine oder in den Treibstofftanks. Verschiedenen Umständen nach zu urteilen an beiden Plätzen.«

Seine Behauptungen blieben nicht unwidersprochen. Die militärische Staatsanwaltschaft veröffentlichte eine Aufzeichnung der Vernehmung von Professor Obrębski. Demnach habe er eine Prüfung des Fragments durchgeführt. Gefragt wurde er, wo sich dieses Fragment jetzt befinde. Er schwieg, denn es sei strafbar, irgendetwas von der Unfallstelle zu entfernen, auch wenn es dort schon lange unbeachtet herumgelegen habe. Die einzige Konsequenz von Obrębskis Aussagen: Der Rektor seiner Universität, Professor Jan Schmidt, distanzierte sich von dessen Forschungsarbeiten. Diese wären Obrębskis private Meinung, die keinen Bezug zu Forschungen an der Universität hätten. Hingegen zeichnete der gleiche Rektor am 1. Oktober 2013 Oberst Maciej Lasek von der Expertenkommission der Regierung aus. Stolz präsentierte der auf Twitter seine Auszeichnung.»Er arbeitete an der Fakultät der Technischen Universität, und der Premierminister ernannte ihn für irgendetwas, was er entwickelt hat«, wird Professor Jan Schmidt in polnischen Medien zitiert.[43] Dabei hatte Maciej Lasek vor dem 10. April 2010 an keinen großen Flugzeugunfällen gearbeitet und auch keine entsprechenden Untersuchungen an der Universität für Technologie durchgeführt.

Wilde Spekulationen oder kaltes Kalkül?

Vollkommen ungeklärt blieb hingegen die Frage, wie und durch wen die Sprengstoffe gezündet wurden – wenn es sie denn an Bord der Präsidentenmaschine gegeben hatte –, aber auch die Frage, welche politischen Motive für einen solchen Anschlag sprechen könnten. Darauf gibt es bislang keine schlüssigen Antworten, sondern in der Tat nur politische Einschätzungen.

Traut man den Erkenntnissen des deutschen Bundesnachrichtendiensts, soll der Auftrag von einem hohen politischen Repräsentanten Polens an den russischen FSB weitergeleitet worden sein. Andere westliche Nachrichtendienste gehen davon aus, dass die Aktion unter Umständen der »Selbstläufer« einer kleinen Gruppe war, die nicht unbedingt einen Befehl von oben erhalten habe. Die Opposition in Polen, insbesondere die PiS, glaubt, dass der beharrliche Widerstand von Präsident Lech Kaczyński gegen den russischen Präsidenten Wladimir Putin ein Motiv war.

Der BND schrieb im April 2010: »Bei seinem Ableben hatte Lech Kaczyński eine Reihe von Gesetzesnovellierungen und Wirtschaftsverträgen ohne seine Unterschrift zurückgelassen. Einer dieser durch ihn nicht unterschriebenen Verträge hat einen Wertumfang von über 50 Milliarden Euro, woraus sich für die polnischen Sicherheitsbehörden schon die Frage ergibt, ob der polnische Präsident wegen russischen Gases sterben musste. Denn im August 2009 seien Putin- und Tusk-Leute erstmals zu einem für ›beide Seiten‹ akzeptablen Entwurf eines Gas-Liefervertrags gekommen, der jedoch erst eine Zeit ruhte, aus welchen Gründen ist bis heute nicht bekannt.« An anderer Stelle war zu lesen: »Die Tatsache, dass Putin seine Ausfertigung des Vertrages ausgerechnet an den Gräbern von Katyn aus der Tasche holte und Donald Tusk unter die Nase hielt, wird von verschiedenen hohen Beamten polnischer Sicherheitsbehörden als ›beleidigend und verhöhnend‹ angesehen.« Der Bericht endete mit dem Satz: »Nicht nur in den polnischen Sicherheitsbehörden stellt man sich, neben den aufgeführten Ungereimtheiten zum Tode von Lech Kaczyński die Frage, wieso Donald Tusk so einen unakzeptablen Vertrag ausgerechnet in Katyn vorgelegt bekam und zu welchem Zweck er zustimmen musste.«

Rechtsanwältin Wassermann sympathisiert mit der PiS und macht daraus kein Hehl. Auf meine Frage, welches Plädoyer sie als Strafverteidigerin in der Angelegenheit Smolensk halten würde, antwortete sie: »Wenn ich keine Beweise habe, gilt auf der ganzen Welt das Unschuldsprinzip. Wenn ich keine Beweise habe, kann ich niemanden verurteilen. In diesem Zusammenhang besitzen die polnischen Behörden Gutachten von diversen Sachverständigen, die entweder aufgrund von Kopien gemacht wurden oder sehr lange Zeit nach dem Absturz. Im Prinzip wird jedes Gericht aufgrund dieser Beweise alle freisprechen. Aber es gibt gleichzeitig Beweismittel, die man nicht leugnen kann. Zum Beispiel die Satellitenbilder, die direkt vor Ort entnommenen Wrackteile, die charakteristische Zerstörungen nachweisen. Es gibt die Tatsache der Bilder, aus denen direkt hervorgeht, dass die Wrackteile und Leichen auf einer großen Oberfläche verteilt sind, und das Gebiet war mit Bäumen bewachsen. Wir haben Proben direkt von der Unfallstelle. Sie wurden untersucht. Manche deuten auf das Vorhandensein von Explosivstoffen hin.« Genau diese Tatsachen werden jedoch von der polnischen Regierung heftig bestritten.

Parallelen zum Absturz der malaysischen Passagiermaschine MH 17 im Juni 2014 sind offensichtlich. Je nach entsprechender politischer Interessenlage werden Indizien als glaubwürdig oder unglaubwürdig bewertet. Wenn staatliche Institutionen alleine die Unfallursachen untersuchen, spielen politische Einflüsse bei der lückenlosen Aufklärung fast immer die entscheidende Rolle. Das unterscheidet jedoch den Flugzeugabsturz in Smolensk und den in der Ukraine vier Jahre später. Bei der abgeschossenen malaysischen Passagiermaschine gibt es eine internationale Untersuchungskommission, die vergleichsweise unabhängig arbeiten kann. In Polen war das von Anfang an ausgeschlossen.

Gleichzeitig zeigen die Erfahrungen in Russland, nicht nur im Zusammenhang mit dem Absturz der MH 17, dass Desinformation eine beliebte Methode ist, um Hintergründe von Morden oder Attentaten zu verschleiern. Politische Einflussnahme und die Angst vor den Konsequenzen jedenfalls scheinen bei der Aufklärung des Absturzes der Präsidentenmaschine in Smolensk offensichtlich zu sein. In großer Offenherzigkeit beschrieb das Professor Marek Żylicz, ein Mitglied der polnischen Untersuchungskommission, der Miller-Kommission: »Wir wollten keinen Krieg mit Russland provozieren. Wir wollten nur so viele Informationen wie möglich, um dann in der Lage zu sein, die Ermittlungen zu beenden.«[44]

Tatsache ist, dass genau aus diesem Grund die alles entscheidende Frage einer Explosion an Bord der Präsidentenmaschine bis heute nicht hundertprozentig geklärt ist – und wahrscheinlich auch nie geklärt werden wird. Zu stark sind die unterschiedlichen politischen Interessen, die Frage nach der Explosion wirklich aufzuklären, unabhängig davon, ob es ein Attentat war oder nicht. Viele Indizien sprechen zweifellos dafür, dass es eine Explosion gegeben haben muss.

Der geradezu von Hass dominierte Widerstand gegen jene Wissenschaftler, die sich unter anderem mit der Frage der Explosionen beschäftigt haben, ist rational kaum zu erklären und in Europa einzigartig. Denn eigentlich spräche nichts dagegen, deren Hypothesen und Erkenntnisse in einem offenen Meinungsaustausch auf ihren Wahrheitsgehalt zu überprüfen. Doch das scheint nicht gewünscht zu sein.

Über die Richtung der Ermittlungen entschieden deshalb »der politische Druck und die Konsultationen mit den Regierungsbehörden«, erklärte Antoni Macierewicz in einem Schreiben an die Generalstaatsanwaltschaft Ende Dezember 2014. Auch der Standpunkt der Staatsanwaltschaft bei der Frage der Benennung der Schuldigen der Tragödie wurde durch politische Gegebenheiten determiniert. Dabei besitzt, so Antoni Macierewicz, die Staatsanwaltschaft umfangreiches Beweismaterial, das auf die Verantwortung der russischen Seite für das Nichtschließen des Flughafens in Smolensk sowie für die bewusste Übermittlung falscher Informationen an die polnischen Piloten bei der Landung hinweist.

Doch es gibt noch zusätzliche Auffälligkeiten. Als der polnische Ministerpräsident Donald Tusk am 7. April 2010 nach Smolensk flog, wurde auf dem dortigen Militärflughafen wegen des häufigen Nebels extra ein Präzisions- und Landeradarsystem (PAR) aufgestellt. Vor der Landung der Präsidentenmaschine am 10. April beobachteten Zeugen, dass das drei Tage zuvor gelieferte Präzisionsanflug- und Landeradarsystem nicht mehr vorhanden war, Soldaten an der Flugbefeuerung und den installierten Beacon-Strahlern schraubten und ein Teil der Landebahnbefeuerung nicht funktionierte. Eine Erklärung dafür wurde von der Militärstaatsanwaltschaft nicht gefordert. »Trotzdem sind bisher keine Beschuldigungen in dieser Hinsicht gemacht worden, obwohl sowohl die Ausführenden dieser Befehle als auch die, die sie erteilt haben, namentlich bekannt sind«, beklagte sich Antoni Marcierewicz: »Es sind nicht einmal Bemühungen unternommen worden, alle diese Personen zu verhören!«

Für den Vorsitzenden der parlamentarischen Untersuchungskommission steht daher das Ermittlungsverfahren wegen der Tragödie von Smolensk an einem Scheideweg. Denn seiner Ansicht nach hätten sowohl die Staatsanwaltschaft wie auch die Gerichte diejenigen freigesprochen, die verantwortlich für die Sicherheit des Präsidenten waren, die mit Putin paktiert und alle Gefährdungen und Warnungen missachtet hätten. Die Forderung von Antoni Macierewicz, dass die Aufsicht über das Ermittlungsverfahren durch zivile Staatsanwälte übernommen werden müsse und nicht den Militärstaatsanwälten überlassen bleiben dürfe, teilen auch andere politische Parteien. Militärstaatsanwälte sind in der Tat ein Novum in Europa. »Die Militärstaatsanwälte, die das Ermittlungsverfahren durchführen, haben zweifellos ihre Befangenheit und mangelnde Kompetenz bewiesen«, kritisierte Antoni Macierewicz und forderte: »Es ist höchste Zeit Untersuchungen von unabhängigen, kompetenten Wissenschaftlern durchführen zu lassen.«

Doch genau das wurde von Beginn der Katastrophe an von der polnischen wie auch der russischen Seite verhindert. Professor Piotr Witakowski von der Universität für Wissenschaft und Technologie in Krakau ist ein bedächtiger Hochschullehrer. Er bringt das zentrale Problem auf den Punkt: »Wir müssen uns bewusst sein, dass dieser sogenannte Flugzeugabsturz von Smolensk der einzige Absturz in der Welt ist, dessen Ursachen und Verlauf ohne die grundlegenden Beweise wie das Wrack in Polen selbst festgestellt wurden.« Denn man verließ sich nicht nur, aber doch überwiegend auf die Erklärungen der russischen Ermittlungsbehörden. Am 13. April 2010 lobte die polnische Regierung die Kooperation mit Russland. Ewa Kopacz, die damalige Gesundheitsministerin und heutige Premierministerin, sagte auf einer gemeinsamen Pressekonferenz mit Wladimir Putin:»Wir arbeiten wie eine große Familie und, offen gesagt, es ist das erste Mal, dass ich eine solch gute Kooperation gesehen habe.« Wie sich wenig später herausstellen sollte, war diese Aussage falsch – von einer harmonischen Zusammenarbeit konnte nun wirklich keine Rede sein.

Aufklärung oder Vertuschung:
Nachbemerkung zur Smoking Gun

Es war schon dunkel an diesem 10. April 2010, als der russische Premierminister Wladimir Putin sowie sein enger Vertrauter, der Zivilschutzminister Sergej Schoigu, zum Ort der Katastrophe eilten. Dort war inzwischen auch der polnische Premierminister Donald Tusk eingetroffen. In einem Ausschnitt des polnischen Fernsehsenders TVP sah man den bedrückt wirkenden Donald Tusk und den mit einer braunen Lederjacke bekleideten Zivilschutzminister, der ihm wortreich die Katastrophe erklärte. Donald Tusk hörte stumm zu, während Wladimir Putin mit eher steinernem Gesicht zuschaute.

»Sehen Sie«, berichtete der Zivilschutzminister dem polnischen Premierminister Donald Tusk, »dort drüben ist die sogenannte […] Linie, rechts beginnt die Landebahn, das sind praktisch 200 Meter … er hat die Landebahn links um 200 Meter verfehlt … hätte er den Landeanflug noch 800 Meter fortgesetzt – dort drüben befindet sich eine Fabrik –, dann wäre er gegen das Gebäude geprallt. … [Polnische Delegation dreht sich nach rechts um, aber der Russe streckt den linken Arm aus und sagt:] Nein, dort dürfen Sie nicht hin. … Das ist über ein Kilometer von hier … wo die (Flug) Höhe sechzig bis achtzig Meter betragen sollte, wurden die Bäume auf einer Höhe von acht Meter ›niedergemäht‹. … Der erste Bodenkontakt erfolgte ca. zweihundert Meter von hier … da das Fahrwerk bereits ausgefahren war, kippte [das Flugzeug] um, und [einige unverständliche Worte durch Motorgeräusche], dann brach das Feuer aus.«[1] Von einer Birke und dass sich die Maschine um die eigene Achse gedreht habe, mit dem Fahrwerk nach oben abstürzte, war am Abend überhaupt noch keine Rede. Das war der Beginn eines großen Vertuschungsmanövers.

Am 6. November 2012 wurde Sergej Schoigu übrigens zum Verteidigungsminister ernannt. Auf der von russischen Soldaten besetzten Krim hatte er sich Anfang März 2014 ein Denkmal der Glaubwürdigkeit gesetzt.»Obwohl sich mittlerweile diverse vermummte und nicht gekennzeichnete Soldaten verplappert und ihre russischen Auftraggeber genannt haben, wiederholte der russische Verteidigungsminister Sergej Schoigu am Mittwoch noch einmal, dass es sich bei den Besatzern auf der Krim um örtliche Selbstverteidigungsbrigaden handle. Auf der Krim seien ›absolut keine‹ russischen Soldaten. Die Fotos von Militärfahrzeugen mit russischen Nummernschildern und das Video von einem Soldaten, der verlegen erzählt, er komme aus Russland, seien ›natürlich Provokationen‹, sagte Schoigu.«² Dieser Hinweis ist notwendig, weil er demonstriert, wie man es mit der Wahrheit in der Führung des Kremls hält.

Sicher ist, dass laut allen offiziellen Bekundungen sowohl der russischen als auch der polnischen Regierung von Anfang an die Tatsache festgezurrt werden sollte, dass die Katastrophe am 10. April 2010 ein Unfall war – bevor überhaupt ansatzweise entsprechende Untersuchungen an der Absturzstelle in Smolensk durchgeführt wurden. Diese Feststellung bereits wenige Stunden, nachdem die Tupolew 154M zerfetzt wurde, demonstrierte den Unwillen, ein anderes Szenario überhaupt in Betracht zu ziehen, was aus damaliger Sicht der politischen Verhältnisse durchaus nachvollziehbar ist. Im Frühjahr 2010 waren die Beziehungen zwischen der polnischen und der russischen Regierung, insbesondere zwischen dem damaligen Regierungschef Donald Tusk und dem damaligen Premierminister Wladimir Putin, von freundschaftlicher Nähe geprägt – und der beim Absturz ums Leben gekommene polnische Präsident Lech Kaczyński ihr gemeinsamer Gegner, ebenso wie die meisten der Passagiere an Bord.

Ein Beleg dafür ist, dass es die polnische Regierung vehement ablehnte, internationale Unterstützung anzufordern und unabhängige Experten zu berufen, um den sogenannten »Unfall« zu untersuchen. So ging Premierminister Donald Tusk auf ein entsprechendes Angebot des EU-Kommissionspräsidenten Manuel Barroso nicht ein. Der Versuch seitens der polnischen Opposition (PiS), eine internationale Kommission für die Untersuchung des Absturzes zu gründen, wurde von der Regierung abgelehnt, obwohl die polnische Bevölkerung mehrheitlich eine internationale Untersuchung der Absturzgründe forderte. Am 29. Juli 2011 beklagte sich darüber auch der ehemalige Brigadegeneral Sławomir Petelicki, der nach seinem Dienstende 1999 als Sicherheitsberater gearbeitet hatte:»Die Amerikaner haben Beweise, die exakt beschreiben, was geschah. Sie haben Aufnahmen von allem, was gesprochen wurde, und sie kennen die Wahrheit. Und nun sind sie wirklich überrascht, dass Polen die USA nicht um Hilfe bittet, und wenn ein polnischer Staatsanwalt die US-Behörden um Unterstützung bittet, wird er sofort von seinem Posten suspendiert.« Oberst Andrzej Kowalski, der ehemalige Chef des Militärischen Nachrichtendiensts, war da eher skeptisch.»Wissend, dass die polnischen Dienste durch russische Agenten penetriert sind, ist es schwer vorstellbar, dass die USA ihre technischen Möglichkeiten präsentieren werden.«[3]

Eine weitere Merkwürdigkeit fällt auf: Die Tupolew 154M war ein Militärflugzeug, das von Soldaten geflogen wurde. Neben dem Präsidenten zählten unter anderem auch hochrangige Generäle zu den Passagieren, und das Flugzeug landete auf einem Militärflughafen. Wurde deshalb das Flugzeug in den letzten Minuten bis zum Absturz von Moskau aus geleitet, und zwar von Generalmajor Wladimir Benediktow, dem

Kommandeur der russischen Luftwaffentransporteinheiten (MTA)? In den ersten drei Tagen nach dem Absturz wurden die gesamten Ermittlungen durch den Chef der Flugsicherheitsagentur der russischen Streitkräfte übernommen. Eigentlich hätte in diesem Fall das am 14. Dezember 1993 abgeschlossene Abkommen zwischen den Regierungen von Warschau und Moskau in Kraft treten müssen, wonach sich bei Flugzeugkatastrophen mit und durch Militärmaschinen Experten beider Länder gemeinsam und gleichberechtigt an der Aufklärung beteiligen sollten. Im offiziellen russischen Untersuchungsbericht, dem MAK-Report, ist jedoch zu lesen, dass »am 13. April 2010 durch Wladimir Putin entschieden wurde, dass die Untersuchungen entsprechend des Annex 13 des Internationalen Abkommens von Chicago über die Untersuchung von Flugzeugunfällen durchgeführt werden, was von der polnischen Regierung bejaht wurde«.[4] Dieser Annex 13 legt fest, dass bei der Untersuchung von Flugzeugunfällen das Land zuständig ist, in dem sich der Vorfall ereignet hat. In Artikel 3 des gleichen Abkommens heißt es jedoch, dass das nur für zivile Flugzeuge gilt und nicht für staatliche Flugzeuge. »Flugzeuge, die vom Militär, dem Zoll und der Polizei benutzt werden, sind staatliche Flugzeuge.«

Die Entscheidung von Wladimir Putin, die Präsidentenmaschine als ziviles Flugzeug zu behandeln, führte dazu, dass die russische Regierung mehr oder weniger die alleinige Aufsicht über die Untersuchungen der Katastrophe hatte. Die polnischen Experten und Ermittler waren auf den guten Willen Russlands angewiesen. Bei den polnischen Sicherheitsbehörden löste das großes Unbehagen aus, schließlich wusste man doch genau, wie die russische Regierung ihre Interessen wahrzunehmen pflegte. Erinnert sei an den Bericht des BND aus dem Jahr 2010: Darin stand unter anderem, dass die offiziellen Äußerungen, wonach die polnische Seite der russischen Seite bei den Ermittlungen zum

Absturz der Präsidentenmaschine vertrauen sollte, von den polnischen Sicherheitsbehörden kritisch gesehen wurde. »Ein großer Teil von Mitarbeitern der Sicherheitsbehörden ist voller Misstrauen, wenn es um die Ermittlungen der russischen Seite geht.«

Dass in einer Vielzahl von Fällen die Informationen, die von polnischer Seite aus in Moskau angefordert wurden, nur sehr unwillig oder überhaupt nicht geliefert wurden, bestätigte diese Befürchtungen und spricht auf jeden Fall dafür, dass eine gemeinsame Untersuchung des Unfalls, wie die polnische Regierung ihre Bürger glauben machte, nicht stattfand. Als Beleg dafür gilt, dass die polnischen Ermittler zweihundertzweiundzwanzig Anfragen an die staatliche russische MAK-Kommission richteten und um entsprechende Beantwortung baten – lediglich vierunddreißig Anfragen wurden beantwortet. Nicht beantwortet wurden die Anfragen nach der forensischen Begutachtung der Flugzeugcrew, zusammen mit den Ergebnissen der toxikologischen Prüfung, oder die Anfrage nach Informationen über die durchgeführten Rettungsaktionen am Ort des Absturzes. Alle Anfragen der polnischen Seite im Zusammenhang mit Informationen über Rauchentwicklung auf dem Flughafen am Tag des Absturzes wurden schlichtweg ignoriert. Nicht beantwortet wurde auch, ob der Fluglotsenchef die Erlaubnis hatte, bei schlechten Wetterbedingungen als leitender Fluglotse tätig zu sein. Die entsprechenden Dokumente, die den polnischen Behörden übergeben wurden, bestätigten nur eine Genehmigung unter normalen Wetterbedingungen. Der leitende Fluglotse hatte nie zuvor in Smolensk gearbeitet und in den letzten zwölf Monaten diese Funktion als Cheffluglotse nur siebenmal wahrgenommen.

Aufgrund der mangelnden Kooperation waren die polnischen Institutionen nicht in der Lage, ihre volle Verantwortung für die Untersuchung des Absturzes wahrzunehmen.

Und es stellt sich eine weitere Frage: Warum ist eigentlich das zwischen dem russischen Premierminister Wladimir Putin und seinem polnischen Amtskollegen Donald Tusk vereinbarte Abkommen vom 13. April 2010 bis heute geheim geblieben? Antworten darauf gibt es nicht.

Der Trick von russischer Seite war, dass die polnische Präsidentenmaschine zwar zu Beginn des Flugs als Militärflugzeug eingestuft wurde und die Landung auf einem nicht von der Internationalen Zivilluftfahrtorganisation (ICAO) zertifizierten Militärflughafen erfolgte. Damit würde es nicht unter die Bedingungen des Chicago-Abkommens fallen, sondern das am 14. Dezember 1993 abgeschlossene Abkommen zwischen den Regierungen von Warschau und Moskau hätte in Kraft treten müssen. Das hätte bedeutet, dass Experten beider Länder gemeinsam und gleichberechtigt an der Aufklärung beteiligt wären. Mit der Berufung auf das Chicago-Abkommen hatte Premierminister Wladimir Putin auf jeden Fall erreicht, dass die Untersuchungen über den Absturz alleine von Russland durchgeführt wurden. Polen war deshalb mehr oder weniger auf den guten Willen des Kremls angewiesen und bot damit der russischen Seite die Möglichkeit, jegliche eigene Schuld von sich zu weisen – dass zum Beispiel die Tupolew 154M von den russischen Lotsen falsch eingewiesen wurde, die Lotsen falsche oder missverständliche Informationen übermittelt hatten oder der Flughafen mangelhaft ausgestattet war. Und genau so geschah es ja auch.

Ein weiterer Widerspruch: Es gibt die Aussagen der russischen Fluglotsen in Smolensk, wonach der Funkverkehr mit dem Flugzeugkapitän und seinem Kopiloten nur in gebrochenem Russisch und Englisch verlaufen sein soll. Der Flugzeugkapitän sprach jedoch Russisch und landete noch drei Tage zuvor auf demselben Flugplatz als Kopilot mit Premierminister Donald Tusk an Bord unter besten Sicherheitsmaßnahmen. Am Flughafen warteten bereits polnische und russische Sicherheitsoffiziere samt einer Karawane von geschützten Fahrzeugen, um nach Katyn zu fahren. Als der polnische Präsident Lech Kaczyński erwartet wurde, gab es keinerlei entsprechendes Empfangskomitee.

Merkwürdig war auch, dass den Befehl zur Landung der Präsidentenmaschine nicht der eigentlich verantwortliche Fluglotse erteilte, sondern der Luftwaffenoberst Nikolai Krasnokutski von der russischen Militäreinheit 21350, der ständig in Kontakt mit Moskau stand, und zwar mit einem »Genossen General«. Gemeint war Generalmajor Wladimir Benediktow, Kommandeur der russischen Luftwaffentransporteinheiten, der während des Tschetschenien-Kriegs für seine überaus erfolgreiche Antiterror-Spezialeinheit bekannt geworden war. In Abstimmung mit Moskau gab Luftwaffenoberst Nikolai Krasnokutski den Befehl, dass die Tupolew 154M bis auf 100 Meter Höhe anfliegen solle, »einhundert Meter, keine Fragen«, und unterbrach jeden weiteren Versuch des Fluglotsen, die Maschine auf einen anderen Flughafen umzuleiten. Aus Moskau, dem eigentlichen Befehlszentrum für den Flug, kam kein Widerspruch gegen diesen Befehl, wobei betont werden muss, dass auch der Befehl gekommen sein soll, »bis auf 50 Meter«. Das sagte zumindest der Pilot der zuvor gelandeten polnischen JAK-40 aus, der den Funkverkehr mithörte. Die polnische Militärstaatsanwaltschaft hingegen widersprach dieser Aussage.

Polens Innenminister Jerzy Miller beschuldigte immerhin »die russischen Autoritäten, Druck auf die Fluglotsen des Militärflughafens ausgeübt zu haben, wonach die Präsidentenmaschine landen soll, trotz der schwierigen Wettersituation«.[5] Aus den zugänglichen Tower-Gesprächen ergab sich, dass die Lotsen im Kontrollturm des Militärflughafens wenige Minuten vor dem Landeanflug offenbar ihre Meinung änderten und das Präsidentenflugzeug nun plötzlich willkommen war, anstatt es auf einen Ausweichflughafen umzuleiten. »Es gab direkten Druck auf die Lotsen, doch von wem er ausging, wissen wir nicht«, kritisierte auch Edmund Klich, Polens Repräsentant in der russischen MAK-Kommission.[6] Laut polnischer Interpretation kam die Anweisung aus Moskau.

»Eine Landeerlaubnis für die Piloten des Flugzeugs hat es hingegen nicht gegeben«, widersprach Tatjana Anodina, die Leiterin des russischen innerstaatlichen Luftfahrtamts MAK. Zudem sei die Besatzung auf den Flug nach Russland und die dort herrschenden Wetterverhältnisse unzureichend vorbereitet gewesen. »Die Piloten sind von den russischen Lotsen falsch geleitet worden, so dass sie keine Chance mehr für eine sichere Landung hatten«, davon ist die Krakauer Rechtsanwältin Małgorzata Wassermann überzeugt.[7]

Bereits eine Stunde nach der Katastrophe, die Unglücksstelle war zwar abgesperrt, aber die Leichen natürlich noch nicht untersucht, stellten die russischen Ermittler bereits fest, dass alle Passagiere tot waren, und schickten die inzwischen am Flughafen angekommenen Ärzte und Sanitäter zurück. »Ich würde gerne erfahren, woher wusste unser polnischer Außenminister bereits kurz nach 9 Uhr, dass alle Passagiere umgekommen sind?«, fragte Jarosław Kaczyński. Ihn hatte der Außenminister um neun Uhr angerufen, um ihm mitzuteilen, dass die Maschine abgestürzt war und sein Bruder Lech und dessen Ehefrau ums Leben gekommen seien. »Woher wusste er damals schon, dass es ein Pilotenfehler war und es keine Überlebenden geben würde?«

Daran knüpft sich eine weitere Frage an, und die betrifft die Autopsien der bei dem Absturz ums Leben gekommenen Männer und Frauen. Professor Andreas Wielgosz von der Universität in Ottawa analysierte die bescheidenen und oberflächlichen medizinischen Obduktionen im offiziellen russischen Untersuchungsbericht. Aufgrund der Informationen im MAK-Bericht könne die Hypothese der Explosion weder ausgeschlossen noch bestätigt werden, stellte er fest.

274

Lucyna Gagor, die Witwe von General Franciszek Gagor, beklagte sich deshalb auch gegenüber polnischen Medien: »Bevor unsere Ärzte in Moskau eintrafen, sagten die Russen, sie hätten bereits fünfundsechzig bis siebzig Prozent der Leichen obduziert. In solch einer kurzen Zeit mit so vielen Opfern, ich kann es nicht glauben.« So viele Leichen innerhalb von wenigen Tagen intensiv zu untersuchen, wie es in Moskau geschah, ist in der Tat praktisch unmöglich. Das ist nur möglich, wenn generell von einem Multiorganversagen als Todesursache ausgegangen wurde – und genau das war das Ergebnis der Obduktionen.

Blind vertrauten die polnischen staatlichen Institutionen den russischen Experten. Dazu gehörte Ewa Kopacz, die damalige Gesundheitsministerin und heutige Premierministerin. »In den ersten Stunden nach meiner Ankunft in Russland beobachtete ich die sorgfältige Arbeit der Gerichtsmediziner. Ich fragte mich, ob die polnischen Ärzte genauso hilfreich wären wie unsere russischen Freunde, wenn ein ähnliches Ereignis in Polen stattgefunden hätte.« Am 21. Juli 2010 zitiert *Gazeta Wyborcza* Militärstaatsanwalt Oberst Zbigniew Rzepa, wonach weder die polnischen Gerichtsmediziner noch die Ermittler an den Autopsien teilgenommen hätten.[8] Wenig später bestätigte das auf einer Pressekonferenz in Warschau auch der polnische Generalstaatsanwalt Andrzej Seremet.

Unglaubwürdig war zudem die Versicherung von Ewa Kopacz, dass sie selbst gesehen habe, wie russische Forensiker das ganze Absturzgebiet durchwühlt und polnische Ärzte die Leichen identifiziert hätten. Später entschuldigte sie sich und räumte ein, dass »sie sich damals auf russische Versprechen verlassen habe«.[9] Ähnlich fragwürdig ist ihre Aussage vom 29. April 2010 im polnischen Parlament: »Untersucht wurde selbst das kleinste Teil, das an der Absturzstelle gefunden wurde. Nachdem der Boden mit großer Sorgfalt an der Absturzstelle bis zu einem Meter tief untersucht und sorgfältig gesiebt wurde, wurde jedes aufgefundene, übriggebliebene Teil einem DNA-Test unterzogen.«Tatsache ist hingegen, dass sechs Monate nach dem Absturz ein polnisches Expertenteam noch einmal zur Unfallstelle zurückkehren durfte und dabei eine Vielzahl von Wrackteilen und sogar Leichenteilen fand. Dabei durften sie nur ein sehr begrenztes Gebiet untersuchen. Sie zählten insgesamt dreißigtausend Fundstellen, zwanzigtausend der aufgefundenen Fragmente wurden eingesammelt und registriert.

Exhumierungen und nachträgliche Obduktionen wurden lange Zeit von der Militärstaatsanwaltschaft verboten, und erst nach langwierigen Verhandlungen konnten wenige Leichen obduziert werden, aber ohne die Beteiligung unabhängiger Forensiker, wie von den Angehörigen gefordert. Und warum sollten alle persönlichen Gegenstände der Absturzopfer vernichtet werden? Erst als die Angehörigen der Opfer gegen diese Anweisung vor Gericht klagten, erhielten sie die übriggebliebenen Habseligkeiten.

Professor Michael Baden wollte bekanntlich an der Exhumierung des Parlamentsabgeordneten und ehemaligen Vizepremierministers Przemysław Gosiewski, einem der Smolensk-Opfer, teilnehmen. Seine Leiche sollte untersucht werden, weil es im russischen Autopsiebericht zahlreiche auffällige Unstimmigkeiten gab. Trotz des ausdrücklichen Willens der Witwe, an dieser Obduktion teilzunehmen, lehnte die polnische Militärstaatsanwaltschaft ab. »Die Tatsache, dass sie mir nicht erlaubt hatten, daran teilzunehmen, und vor allem auf welche Art und Weise sie es getan hatten, sagt mehr über die Sache aus, als wenn ich an der Obduktion selbst teilgenommen hätte.«[10] Zur Erinnerung nochmals die Aussage der Witwe von Przemysław Gosiewski, die sich massiv darüber beschwert hatte, dass Professor Baden nicht an der Exhumierung teilnehmen durfte. Der leitende Staatsanwalt habe damals seine Beherrschung verloren und ihr entgegnet:

»Russland ist eine große Macht! Ich weiß, dass Sie denken, dass ich ein Verräter bin. Aber es ist nicht so.«

Vielfach wurde kritisiert, dass das Wrack der Tupolew 154M nicht der polnischen Regierung und den zuständigen Ermittlern übergeben wurde, trotz mehrfacher Aufforderung durch die polnischen Behörden. Die Generalstaatsanwaltschaft erklärte zu diesem Vorwurf, dass die Experten aus Polen ungehindert Zugang zu dem Wrack hatten. In zahlreichen Videoaufnahmen, die nach dem Absturz veröffentlicht wurden, sah man jedoch Soldaten, die das Wrack zerstörten, mit Metallscheren zerschnitten, Wrackteile wie Abfall auf Lastwagen verluden. Moskau erklärte zwar, es sei notwendig gewesen, die Wrackteile zu zersägen, um die Opfer unter dem Wrack bergen zu können. Aber selbst nachdem die Leichen aus dem Wrack geborgen worden waren, hörten die Zerstörungen nicht auf – was eine Rekonstruktion erheblich erschwerte.

Besonderen Beweiswert bei allen Untersuchungen von Flugzeugkatastrophen haben die Datenaufzeichnungsgeräte (Flugschreiber) und der Cockpit-Voice-Rekorder. Wie wenig verlässlich die Auswertungen des Cockpit-Voice-Rekorders waren, die von der russischen Untersuchungskommission untersucht wurden, demonstriert das Beispiel des Generals Andrzej Błasik, der für den Absturz mitverantwortlich gemacht wurde: Die russische MAK-Kommission kam zu dem Schluss, dass er mit 0,6 Promille Alkohol im Blut trotz Warnungen der russischen Flugüberwachung die Piloten zur Landung gezwungen habe. Der Tower auf dem Flughafen in Smolensk habe wegen schlechten Wetters ausdrücklich einen Ausweichlandeplatz angeboten, was den Luftwaffenchef jedoch nicht beeindruckt habe. Im MAK-Bericht steht: »Während des Landeanflugs bis zur Kollision befand sich der Kommandeur der polnischen Luftstreitkräfte im Cockpit. Obwohl er die Wetterinformationen kannte, unternahm er als der höchste

Vorgesetzte keine Maßnahmen, den Landeanflug zu unterbrechen. Psychologische Experten schließen daraus, dass die Gleichgültigkeit des polnischen Luftwaffenchefs zur Lösung der extrem gefährlichen Situation dazu führte, dass der Kommandeur der Maschine seinen Landeanflug fortsetzte.«[11]

Die ARD-*Tagesschau* berichtete am 12. Januar 2011 aus Moskau über die internationale Pressekonferenz anlässlich der Präsentation des offiziellen russischen Untersuchungsberichts. Der Korrespondent zitierte dabei aus dem 20 000 Seiten starken Abschlussbericht: »Doch bereits kurz nach dem Unglück am 10. April vergangenen Jahres war darüber spekuliert worden, ob Kaczyński den Piloten persönlich zum Landeanflug gedrängt hatte. Die Anwesenheit des Luftwaffenchefs und des Protokollchefs im Cockpit habe psychologischen Druck auf die Besatzung ausgeübt und zur Entscheidung des Piloten beigetragen. Dass der Luftwaffenchef und der Protokollchef im Cockpit aufgetaucht waren, belegten aber bereits die Aufzeichnungen der Flugschreiber. Bei Luftwaffenchef Andrzej Błasik wiesen die russischen Ermittler laut Generalin Tatjana Anodina einen Alkoholgehalt von 0,6 Promille im Blut nach.« In der Pressekonferenz legte Generalin Tatjana Anodina insbesondere Wert auf die Feststellung: »Das war der Schlüsselfaktor des Absturzes.«[12]

Und genau dieser »Schlüsselfaktor des Absturzes« stimmte nicht einmal ansatzweise und rückte damit die gesamten Ermittlungen der russischen Behörden ins Zwielicht. Antoni Macierewicz von der parlamentarischen Untersuchungskommission seiner Partei Recht und Gerechtigkeit (PiS) widersprach von Anfang an diesen Behauptungen: »Im Laufe des letzten Jahres wurden Beweise zusammengetragen, die unangefochten bestätigen, dass im Cockpit der TU-154 während des gesamten Flugs die Stimme von General Andrzej Błasik nicht vernommen wurde und dass seine Anwesenheit im Cockpit überhaupt nicht festgestellt wurde. Das gilt auch für die Anschuldigung, General Andrzej Błasik habe Druck auf die Piloten ausgeübt. Denn der Körper von General Andrzej Błasik wurde 20 Meter vom Cockpit der abgestürzten Maschine entfernt gefunden.«

Diese Feststellung ist inzwischen unstrittig, zumal sie auch von der Militärstaatsanwaltschaft bestätigt wurde.»Es gibt keinerlei Hinweise dafür, dass General Andrzej Błasik irgendeinen Einfluss und die Entscheidungen der Crew genommen hat.« Am 16. Januar 2012 erklärte die polnische Militärstaatsanwaltschaft, dass die Experten des Sehn-Instituts für forensische Forschung in Krakau bei der Auswertung des Stimmenrekorders festgestellt hätten,»dass nicht die Stimme von General Andrzej Błasik zu hören sei, sondern die des Kopiloten Robert Grzywna. Die Stimme des Generals konnte auf dem Stimmenrekorder nicht festgestellt werden.«[13] Damit war eines der zentralen Ergebnisse der russischen Untersuchungskommission widerlegt – nämlich die These, der polnische Luftwaffenkommandeur Andrzej Błasik habe im Cockpit auf die Piloten Druck ausgeübt, trotz des dichten Nebels und des fehlerhaften Luftleitsystems auf dem Militärflughafen von Smolensk zu landen.

Vor der polnischen Parlamentswahl erschien am 29. Juli 2011 mit einer mehrmonatigen Verspätung der offizielle polnische Untersuchungsbericht, der sich im Grunde dem russischen MAK-Bericht anschloss. Einzige Ausnahme war, dass der polnische Bericht auch den russischen Lotsen in Smolensk eine Mitschuld daran gab, dass die polnische Präsidentenmaschine abstürzte. Auch diesem Bericht wurden viele Fehler vorgeworfen, insbesondere weil der Vorsitzende der polnischen Untersuchungskommission Jerzy Miller »Richter in eigener Sache« sei und nicht ausgeschlossen werden könne, dass er den Bericht im Bewusstsein der bevorstehenden Wahlen verfassen ließ. Schließlich war Jerzy Miller zum Zeitpunkt des Absturzes Innenminister und verantwortlich für das Büro für Regierungsschutz (BOR), das für die Sicherheit ranghoher Politiker zuständig ist.

Umstritten ist immer noch, ob die Tupolew 154M tatsächlich die bewusste Birke streifte und deshalb abstürzte. Denn in dem Gespräch am Abend des 10. April 2010 mit dem russischen Zivilschutzminister und Donald Tusk sowie Wladimir Putin war davon noch keine Rede. Bereits während einer Anhörung der Fraktion der Europäischen Konservativen und Reformisten (EKR)[14] im Europäischen Parlament am 28. März 2012 wies Professor Kazimierz Nowaczyk von der Universität Maryland darauf hin, dass das Flugzeug nicht nach links in Richtung der Birke fliegen konnte, an der es zerschlagen sei. »Eine solche Neigung hätte Einfluss auf einen Richtungswechsel. Die Untersuchungen des Flugzeugs durch die MAK und andere Institutionen sprechen von einer Linksneigung des Flugzeugs, die jedoch nicht mit seinen technischen und aerodynamischen Eigenschaften übereinstimmt«, erklärte Kazimierz Nowaczyk. Seiner Meinung nach sei eine Explosion an Bord der Maschine noch vor dem Bodenkontakt eine mögliche Ursache für die Katastrophe. »Das ist eine Hypothese, die am besten durch eine Untersuchung des Flugzeugwracks und eine Autopsie aller Körper überprüft werden kann. Es ist bisher die einzige Hypothese, die die Konstellation des zerschlagenen Flugzeugs erklären würde, außerdem könne es bei einem solchen Anflugwinkel in keinem Fall zu einer derartigen Zerschlagung des Flugzeugs führen.« Seine Argumentation stützte bei der gleichen Anhörung Professor Wiesław Binienda. Seiner Meinung nach sei es unmöglich, dass ein so großer Flügelteil nach einem Zusammenstoß mit einer Birke abbrechen könne. Vielmehr hätte die Birke von der Tragfläche durchtrennt werden müssen. »Ein kleiner Schaden an der Tragfläche hätte keinen Einfluss auf das Flugverhalten des gesamten Flugzeugs«, behauptete Wiesław Binienda während der Präsentation seiner Computersimulation.

Doch woher hatten die Wissenschaftler, die in der parlamentarischen Untersuchungskommission arbeiteten, ihre Erkenntnisse? Etwa nur aufgrund von Bildern, Videoaufnahmen oder Dokumenten und daraus abgeleiteten Berechnungen? Rechtsanwältin Małgorzata Wassermann sagte mir, als ich sie danach fragte:»In Polen begann das Problem, als ich zur Militärstaatsanwaltschaft fuhr und sah, dass sie de facto keine direkten Beweismittel hatten. Sie hatten nichts von der Unfallstelle mitgebracht. Keine Bodenproben, Proben von Bäumen, nichts vom Flugzeug, keine Kleidung, keine persönlichen Sachen. Keine Beschau durchgeführt, keine Vermessung der Birke selbst vorgenommen, keine Obduktionen in Polen durchgeführt, und was wollten sie im Grunde genommen untersuchen? Aber Gott sei Dank waren auch andere Leute in Smolensk, haben Sachen eingesammelt, und aufgrund ihrer Beweismittel wurden die Professoren tätig, die die Konferenzen von Smolensk organisierten.«[15]

War der Absturz der Tupolew 154M am 10. April 2010 in Smolensk nun ein schrecklicher Unfall, ein folgenschweres Zusammentreffen von Fehlern, Missverständnissen und Schlampereien auf russischer wie polnischer Seite – oder etwa ein Attentat, ein Staatsstreich? Ähnlich dem Nebel, der sich über den Militärflughafen Smolensk legte, als die Tupolew 154M landete, wabert der Nebel noch über den tatsächlichen Ursachen dieser Katastrophe, der sich inzwischen ein wenig lichtet. Fest steht, dass von einem tragischen Unfall, an dem die Piloten allein Schuld hätten, mit Sicherheit keine Rede sein kann, auch wenn das die russische Seite bis heute behauptet. Fehler, Missverständnisse und Schlampereien auf russischer wie polnischer Seite – natürlich spielten die zweifellos eine entscheidende Rolle.

Und eine Explosion an Bord der polnischen Präsidentenmaschine? Dafür gibt es bis heute keine hundertprozentig stichhaltigen Beweise, jedoch einige Indizien, abgesehen von den nachrichtendienstlichen Quellen. Klare Beweise wären vorhanden, wenn die Frage geklärt werden könnte, wann und durch wen die an Bord befindlichen Sprengstoffe überhaupt gezündet worden sind. Genau dazu gibt es jedoch auch von der parlamentarischen Untersuchungskommission und den involvierten Wissenschaftlern bislang keine nachprüfbaren Erklärungen.

Ebenso unklar ist, wer den Auftrag dazu erteilt haben soll, die Präsidentenmaschine zu sabotieren. Abgesehen von nachrichtendienstlichen Hinweisen und den politischen Einschätzungen der Partei Recht und Gerechtigkeit, die alle ihre Finger in Richtung Wladimir Putin und dem FSB richten, gibt es keinerlei juristisch belastbare Indizien. Für den Vorsitzenden der parlamentarischen Untersuchungskommission Antoni Macierewicz hingegen ist klar:»Ich weiß nicht, wer persönlich den Auftrag zum Töten von Präsident Kaczyński erteilte. Aber ich weiß, dass das in Russland nur ein Mann tun kann.«[16]

Dass der damalige russische Premierminister Wladimir Putin selbst den Auftrag gegeben haben könnte, ist Spekulation. Dass der FSB direkt oder indirekt an einem Komplott, gemeinsam mit polnischen Helfershelfern, beteiligt gewesen sein könnte, ist schon wahrscheinlicher, insbesondere aufgrund der Erfahrungen mit diesem allmächtigen Geheimdienst in den letzten Jahrzehnten. Erinnert sei nur an die Bombenanschläge im Jahr 1999 in Russland, an die Ermordung von Alexander Litwinenko oder von Anna Politkowskaja, ganz zu schweigen von den Aktivitäten des FSB in der Ukraine. Und bereits im Juli 2006 verabschiedete das russische Parlament ein besonderes Gesetz:»Es erlaubt ausdrücklich die Ermordung von sogenannten Extremisten durch russische Staatsorgane im Ausland. Zu Extremisten zählt das Gesetz auch jene, die ›den Staatspräsidenten verleumden‹. Die Entscheidung über staatliche Hinrichtungen außerhalb der geltenden

Gesetze fällt demnach allein der Präsident.«[17] Und das war und ist nun mal Wladimir Putin. Vorstellbar ist jedoch auch, dass eigenmächtig handelnde Gruppen innerhalb des Sicherheitsapparats aktiv waren.

Die Feststellungen der polnischen parlamentarischen Untersuchungskommission unter Leitung von Antoni Macierewicz, dass es ein Attentat gegen den Präsidenten war, quasi ein Staatsstreich, sind trotzdem etwas voreilig. Ebenso voreilig ist jedoch die Behauptung der polnischen sowie der russischen Regierung, dass von einem Attentat und von Explosionen überhaupt keine Rede sein könne. Denn die zahlreichen offensichtlichen Widersprüche, was zum Beispiel Sprengstoffspuren im Wrack und in der Umgebung des Absturzes betrifft, können nicht einfach beiseitegeschoben werden.

Dennoch stellte die russische Untersuchungskommission MAK am 12. Januar 2011 in ihrem Abschlussbericht fest, dass die russischen Experten pyrotechnische Untersuchungen durchgeführt hätten, wonach »am Wrack keinerlei Explosivstoffe wie Trotyl, Hexogen oder Oktogen gefunden wurden. Die ballistischen Experten haben jedoch bestätigt, dass verschiedene Handwaffen und Patronenhülsen gefunden wurden. Es war unmöglich zu überprüfen, wann aus diesen Pistolen zum letzten Mal geschossen wurde.«[18] Soll damit die Existenz von Sprengstoffspuren am Wrack legitimiert werden, auf die später polnische Experten gestoßen sind? Eine ziemlich fragwürdige Erklärung wäre das, zumal es ein chemisches Wunder wäre, Sprengstoffsubstanzen wie Hexogen oder TNT an Patronenhülsen oder Pistolen zu finden. Meine Nachfragen bei Sprengstoffexperten eines Landeskriminalamtes ergaben folgendes Ergebnis: »An der Munition eines Revolvers oder einer Pistole ist üblicherweise Schwarzpulver festzustellen, aber keine chemischen Bestandteile von Explosionsstoffen. Deren Spuren würden für einen Anschlag sprechen.« Aber das ist durchaus typisch für Erklärungsversuche der russischen Regierung, auch bei anderen Untersuchungen von Flugzeugunfällen wie etwa beim Absturz der malaysischen Passagiermaschine MH 17 im Sommer 2014. Bei dieser Katastrophe in der Ukraine kann zumindest erwartet werden, dass früher oder später die Wahrheit ans Licht kommen wird. In einer ausführlichen Analyse des Absturzes der MH 17 kam ein journalistisches Rechercheteam vom *Algemeen Dagblad* und dem gemeinnützigen deutschen Recherchebüro »Correct!V« zu dem Ergebnis, dass zwar alles dafürspreche, dass die malaysische Passagiermaschine MH 17 mit den 298 Passagieren von einer russischen BUK-Rakete getroffen wurde, und dass dies den USA und den westeuropäischen Regierungen durchaus bekannt sei. Aber sie schrieben auch: »Wenn das stimmt, ergibt sich daraus der Schluss: Amerika und Westeuropa sind nicht daran interessiert, solche Beweise vorzulegen, weil sie Putin damit endgültig in die Enge treiben würden. Der Kreml-Chef würde als Ausbilder und Ausstatter einer Bande dastehen, die 298 Menschenleben auf dem Gewissen hat. Und der Westen müsste weitere Konsequenzen ziehen – die er gerne vermeiden würde.«[19]

Was den Absturz der Präsidentenmaschine in Smolensk angeht, ist die Situation vergleichbar: Auch hier besteht im Westen offensichtlich kein Interesse an entsprechender Aufklärung, obwohl zumindest die USA über alle entsprechenden Beweise verfügen dürften. Wer also noch auf eine Chance hofft, dass die wahren Schuldigen des Absturzes bekannt werden, müsste schon an die Schwarze Madonna von Tschenstochau glauben. Denn solange es selbst innerhalb der polnischen Bevölkerung keinerlei Dialog zwischen den verfeindeten politischen Lagern gibt und solange Wissenschaftler als Parias der Gesellschaft diffamiert werden, so lange dürfte eine wirklich unabhängige Aufklärung weiter auf sich warten lassen. Wenn die polnischen Bürger erfahren würden, wie die russische und die damalige polnische

Regierung sie getäuscht haben, und wenn gar der juristische Beweis vorhanden wäre, dass es tatsächlich ein Attentat war, es käme zu einem politischen Erdbeben – nicht nur in Polen. Das jedoch muss unbedingt verhindert werden. Dafür gibt es ja die Realpolitiker, die sich so gerne als Repräsentanten der westlichen Wertegemeinschaft präsentieren.

Bedauerlich ist, dass die polnische Bevölkerung, insbesondere jedoch die Absturzopfer, wenig europäische Solidarität erfuhren, und zwar nur deshalb, weil Putin im Jahr 2010 als verlässlicher Partner des Westens galt. In Deutschland blieb es deshalb besonders ruhig. Ein Erklärungsversuch: Lech Kaczyński und sein Bruder Jarosław übten während ihrer Regierungszeit heftige Kritik an Bundeskanzlerin Angela Merkel und dem damaligen Außenminister Frank-Walter Steinmeier. Das war einem mir vorliegenden internen Gesprächsprotokoll vom August 2007 zu entnehmen. Im Jagdhaus der Regierung in der Nähe von Bialystok fand dennoch ein Geheimtreffen zwischen dem damaligen Ministerpräsidenten Jarosław Kaczyński und dem damaligen Oppositionsführer Donald Tusk statt. Jarosław Kaczyński wird in diesem Gesprächsprotokoll mit den Worten zitiert:»In Polen sieht man die stetige Annäherung Deutschlands an Russland mit großer Sorge. Nicht nur Polen hat Angst vor solchen Partnern. Polen hat zu keiner Zeit Gebietsforderungen gegen Deutschland gerichtet. Auf deutscher Seite beteiligten sich Bundes- und Landespolitiker an Veranstaltungen von Vertriebenenverbänden, die solche Forderungen stellen würden. Viele Polen haben instinktiv Angst vor den Deutschen.«

Bei einem solch kühlen Verhältnis zwischen der deutschen und der polnischen Regierung damals ist es wenig verwunderlich, dass sich die Auffassung in der Bundesregierung immer noch hält, wonach es halt ein tragischer Unfall war, nicht mehr und nicht weniger. Umso erstaunlicher ist, dass der BND weitaus kritischere Töne anschlug. Aber solche Papiere kommen normalerweise nicht an die Öffentlichkeit, sondern sind Verschlusssache.

Die Suche nach Wahrheit und Gerechtigkeit: Sie ist in Polen wie in Russland ein besonders steiniger Höhenweg, bei dem man in Gefahr gerät, in den Abgrund zu stürzen, wenn man der Wahrheit zu nahe kommt. »Die Leute haben Angst«, klagt die Krakauer Strafverteidigerin Małgorzata Wassermann. »Ich habe mit einer von mir sehr geschätzten Professorin gesprochen. Sie sagte mir, ich soll das lassen. In fünfzig Jahren dürfen wir vielleicht darüber sprechen. Ich brachte ihr Unterlagen mit. Sie hatte sogar Angst, die Unterlagen anzuschauen, weil sie befürchtete, ihren Job zu verlieren.«[20]

Solange in Polen dieses Klima der Angst herrscht und in Westeuropa kein Interesse besteht, dass noch einmal eine unabhängige internationale Untersuchung des Absturzes vom 10. April 2010 erfolgt, so lange wird wohl niemand die wahren Ursachen dieser menschlichen wie politischen Tragödie aufklären können. Und in der jetzigen weltpolitischen Krisensituation besteht sowieso kein Interesse, hier aktiv zu werden. Erinnert sei deshalb an die Aussage von Professor Marek Żylicz, dem Mitglied der polnischen Untersuchungskommission: »Wir wollten keinen Krieg mit Russland provozieren. Wir wollten nur so viele Informationen wie möglich, um dann in der Lage zu sein, die Ermittlungen zu beenden.«

Eines ist zumindest deutlich geworden: Es gibt inzwischen zu viele Indizien dafür, dass die offiziellen Erklärungen insbesondere der russischen, aber auch der polnischen Regierung zur Absturzursache in wichtigen Teilen faktisch falsch sind.

Ein leider notwendiger Epilog

Was wäre, wenn das osteuropäische Militärflugzeug eines Nato-Staats, an Bord unter anderem der Präsident dieses Nato-Staats, höchste Nato-Generäle und Teile der politischen Elite, am 10. April 2014 unter höchst fragwürdigen Umständen auf russischem Boden abgestürzt wäre und nicht am 10. April 2010? In der bereits propagandistisch aufgeladenen hochexplosiven Stimmung zwischen Russland und Europa beziehungsweise den USA wäre das vielleicht schon der Funke, der einen heißen Krieg auslösen könnte. Damit begann ich den Prolog. Was wäre, könnte ich hinzufügen, wenn das Flugzeug mit dem polnischen Präsidenten Lech Kaczyński Ende Januar 2015 abgestürzt wäre?

Ende Januar 2015 ist die Gefahr eines offenen Kriegs zwischen der Ukraine und Russland in greifbare Nähe gerückt. Das sogenannte Minsker Friedensabkommen, das auch Russland und die Ukraine unterzeichnet haben, ist mehr oder weniger Makulatur. Dabei hoffte insbesondere die deutsche Bundesregierung, mit diesem Abkommen einen regionalen Frieden zu erreichen. Die Gefahr hingegen ist inzwischen dramatisch gestiegen, dass sich anstelle eines erhofften regionalen Friedens ein flächendeckender Krieg mit unabsehbaren Folgen entwickeln wird. Und in Deutschland? Aufschlussreich ist, dass bei der stramm rechten beziehungsweise rechtsradikalen Legida-Demonstration in Leipzig am 23. Januar 2015 auffällig gut gekleidete Herren aus dem russischen Generalkonsulat dabei beobachtet wurden, wie sie viele Fotos von den Teilnehmern knipsten, und dass der russische Sender Russia Today die Legida-Kundgebung sogar live übertrug, ebenso zuvor die Pegida-Kundgebung in Dresden. Wenige Tage später demonstrierten in Erfurt knapp eintausend Menschen nicht unter dem Motto »Patriotische Europäer gegen die Islamisierung des Abendlandes« wie in Leipzig oder Dresden, sondern »Patriotische Europäer gegen die Amerikanisierung des Abendlandes«. Sie warnten vor den USA »als Terrormacht«, vor einem »Bruch mit Russland« und einem »Dritten Weltkrieg«, für den natürlich die Nato und die USA verantwortlich seien. Nun kennt die Dummheit bekanntlich leider keine Grenzen. Bereits vor über einem Vierteljahrhundert sprach der Psychoanalytiker Professor Alexander Mitscherlich in seiner Dankesrede anlässlich der Verleihung des Friedenspreises des Deutschen Buchhandels über Feindseligkeit und Dummheit: »Zwei Faktoren lassen sich benennen, die ernstlich im Lauf der Geschichte einer Entwicklung zu größerer Friedlichkeit im Wege standen. Sie tun es immer noch. Es sind dies die leicht weckbare Feindseligkeit des Menschen gegen seine Artgenossen und die, wie man zu sagen pflegt, unausrottbare Dummheit. ... Ich meine damit nicht die Begabungsdummheit, sondern die anerzogene Dummheit, die sorgfältig durch Erziehung zu Vorurteilen herbeigeführte Dummheit. ... Sie leistet der feindseligen Aggression kräftig Vorschub, weil sie die Neigung erweckt, einen Sündenbock zu finden, Aggression überhaupt nur außerhalb des eigenen Ich zu sehen. Damit steht dem Ausagieren der Feindseligkeit kaum noch etwas entgegen. Sie nimmt vielmehr ihren mehr oder weniger geplanten Lauf.«[1] Das wurde vor einem Vierteljahrhundert analysiert, zu einer Zeit, als sich die beiden Weltmächte USA und UdSSR gegenseitig mit ihrem die gesamte Erde zerstörenden Atomwaffenarsenal gegenüberstanden. Anscheinend hat sich an dieser Erkenntnis von Alexander Mitscherlich überhaupt nichts geändert: Denn Dummheit mit der Konsequenz der Feindseligkeit ist es, die Fakten nicht zur Kenntnis nehmen zu wollen, hier in Bezug auf die russische Politik. Und diese Fakten sind ziemlich eindeutig.

Der lange umkämpfte Flughafen Donezk wurde inzwischen von prorussischen Rebellen erobert. Am 24. Januar 2015 griffen sie die ukrainische Hafenstadt Mariupol an, die letzte von Kiew kontrollierte größere Stadt der Region. Mindestens dreißig Zivilisten wurden dabei durch einen einzigen Granatenangriff auf ein Wohnviertel getötet und über hundert Menschen verletzt. Verantwortlich, so die OSZE, seien prorussische Rebellen gewesen. Auch das 2. Minsker Abkommen vom 12. Februar 2015, verhandelt und abgeschlossen im prächtigen Palast des Diktators Alexander Lukaschenko, war schon wieder Makulatur bevor die Tinte unter dem Dokument getrocknet war. Bundeskanzlerin Angela Merkel, der französische Präsident François Hollande, der ukrainische Staatspräsident Petro Poroschenko und der russische Präsident Wladimir Putin verhandelten 17 Stunden, die immer wieder vom Scheitern bedroht waren, um wenigstens einen Waffenstillstand zu erreichen. An Wladimir Putins Seite lief ein Mann mit einem schwarzen Koffer. Es ist der Atomkoffer. Mit ihm kann der atomare Holocaust ausgelöst werden.

Nur wenige Tage nach dem Abschluss des 2. Minsker Abkommens eroberten die in jeder Beziehung überlegenen prorussischen Separatisten am 18. Februar 2015 die bislang von ukrainischen Truppen gehaltene Stadt Debalzewe. Mit dabei waren tschetschenische Kämpfer, die mit ihren »Allahuakbar«-Rufen besonders auffielen. Während der ukrainische Präsident wider besseren Wissens erklärte, es habe nur 14 Tote bei den Kämpfen der letzten Tage gegeben, sprachen zurückkehrende Soldaten von einhundert gefallenen Kameraden. Über die Lage in der einst von 25 000 Menschen bewohnten Stadt Debalzewe gibt es noch weniger verlässliche Informationen. In den Kellern der zerbombten Häuser dürften sich noch einige Tausend Zivilisten aufhalten, ohne Nahrungs- und Energieversorgung. Als hätte es das neue Minsk-Abkommen nicht gegeben, werden weiterhin Waffen aus Russland in die von Separatisten kontrollierten Gebiete geschafft – unter anderem modernste Panzer, Raketenwerfer und neue Kämpfer. Das Blutvergießen findet kein Ende. Wie sagte doch Wladimir Putin mir einem kaum zu überbietenden Zynismus:»Zu verlieren ist immer schmerzhaft. Aber das Leben geht weiter.«

Er hat jedenfalls sein Ziel erreicht: die Stabilität der Ukraine zu untergraben, die prowestliche Regierung in Kiew scheitern zu lassen und die Ohnmacht des Westens deutlich zu machen. Oder will er die USA provozieren, damit die Obama-Administration Waffen an die Ukraine liefert, um den Konflikt noch weiter anzuheizen?

Und so dreht sich die Eskalationsspirale unaufhaltsam weiter. US-Außenminister John Kerry nannte es unverantwortlich und gefährlich, dass Russland die Separatisten mit modernsten Waffen versorge, und drohte mit weiterem »Druck auf Moskau«.[2] Außenminister Frank-Walter Steinmeier sprach von einer »hochgefährlichen Situation«.[3] Der britische Verteidigungsminister Michael Fallon erklärte sogar:»Die russische Aggression ist eine direkte Bedrohung der Nato.«[4]

Und der Kreml dementiert gebetsmühlenartig, dass weder russische Waffen noch russische Militäreinheiten an dem ukrainischen Bürgerkrieg beteiligt seien. Dafür demonstriert Russland seine nuklearen Muskeln, die in Form von strategischen Langstreckenbombern nicht nur gegen Nato-Staaten gerichtet sind. In Polen ist nicht vergessen, dass bei einem großen russischen Herbstmanöver 2013 ein simulierter Atomangriff auf Warschau durchgeführt wurde. Und im gleichen Jahr simulierten russische Langstreckenbomber den Abschuss von Marschflugkörpern auf Stockholm und Gotland.

Ich erinnere mich an eine Aussage von Wladimir Putin anlässlich seines Staatsbesuchs am 16. Oktober 2014 in Belgrad. Da hob er bereits drohend den atomaren Abzugsfinger: »Wir hoffen, dass unsere Partner die Unvernünftigkeit der Versuche erkennen, Russland zu erpressen. Sie sollten sich in Erinnerung rufen, welche Konsequenzen Uneinigkeit zwischen nuklearen Großmächten für die strategische Stabilität haben könnte.«[5] Geradezu skrupellos ist seine Aussage, die er am 26. Januar 2015 in Sankt Petersburg von sich gab: Demnach sei die ukrainische Armee ja überhaupt keine Armee, sondern eine Fremdenlegion, und zwar eine Fremdenlegion der Nato. Die nationale Souveränität der Ukraine – für ihn gibt es die anscheinend schon nicht mehr.

Die sich aus dieser aggressiven Haltung bei vielen Bürgern entwickelnden Befürchtungen finden ihren Niederschlag in einem Essay von Ljudmila Ulizkaja, der wichtigsten russischen Gegenwartsschriftstellerin. »Die gegenwärtige Politik Russlands ist selbstmörderisch und gefährlich und in erster Linie eine Bedrohung für Russland selbst, könnte aber durchaus zu einem Auslöser eines Dritten Weltkriegs werden. Der im Grunde bereits begonnen hat. Die lokalen Kriege in Tschetschenien, in Georgien und jetzt in der Ukraine sind der Prolog. Den Epilog wird wohl niemand mehr schreiben können.«[6] Diese Einschätzung ist schon deprimierend genug. Aber es war Michail Gorbatschow, der im Januar 2015 in einem *Spiegel*-Interview sagte: »Wenn angesichts dieser angeheizten Stimmung einer die Nerven verliert, werden wir die nächsten Jahre nicht überleben.«[7] Ähnlich argumentiert der russische Militärexperte Jewgenij Buschinskj. Der General-Leutnant der Reserve arbeitet heute in einem russischen Rüstungskonzern. »Wenn es so weitergeht, führt der Konflikt in einen offenen Krieg Russlands mit der Ukraine. Die USA werden nicht zulassen, dass Russland die Ukraine okkupiert, also treten sie in den Krieg ein. Sie können sich vorstellen, wohin das führt. Das sind apokalyptische Szenarien. Mir scheint, die Europäer unterschätzen die Gefahr.«[8]

Vielleicht ist es nur ein Zufall. Am 27. Januar 2015, am ersten Tag der öffentlichen Anhörung in London über den

Mordfall Alexander Litwinenko, erhob der wortgewaltige Ben Emmerson, Rechtsanwalt von Marina Litwinenko, schwere Anschuldigungen vor dem Royal Court of Justice London. Er beschrieb Putin als einen »gemeinen Kriminellen im Kleid eines Staatsoberhauptes« und behauptete, Litwinenko sei ermordet worden, weil er »Verbindungen zwischen Putin und der mächtigsten kriminellen Organisation Russlands aufgedeckt« habe. Ben Emmerson nannte Russland zudem einen »Mafiastaat«.[9] Einen Tag nach seiner Anklage drangen zwei russische Langstreckenbomber Tupolew TU-95 fast in den britischen Luftraum ein. Passagierflugzeuge mussten deshalb umgeleitet werden. Es war so oder so eine Provokation.

Inzwischen wird wieder über die Notwendigkeit eines Roten Telefons gesprochen. Die USA und die Sowjetunion hatten den direkten Draht zwischen Washington und Moskau im Jahr 1963 installiert, damit die Staatsführungen direkt miteinander sprechen können, um einen drohenden Atomkrieg per Zufall zu vermeiden. Eingerichtet wurde das Rote Telefon, nachdem sich 1962 im Zusammenhang mit der Kuba-Krise die beiden Atommächte voller Misstrauen und Feindschaft gegenüberstanden und die Gefahr eines Atomkriegs nicht mehr auszuschließen war. Hoffen wir alle, dass das Rote Telefon auch heute noch in Moskau funktioniert – und es unseren Kindern und Enkelkinder in dieser globalen Welt erspart bleiben wird, mit der Angst vor einem nuklearen Armageddon leben zu müssen.

Anmerkungen

Prolog

1 www.europeanleadershipnetwork.org/dangerous-brinkmanship-closemilitary-encounters-between-russia-and-the-west-in-2014_2101.html, abgerufen 22. November 2014.
2 Das Geschwader 36 ist für die Flüge polnischer Politprominenz samt Präsident und Regierungschef verantwortlich.
3 www.lotniczapolska.pl/Zaloga-Tupolew-TU-154Mewa-z-36-splt, 12748, abgerufen 20. Oktober 2014.
4 Zu den Opfern gehörten Andrezej Kremer, stellvertretender Außenminister mit engen Kontakten zu Deutschland, Zbigniew Wassermann, der in der Regierung von Jaroslaw Kaczyński Geheimdienst-Koordinator Ministerpräsident des Ministerrates war, Janusz Kurtyka, der Präsident des Instituts für Nationale Gedenken, das vergleichbar ist mit der deutschen Birthler-Behörde, Ryszard Kaczorowski, der letzte Staatspräsident der polnischen Exilregierung, Anna Walentynowicz, die Mutter der Solidarność-Bewegung im Jahr 1980, Janusz Kochanowski, der Vorsitzende des Amts des Ombudsmanns für Bürgerrechte, Sławomir Skrzypek, der Präsident der polnischen Notenbank, und Tadeusz Plosik, katholischer Militärbischof.
5 www.president.pl/en/archive/news-archive/news-2010/art,12,125,freedom-and-truth.html, abgerufen 10. November 2014.
6 *Bild am Sonntag*, 11. April 2010.
7 *Frankfurter Allgemeine Sonntagszeitung*, 11. April 2010.
8 www.news.de/politik/855052346/spitzenpolitiker-sollen-getrennt-fliegen/1, abgerufen 10. Januar 2015.
9 *APA Journal*, 12. April 2010.
10 www.newsru.com/russia/10apr2010/tur.html.
11 Bill Gertz: »Inside the Ring«, *Washington Times*, 13. Mai 2010, www.washingtontimes.com/news/2010/may/13/inside-the-ring-86422687/, abgerufen 20. Dezember 2014.
12 www2.polskieradio.pl/eo/dokument.aspx?iid=143477.

13 Gerhard Gnauck, *Welt*, 8.Oktober 2010, www.welt.de/vermisch-tes/weltgeschehen/article10161284/Kaczyński-Absturz-wird-zum-Raenkespiel-mit-Russland.html, abgerufen 18. Oktober 2014.

14 Gespräch mit dem Autor, Warschau, 14. Juli 2014.

15 www.fakt.pl/Ekspert-od-Smolenska-nie-zyje-,artykuly,139101,1. html, abgerufen 30. Dezember 2014.

16 www.wiadomosci.onet.pl/niemieccy-politycy-o-wraku-Tupolew-TU-154 Mewa-o-co-rosjanom-chodzi/cwhp0, abgerufen 20. Dezember 2014.

17 *Dossier Polen: Rechtextremismus in Polen – Gruppierungen, Narrationen, Gegenbewegungen*, Bundeszentrale für politische Bildung, 18. September 2013: www.bpb.de/internationales/europa/polen/169274/analyse-rechtsextremismus-in-polen?p=all, abgerufen 4. Januar 2015.

18 Klaus Brill:»Von Hexen und Erlösern«, *Süddeutsche Zeitung*, 30. September 2014, S. 7.

19 Daniel Brössler, Julian Hans:»Die Angst liest mit«, *Süddeutsche Zeitung*, 1. September 2014, S. 5.

20 *Fakt*, Warschau, 4. März 2014, S. 6, www.fakt.pl/niezbedne-produkty-na-wojne,artykuly,447752,1.html, abgerufen 10. Dezember 2014.

21 www.m.se.pl/wydarzenia/swiat/jesli-putin-spusci-bombe-atomo-wa-warszawa-zostanie-zniszczona-jako-pierwsza_421202.html, abgerufen 10. Januar 2015.

22 Jeffrey Tayler:»Putin's Nuclear Option – Would Russia's president really be willing to start World War III?«, *Foreign Policy*, 4. September 2014, www.foreignpolicy.com/articles/2014/09/04/putins_nuclear_option_russia_weapons, abgerufen 6. Januar 2015.

23 www.fakt.pl/rewolucja-na-ukrainie-wywiad-z-dr-jevgenijem-bilo-nozhko,artykuly,447770,1.html, abgerufen 10. Dezember 2014.

24 www.smolenskcrashnews.com/Andrey-Illarionov-Putin-4th-World-War-and-Smolensk-Crash.html, abgerufen 8. Januar 2015.

25 www.svoboda.org/content/article/26620329.html, abgerufen 4. Januar 2015.

26 Gespräch mit dem Autor, Warschau, 18. Januar 2014.

27 www.spiegel.de/politik/ausland/ukraine-konflikt-putin-daempft-hoffnungen-auf-baldigen-frieden-a-997837.html, abgerufen 10. Januar 2015.

28 Andreas Umland:»Analyse Politische Dauerkrise in Kiew. Destruktiver Semipräsidentialismus und fehlende EU-Perspektive«, *Aussenpolitik.net*, 12. Januar 2010.

29 Sergei L. Loiko:»Russia says it has a right to put nuclear weapons in Crimea«, *Los Angeles Times*, 15. Dezember 2014, www.latimes.com/world/europe/la-fg-russia-nuclear-crimea-20141215-story.html, abgerufen 17. Dezember 2014.

30 www.kas.de/polen/de/publications/14488, abgerufen 24. November 2014.

31 Independent International Fact-Finding Mission on the Conflict in Georgia. Report, Volume I, Brüssel, September 2009, S. 10.

32 Ebenda, S. 20.

33 www.theguardian.com/world/2014/oct/24/sp-ukraine-russia-cold-war?CMP=twt_gu, abgerufen 10. Januar 2015.

34 www.spiegel.de/politik/ausland/kaukasus-konflikt-steinmeier-widerspricht-schroeders-vorwuerfen-a-572546.html, abgerufen 4. Januar 2015.

35 Felix Ackermann:»Katyn ist heute«, *Zeit online*, 12. April 2010, www.zeit.de/politik/ausland/2010-04/polen-russland-katyn-krakau, abgerufen 10. Dezember 2014.

36 Dmitri Babitsch:»Polens Echo auf Putins Worte«, *RIA Novosti*, 3. September 2009, www.de.ria.ru/comments_interviews/20090903/122962034.html, abgerufen 30. November 2014.

Lügen, verdrängen, täuschen: Sowjetische Politik gestern und russische Politik heute

1 www.german.ruvr.ru/radio_broadcast/4006363/278314031, abgerufen 10. Januar 2015.

2 Gero von Randow:»Zufall? Niemals«, *Zeit*, 30. Oktober 2014, S. 1.

3 www.pbs.org/wgbh/pages/frontline/foreign-affairs-defense/putins-way/watch-part-of-a-film-commissioned-by-vladimir-putin-about-himself, abgerufen 17. Januar 2015.

4 Siehe Reinhard Veser:»Eine unangenehme alte Geschichte«, *Frankfurter Allgemeine Zeitung*, 29. März 2012, S. 3.

5 Ebenda.

6 www.occrp.org/person-of-the-year/2014, abgerufen 17. Januar 2015.

7 Global Wealth Report 2013, Zürich, Credit Suisse, S. 53, www.publications.credit-suisse.com/tasks/render/file/?fileID=BCDB1364-A105-0560-1332EC9100FF5C83, abgerufen 15. Januar 2015.

8 www.sueddeutsche.de/wirtschaft/milliardaere-in-russland-ein-drittel-des-wohlstands-in-der-hand-von-prozent-1.1791515, abgerufen 20. Dezember 2014.

9 Golineh Atai, *ARD-Weltspiegel*, 7. Dezember 2014, www.daserste.de/information/politik-weltgeschehen/weltspiegel/sendung/wdr/weltspiegel-141207-100-100.html, abgerufen 6. Januar 2015.

10 Maksim Vikhrow:»Ukaine forms ›ministery of truth‹ to regulate the media«, *Guardian*, 19. Dezember 2014, www.theguardian.com/world/2014/dec/19/-sp-ukraine-new-ministry-truth-undermines-battle-for-democracy, abgerufen 20. Dezember 2014.

11 Peter Pomerantsev:»Putins Medienkrieg«, *ipg-journal*, Friedich-Ebert-Stiftung, Dezember 2014, www.ipg-journal.de/rubriken/aussen-und-sicherheitspolitik/artikel/putins-medienkrieg-708, abgerufen 10. Januar 2015.

12 www.de.ria.ru/aktuelles_uber_uns/20140306/267989904.html, abgerufen 20. November 2014.

13 www.youtube.com/watch?v=dftzx24HsSo&feature=youtu.be, abgerufen 20. November 2014.

14 www.reporter-ohne-grenzen.de/pressemitteilungen/meldung/willkuerprozesse-gegen-investigative-journalisten, abgerufen 4. Januar 2015.

15 Golineh Atai, *ARD-Weltspiegel*, 7. Dezember 2014.

16 www.tagesspiegel.de/medien/ivan-rodionov-putins-bester-talkshow-vertreter/9646280.html, abgerufen 10. Dezember 2014.

17 www.irodionov.com/wp-content/uploads/2014/07/Rodionov-Interview-to-Perspectives.pdf, abgerufen 15. Januar 2015.

18 Carsten Luther:»Das hat uns gerade noch gefehlt«, *Zeit online*, 19. November 2014, www.zeit.de/politik/ausland/2014-11/rt-deutsch-russland-propaganda-luegen, abgerufen 12. Dezember 2014.

19 Ebenda.

20 www.rtdeutsch.com/6892/headline/bayern-ist-gerustet-atombunker-und-sprengstoff-gegen-den-russischen-einmarsch, abgerufen 20. Dezember 2014.

21 www.faz.net/aktuell/gesellschaft/niederbayer-hortet-waffen-in-privatem-bunker-13278771.html, abgerufen 15. Januar 2015.

22 wwww.euromaidanpress.com/2014/12/03/deutschland-und-die-desinformationspolitik, abgerufen 20. Januar 2015.

23 www.themoscowtimes.com/multimedia/video/russians-react-to-mcdonalds-closures-in-moscow/505722.html, abgerufen 12. Dezember 2014.

24 www.de.ria.ru/security_and_military/20141001/269681321.html, abgerufen 15. Dezember 2014.

25 www.bild.de/politik/ausland/ukraine/schock-nach-dem-krieg-massengraeber-in-ost-ukraine-entdeckt-37896280.bild.html, abgerufen 8. Januar 2015.

26 Ministry of Foreign Affairs of the Russian Federation: *White Book on Violations of Human Rights in Ukraine (Juli–November 2014)*, Moskau, November 2014, S. 6.

27 Ebenda. S. 103.

28 www.tagesschau.de/ausland/amnesty-massengraeber-ukraine-101.html, abgerufen 30. Januar 2015.

29 www.german.ruvr.ru/news/2014_12_15/UN-Mission-zweifelt-an-Existenz-von-Massengrabern-in-Ostukraine-1739, abgerufen 15. Januar 2015.

30 www.top.rbc.ru/politics/10/12/2013/893963.shtml, abgerufen 16. Januar 2015.

31 Jens Himmelreich:»Putin findet Anhänger bei Europas Rechtspopulisten«, Deutschland Radio Kultur, 28. November 2014, www.deutschlandradiokultur.de/russland-putin-findet-anhaenger-bei-europas-rechtspopulisten.1005.de.html?dram%3Aarticle_id=304561, abgerufen 20. Dezember 2014.

32 Benno Ennker:»Der Krieg findet nicht statt. Strategie und Taktik einer zielgerichteten Eskalation und eine mögliche Konfliktlösung«, *Russland-Analysen* 273, 14. März 2014, S. 8.

33 www.de.sputniknews.com/militar/20141210/270185763.html, abgerufen 20. Januar 2015.

34 Benno Ennker:»Der Krieg findet nicht statt. Strategie und Taktik einer zielgerichteten Eskalation und eine mögliche Konfliktlösung«, *Russland-Analysen* 273, 14. März 2014, S. 8.

35 www.spiegel.de/politik/ausland/ukip-chef-farage-nennt-merkel-kalt-und-elend-lob-fuer-putin-a-961659.html, abgerufen 18. Januar 2015.

36 Alina Polyakova:»Strange Bedfellows: Putin and Europe's Far

Right«, *World Affairs Journal*, www.worldaffairsjournal.org/print/
83759, abgerufen 10. Januar 2015.

37 www.novinite.com/articles/143907/Top+Bulgarian+Nationa-
list+Presents+B-day+Gifts+to+Putin, abgerufen 20. Januar 2015.

38 Sonja Hasewend:»Zu viel Fremdes tut niemandem gut«. *Tagesspiegel*, 11. Oktober 2010.

39 *Profil online*, 26. Juli 2014, www.profil.at/articles/1430/980/
377003/starke-fpoe-ist-heinz-christian-strache, abgerufen 30. Januar 2015.

40 Hans-Jörg Schmidt:»Tschechiens Außenpolitik driftet Richtung
Moskau«, *Welt*, www.welt.de/politik/ausland/article134591363/
Tschechiens-Aussenpolitik-driftet-Richtung-Moskau.html, abge-
rufen 20. Januar 2015.

41 www.donaukurier.de/lokales/eichstaett/5e-akademie05-Denken-
dorf-Stuetzpunkt-fuer-Russische-Foederation;art575,1508759,
abgerufen 20. Januar 2015.

42 www.gedenkbibliothek.de/download/Dr_Dmitrij_Chmelnizki_
Der_Ministerpraesident_und_die_Prinzessin_mit_dem_Orden_
der_Geheimpolizei_vom_19_09_2006.pdf, abgerufen 29. Januar
2015.

43 www.welt.de/print-wams/article134974/Platzeck-und-ein-Orden-
aus-Moskau.html, abgerufen 20. Januar 2015.

44 www.sueddeutsche.de/politik/umgang-mit-putin-im-ukraine-konflikt-
nachgeben-oder-hart-bleiben-1.2225622, abgerufen 3. Januar 2015.

45 Markus Wehner:»Böse Bären, Tschaikowski und der Holocaust«,
Frankfurter Allgemeine Zeitung, 30. August 2008.

46 Franziska von Mutius:»Die Russen feiern in der Krise erst recht«,
Morgenpost, 4. September 2009.

47 Claudia Thaler:»Beckenbauer als Gazprom-Botschafter«, *Spiegel
online*, www.spiegel.de/wirtschaft/unternehmen/gazprom-becken
bauer-soll-image-des-energiekonzerns-verbessern-a-908987.html,
abgerufen 10. Dezember 2014.

48 www.schwaebische.de/home_artikel,-_arid,2505125.html, abgerufen 20. Dezember 2014.

49 *Märkische Oderzeitung*, 12. Juni 2010.

50 www.gazprom-germania.de/ru/pressa/press-relizy/pressrelease/
article/gazprom-germania-unterstuetzt-die-potsdamer-schloesser-
nacht-2010.html, abgerufen 20. Dezember 2014.

51 www.faz.net/aktuell/politik/russland-politik-schroeders-gedaecht-nisschwund-13306441.html, abgerufen 29. Januar 2015.

52 Dominic Johnson:»Kein Bückling vor Putin!«, *TAZ*, 7. Dezember 2014, www.taz.de/Kommentar-zum-Aufruf-fuer-Frieden/!150870, abgerufen 10. Januar 2015.

53 www.german-foreign-policy.com/de/fulltext/59015. abgerufen 22. Januar 2015.

54 *Tagesspiegel*, 11. Dezember 2014, www.tagesspiegel.de/politik/gegen-aufruf-im-ukraine-konflikt-osteuropa-experten-sehen-russland-als-aggressor/11105530.html, abgerufen 22. Januar 2015.

55 www.derwesten.de/politik/russen-proben-die-schneerevolution-gegen-putin-id6146071.html, abgerufen 20. Januar 2015.

56 Vgl. Jürgen Roth: *Gazprom. Das unheimliche Imperium*, München, 2014, S. 267.

57 www.eurasischesmagazin.de/ticker/Hans-Boland-lehnt-Puschkin-Medaille-aus-der-Hand-Putins-ab/192, abgerufen 15. Februar 2015.

58 www.publikumskonferenz.de/forum/viewtopic.php?f=34&t=149, abgerufen 20. Januar 2015.

59 *Die Welt*, 24. September 2014.

60 *Der Standard*, 4. März 2014, www.derstandard.at/1392687008609/USA-stoppen-militaerische-Zusammenarbeit-mit-Russland, abgerufen 20. Januar 2015.

61 www.spiegel.de/politik/ausland/putin-wirft-ukraine-schwere-verbrechen-vor-a-964976.html, abgerufen 20. Januar 2015.

62 www.ndr.de/nachrichten/putininterview108_page-1.html, abgerufen 26. Januar 2015.

63 *Spiegel online*, 4. Dezember 2014, www.spiegel.de/politik/ausland/russland-putin-haelt-rede-an-die-nation-a-1006527.html, abgerufen 20. Januar 2015.

64 Ulrich Schmid:»Die Werbestunde des Herrn Putin«, *Neue Zürcher Zeitung*, 17. November 2014, www.nzz.ch/international/die-werbestunde-des-herrn-putin-1.18426422, abgerufen 23. Januar 2015.

65 www.russland.boellblog.org/2014/08/29/was-bezweckt-putin-mit-dem-lob-der-freischaerler-in-der-ostukraine,abgerufen 20. Januar 2015.

66 Tim Whewell,»The Russians fighting a ›holy war‹ in Ukraine«, *BBC News Magazine*, 18. Dezember 2014, www.bbc.com/news/magazine-30518054, abgerufen 20. Januar 2015.

67 *Süddeutsche.de*, 18. Dezember 2014, www.sueddeutsche.de/politik/putin-zum-konflikt-in-der-ostukraine-russische-kaempfer-folgendem-ruf-des-herzens-1.2272997, abgerufen 20. Januar 2015.

68 Ben Judah:»Putin's Coup. How the Russian leader used the Ukraine crisis to consolidate his dictatorship«, Politico, 19. Oktober 2014, www.politico.com/magazine/story/2014/10/vladimir-putins-coup-112025_full.html?print«.VEVfmuf57aQ, abgerufen 23. Januar 2015.

69 Andrew Rettman:»Former Polish FM causes scandal on Russia interview«, *Euobserver*, www.euobserver.com/foreign/126183, abgerufen 10. Januar 2015.

70 Ben Judah:»Putin's Coup. How the Russian leader used the Ukraine crisis to consolidate his dictatorship«, ebenda.

71 Zitiert nach *Kiewer Gespräche. Für eine gemeinsame europäische Zukunft*, Berlin, 2014, S. 3.

72 www.faz.net/aktuell/politik/ausland/europa/moskau-attackiert-amerika-wegen-niedrigem-oelpreis-13212757.html, abgerufen 23. Januar 2015.

73 www.theguardian.com/world/2014/oct/24/sp-ukraine-russia-cold-war?CMP=twt_gu, abgerufen 20. Januar 2015.

74 Thomas Scholl:»Verroht und entfremdet«, *Frankfurter Rundschau*, 25. November 2014, S. 8.

75 www.euromaidanpress.com/2014/11/02/fake-beobachter-beobachten-fake-wahlen-in-den-fake-republiken, abgerufen 10. Januar 2015.

76 www.antac.org.ua/en/about-us, abgerufen 23. Januar 2015.

77 Anna Politkovskaja: *In Putins Russland*, Köln, 2005, S. 7.

78 Ebenda, S. 45–46.

79 Amy Knight, in: John B. Dunlop: *The Moscow Bombings of September 1999. Examinations of Russian Terrorist Attacks at the Onset of Vladimir Putin's Rule*, Stuttgart, 2014, S. 7.

80 David Satter: *Darkness at Dawn: The Rise oft he Russian Criminal State*, New Haven, 2003, S. 26.

81 Miriam Lanskoy,»Caucasus Ka-Boom«, *The NIS Observed: An Analytical Review* 17, 8. November 2000.

82 John B. Dunlop: *The Moscow Bombings of September 1999. Examinations of Russian Terrorist Attacks at the Onset of Vladimir Putin's Rule*, Stuttgart, 2014, S. 260.

83 Claire Newell, Lyndsey Telford, Eward Malnick:»Litvinenko inquiry: the proof Russia was involved in dissident's murder«, *The Telegraph*, London, 23. Januar 2015.

84 www.litvinenkoinquiry.org/hearings«trans, abgerufen 30. Januar 2015.

85 www.amnesty.org/fr/library/asset/EUR46/063/2005/en/b803 bb9f-d474-11dd-8743-d305bea2b2c7/eur460632005en.pdf,abgerufen 18. Januar 2015.

86 www.amnestyinternational.be/doc/actions-en-cours/les-actions-urgentes/Les-actions-urgentes-en-anglais/article/russian-federation-mikhail-8077, abgerufen 18. Januar 2015.

87 www.tagesschau.de/ausland/ukraine-mh17-106.html, abgerufen 26. Januar 2015.

88 Konrad Schuller:»Kampf um die Wahrheit«, *Frankfurter Allgemeine Zeitung*, 21. Juli 2014.

89 Christian Stöcker:»Der zertrampelte Tatort«, Spiegel-Online, 27. Juli 2014, abgerufen 20. Januar 2015.

90 www.de.sputniknews.com/german.ruvr.ru/2014_09_09/Schuldfrage-nach-Boeing-Absturz-Malaysia-hat-Hinweise-4241, abgerufen 26. Januar 2015.

91 www.news.yahoo.com/russians-fed-conspiracy-theories-ukraine-crash-064400429.html, abgerufen 25. Januar 2015.

92 Yuras Karmanau, Peter Leonard:»What happened? The day Flight 17 was downed«, *AP*, www.bigstory.ap.org/article/what-happened-day-flight-17-was-downed, abgerufen 20. Januar 2015.

93 www.friedensblick.de/12781/verteidigungsministerium-russlands-zum-absturz-des-malaysischen-flugzeugs-der-ukraine, abgerufen 26. Januar 2015.

94 www.rtdeutsch.com/6352/inland/rt-exklusiv-ex-top-spion-zu-mh-17-und-moglichen-stasiverbindungen-von-merkel-und-gauck, abgerufen 26. Januar 2015.

95 www.german.ruvr.ru/2014_09_09/Absturz-von-MH17-Keine-wissenschaftliche-Untersuchung-9575, abgerufen 20. Januar 2015.

96 www.nva-forum.de/nva-board/index.php, abgerufen 23. Januar 2015.

97 www.info.kopp-verlag.de/hintergruende/europa/gerhard-wisnewski/mh17-zwischenbericht-bankrotterklaerung-fuer-die-offizielle-version.html, abgerufen 20. Januar 2015.

98 www.themoscowtimes.com/business/article/santa-for-hire-soap-maker-run-insurgency-in-ukraines-east/500217.html, abgerufen 20. Januar 2015.

99 Ebenda.

100 www.kp.ru/daily/26225/3108701, abgerufen 20. Januar 2015.

101 www.csmonitor.com/World/Europe/2014/0717/Web-evidence-points-to-pro-Russia-rebels-in-downing-of-MH17-video, abgerufen 23. Januar 2015.

102 www.focus.de/panorama/welt/tragoedie-in-der-ukraine-die-ersten-indizien-um-den-absturz-von-mh17_id_3999424.html, abgerufen 23. Januar 2015.

103 www.propagandaschau.wordpress.com/2014/07/18/ard-lugen-und-desinformation-uber-mh17, abgerufen 30. Januar 2015.

104 www.voltairenet.org/article185485.html, abgerufen 20. Januar 2015.

105 *New Straits Times Online*, www.nst.com.my/node/21682, abgerufen 23. Januar 2015.

106 Friedrich Schmidt:»Auf allen Kanälen«, *Frankfurter Allgemeine Zeitung*, 18. November 2014.

107 www.news.com.au/world/russian-newspaper-novaya-gazeta-prints-frontpage-apology-for-mh17-disaster-in-dutch/story-fndir2ev-1227001958997, abgerufen 23. Januar 2015.

108 Siehe *Preliminary Report. Crash involving Malaysia Airlines*, Den Haag, September 2014, www.de.scribd.com/doc/239141317/MH17-Dutch-Safety-Board-Preliminary-Report2014, abgerufen 23. Januar 2015.

109 Rainer Leurs:»Veröffentlichung am Dienstag: Die Fakten zum ersten Bericht über Flug MH 17«, *Spiegel online*, 8. September 2014.

110 *Spiegel* 43/2014, S. 17.

111 www.bellingcat.com/resources/case-studies/2014/09/29/geoloc ating-the-mh17-buk-convoy-in-russia, abgerufen 23. Januar 2015.

112 Bastian Berbner:»Die Spur des Raketenwerfers«, *Zeit online*, 13. November 2014, www.zeit.de/2014/47/malaysia-airlines-mh17-absturz-ukraine-neue-beweise, abgerufen 23. Januar 2015.

113 Ebenda.

114 www.nytimes.com/2014/10/15/world/europe/vladimir-putin-russia-australia-tony-abbott.html?ref=world&_r=1, www.gerhard-wisnewski.de/kopp.php, abgerufen 23. Januar 2015.

115 Ralph Hötte, Hans Leyendecker:»Neue Vorwürfe im Fall von Flug MH 17«, *Süddeutsche Zeitung*, 4. Dezember 2014, S. 7.

116 *ARD-Morgenmagazin*, www.tagesschau.de/multimedia/video/video-45275.html, abgerufen 23. Januar 2015.

Katyn: Ein Trauma mit politischen Nachwirkungen

1 www.tagesspiegel.de/politik/nach-Kaczyńskis-tod-walesa-erneut-ist-polens-elite-ums-leben-gekommen/1786466.html, abgerufen 20. Januar 2015.

2 www.histoproblog.org/2013/12/27/der-hitler-stalin-pakt-von-august-1939-ribbentrop-molotow-pakt, abgerufen 23. Januar 2015.

3 Victor Zaslavsky: *Klassensäuberung. Das Massaker von Katyn*, Berlin, 2007, S. 23.

4 Auswärtiges Amt, Deutsche Informationsstelle (Hg.): *Amtliches Material zum Massenmord von Katyn*, Berlin, 1943, S. 15.

5 Ebenda, S. 161.

6 Ebenda, S. 166.

7 Victor Zaslavsky: *Klassensäuberung. Das Massaker von Katyn*, Berlin, 2007, S. 64.

8 Embassy of the United States of America:»Subject: Investigation by Soviet authorities oft he Massacre of Polish Soldiers in the Katyn Forest, near Smolensk«, Moskau, 23. Februar 1944.

9 Rudolf Walter:»Das Verbrechen von Katyn«, *Zeit online*, www.zeit.de/2007/47/P-Katyn, abgerufen 30. Januar 2015.

10 Victor Zaslavsky: *Klassensäuberung. Das Massaker von Katyn*, Berlin, 2007, S. 116.

11 www.russlandonline.ru/rupol0010/morenews.php?iditem=5040, abgerufen 20. Januar 2015.

12 Johannes Voswinkel:»Putin profitiert vom Stalinkult«, *Zeit online*, 2. Februar 2013, www.zeit.de/politik/ausland/2013-02/russland-stalingrad-gedenken-stalin/seite-2, abgerufen 23. Januar 2015.

Tragödie oder Verbrechen:
Der Flugzeugabsturz von Smolensk

1 Gerhard Wisnewski:»Smolensk Absturz«, *Kopp online*, 30. April 2010, www.info.kopp-verlag.de/hintergruende/geostrategie/smolensk-absturz-simsalabim-weg-ist-die-polnische-elite.html, abgerufen 23. Januar 2015.

2 Gerhard Wisnewski:»Polskaweb – lebt Kaczyński noch?«, *Kopp online*, 9. August 2010, www.info.kopp-verlag.de/hintergruende/europa/gerhard-wisnewski/-polskaweb-lebt-lech-Kaczyński-noch.html, abgerufen 20. Januar 2015.

3 www2.gwu.edu/~nsarchiv/news/20010430/northwoods.pdf, abgerufen 20. Januar 2015.

4 Wladimir Grinin, Botschafter der Russischen Föderation in Polen, heute Botschafter der Russischen Föderation in Deutschland, im Gespräch mit Walerij Mastierow, *Wriemia Nowostiej*, 15. März 2010, aus dem Archiv des Parlamentarischen Ausschusses.

5 www.russland.boellblog.org/2010/04/09/putin-verurteilt-in-katyn-den-stalinistischen-terror-will-aber-von-einer-schuld-des-heutigen-russland-nichts-wissen, abgerufen 23. Januar 2015.

6 *Polityka*, Warschau, 6. April 2010.

7 www.smolenskcrashnews.com/polish-president-security-intentionally-compromised.html, abgerufen 23. Januar 2015.

8 *Naszdziennik Nr.* 205, Thorn, 4. September 2014, S. 1 und 6.

9 www.wpolityce.pl/polityka/143375-ujawniamy-co-mowil-remigiusz-mus-w-smolenskim-sledztwie-obszerne-fragmenty-zeznanopis-miejsca-katastrofy-godzine-po-zdarzeniu, abgerufen 23. Januar 2015.

10 Commitee for Investigation of National Aviation Accidents Tu-154: *Final Report from the examination oft he aviation accident no 192/2010/11*, Warschau.

11 www.epl.delfi.ee/news/valismaa/kas-katastroofi-pohjustas-puudulik-keeleoskus?id=51274266, abgerufen 24. Januar 2015.

12 www.derstandard.at/1289608350216/Fluglotsen-von-Smolensk-aenderten-ihre-Aussagen, abgerufen 23. Januar 2015.

13 *Rzeczpospolita*, 27. November 2010.»Polish paper: intels suspect fabrication of witness testimony on Smolensk crash«, *BBC Monitoring Europe*, 30. November 2010.

14 www.youtube.com/watch?v=U08oJ8ahf5c, abgerufen 23. Januar 2015.

15 Ebenda.

16 Gespräch, Warschau, 15. August 2014.

17 www.stary.naszdziennik.pl/index.php?dat=20110118&typ= po&id=po01.txt, abgerufen 20. Januar 2015.

18 Gespräch mit Antoni Macierewicz, Warschau, 30. Mai 2014.

19 www.npw.gov.pl/491-4a112b267c50b-20069-p_14.htm, abgerufen 23. Januar 2015.

20 www.tvp.info/informacje/polska/parulski-o-tresci-akt-smolenskich/2448389, abgerufen 23. Januar 2015.

21 en.wikipedia.org/wiki/Vincent_Di_Maio, abgerufen 29. Januar 2015.

22 Gespräch, Warschau, 10. Juli 2014.

23 Gespräch, Krakau, 15. Juli 2014.

24 www.youtube.com/watch?v=DqMEFETjzOY, abgerufen 23. Januar 2015.

25 www.reporter-ohne-grenzen.de/fileadmin/Redaktion/Presse/ Downloads/Ranglisten/Rangliste_2014/140211_Rangliste_ Deutsch_Tabelle.pdf, abgerufen 23. Januar 2015.

26 www.rp.pl/artykul/460798.html, abgerufen 20. Dezember 2014.

27 Christian Stöcker:»Der zertrampelte Tatort«, *Spiegel online*, 20. Juli 2014.

28 Jacek F. Gieras,»Evaluation, Investigation Techniques and Possibility of Malfunction of Electric System of Tu-154M«, *Konferenzmaterial der internationalen Konferenz zur Aufklärung der Katastrophe von Smolensk*, Warschau, 2013, S. 55, www.konferencja.home.pl/ materialy/05.pdf, abgerufen 10. Dezember 2014.

29 www.doomedsoldiers.com/Lech-Kaczyński's-death-under-investigative-scrutiny.html, abgerufen 23. Januar 2015.

30 www.youtube.com/watch?v=pkK6WdSBGXc, abgerufen 23. Januar 2015.

31 Elena Tschernenko, *BZ am Sonntag*, 11. April 2010.

32 *Prospekcja Terenowa Miesjsca Katastrofy TU 154 M pod Smolenskiem z Uzyciem method Stosowanych w Archeologii, Raport Koncowy*, Warschau, 2010, www.orka.sejm.gov.pl/ZespolSmolenskMedia.nsf/files/ZSMK-9GMS8P/%24File/tom_207.pdf, abgerufen 15. Dezember 2014.

33 www.npw.gov.pl/491-Prezentacjanewsa-52508-p_2.htm, abgerufen 24. Januar 2015.

34 www.rmf24.pl/tylko-w-rmf24/wywiady/kontrwywiad/news-edmund-klich-premier-powiedzial-mi-zapomnielismy-o-smolensku,nId,597946, abgerufen 24. Januar 2015.

Allein gelassen: Seltsame Erlebnisse der Hinterbliebenen

1 Antoni Macierewicz: E-Mail vom 27. September 2014 an den Autor.

2 Monika Scislowska, Vanessa Gera: »Poland exhumes some 2010 Plane crash victims«, *AP*, 23. März 2012, www.news.yahoo.com/poland-exhumes-2010-plane-crash-victims-075014615.html, abgerufen 23. Januar 2015.

3 »Interview Professor Michael Baden«, *Gazeta Polska*, www.youtube.com/watch?v=yI4dbLSvtK4, abgerufen 23. Januar 2015.

4 Aleksandra Rybinska: »Interview«, *Gazeta Polska*, 29. März 2012, www.vod.gazetapolska.pl/1419-exclusive-interview-prof-michael-baden-english-version, abgerufen 20. November 2014.

5 Monika Scislowska, Vanessa Gera: »Poland exhumes some 2010 Plane crash victims«, *AP*, 23. März 2012, www.news.yahoo.com/poland-exhumes-2010-plane-crash-victims-075014615.html, abgerufen 24. Januar 2015.

6 www.wyborcza.pl/1,91446,17121261,Prokurator_Olejnik_unie winniony_ws__krytyki_sledztwa.html, abgerufen 24. Januar 2015.

7 www.wikileaks.org/gifiles/docs/11/1136251_re-plane-crash-.html, abgerufen 23. Januar 2015.

8 Wolfgang Jung: »Kaczyński-Absturz: Fremde Stimmen im Cockpit«, *Berliner Morgenpost*, 20. Mai 2010, S. 4.

9 Der Pilot der Tupolew TU-154M.

10 *Süddeutsche Zeitung Magazin*, 17. Dezember 2010, S. 14.

11 »Zwei Besucher im Cockpit«, *Frankfurter Allgemeine Zeitung*, 20. Mai 2010, S. 6.

12 *Berliner Morgenpost*, 8. Oktober 2010.

13 www.wikileaks.brizawen.com/gifiles/docs/37/3790002_-os-poland-ct-polish-prosecutor-probed-for-handing-smolensk.html, abgerufen 25. Januar 2015.

14 Ulrich Krökel:»Pilot der Kaczyński -Maschine: Sündenbock der Nation«, *Spiegel online*, 8. April 2011.

15 Tilman Müller:»Dieser Pilot widersetzte sich Lech Kacznyski«, *Stern.de*, 18. April 2010, www.stern.de/politik/ausland/absturz-der-praesidentenmaschine-dieser-pilot-widersetzte-sich-lechkacznyski-1559473.html, abgerufen 24. Januar 2015.

16 Der größte Flughafen auf der Krim.

17 Interstate Aviation Commitee, Air Accident Investigation Commission: *Final Report, Tu-154M tail number 101*, S. 126, www.webcitation.org/5zf3RPdHw, abgerufen 30. Januar 2015.

18 Thomas Urban: Mysteriöse Stimme im Cockpit, Süddeutsche Zeitung, 28. Januar 2012, S. 8.

19 Interstate Aviation Commitee, Air Accident Investigation Commission: *Final Report, Tu-154m tail number 101*, S. 180.

20 www.bild.de/politik/2011/flugzeugabsturz/betrunkener-luftwaffen-chef-zwang-piloten-zur-landung-15458180.bild.html, abgerufen 24. Januar 2015.

21 www.krone.at/Welt/Betrunkener_General_schuld_an_Kaczyński-Absturz-Abschlussbericht-Story-240117, abgerufen 30. Januar 2015.

22 *APA Nachrichten*, Wien, 14. Januar 2011.

23 www.npw.gov.pl/491-Prezentacjanewsa-53927-p_1.htm, abgerufen 17. Dezember 2014.

24 »Komunikat Naczelnej Prokuratury Wojskowej«, 20. März 2014, www.npw.gov.pl/491-Prezentacjanewsa-53927-p_1.htm, abgerufen 17. Dezember 2014.

25 »Kłamstwa, które dotkne?ły pamie?ć gen. Błasika musza? zostać sprostowane‹. Czy Sejm stać na przyje?cie takiej uchwały?«, *wpolityce.com*, 28. März 2014, wpolityce.pl/polityka/189387-klamstwa-ktore-dotknely-pamiec-gen-blasika-musza-zostac-sprostowane-czy-sejm-stac-na- przyjecie-takiej-uchwaly, abgerufen 10. Januar 2015.

Vergangenheitsbewältigung: Der lange Arm des Militärischen Nachrichtendiensts

1 Andreas Mix: *Eine Regierung aus Verfolgten und Vefolgern*, www.berliner-zeitung.de/archiv/die-ersten-halbfreien-wahlen-in-polen-laeuteten-1989-das-ende-des-ostblocks-ein-eine-regierung-aus-ver-

folgten-und-verfolgern, 10810590, 10644244.html, 6. Juni 2009, abgerufen 29. Januar 2015.

2 Der Direktor der Kanzlei des Parlaments.

3 Europäischer Gerichtshof für Menschenrechte, 4. Abteilung: *Entscheidung 15189/10*, 14. Mai 2013, www.hudoc.echr.coe.int/sites/eng/pages/search.aspx?i=001-121267«{%22itemid%22: [%22001-121267%22], abgerufen 23. Januar 2015.

4 »Deal hinterm Bahnhof«, *Spiegel*, 7. Oktober 1991, www.spiegel.de/spiegel/print/d-13490935.html, abgerufen 23. Januar 2015.

5 Jeffrey Simon: *Poland and Nato. A Study in Civil-military Relations*, Oxford, 2004, S. 94.

6 www.archive.org/stream/MacierewiczReportOnLiquidationOf-ThePolishMilitaryInformationServices/WSI_Report_full_djvu.txt, abgerufen 23. Januar 2015.

7 www.wpolityce.pl/polityka/226405-macierewicz-aneks-powinien-zostac-upubliczniony-polacy-maja-prawo-wiedziec-jakich-dokumentow-przerazil-sie-prezydent-nasz-wywiad, abgerufen 23. Januar 2015.

8 *Gazeta Polska*, Warschau, 19. Dezember 2014, S. 1–3.

9 www.wpolityce.pl/polityka/226545-przesluchanie-bronislawa-komorowskiego-krok-po-kroku-nie-pamietam-nie-wiem-to-insynuacje, abgerufen 26. Januar 2015.

10 www.region-europa.de/der-kalte-krieg-der-generale, abgerufen 25. Januar 2015.

11 Dukaczewski: »WSI Liquidation Left PiS without Scapegoat«, *Polish News Bulletin*, 18. März 2010.

12 *Neue Zürcher Zeitung*, 4. Oktober 2010, S. 5.

13 Wojchiech Wybranowski: »Pro Milito wants to go to the Army?«, *Nasz Dziennik*, Warschau, 24. Mai 2008.»Polish experts voice concern about former security officers' association«, *BBC Monitoring Europe*, 28. Mai 2008.

Streit der Experten: Schwierige Ermittlungen

1 www.wpolityce.pl/polityka/139443-w-zagadkowym-wypadku-w-tatrach-zginal-jozef-szaniawski-czlowiek-ktory-walczyl-o-prawde-o-misji-pulkownika-kuklinskiego, abgerufen 24. Januar 2015.

2 en.wikipedia.org/wiki/Tatiana_Anodina, abgerufen 30. Januar 2015.

3 www.vedomosti.ru/companies/news/8956211/boeing777_aero-flota_s_otklyuchennym_dvigatelem_sel_v, abgerufen 23. Januar 2015.

4 Gerhard Gnauck:»Kaczyński-Absturz wird zum Ränkespiel mit Russland«, *Welt*, 8. Oktober 2010, www.welt.de/vermischtes/weltgeschehen/article10161284/Kaczyński-Absturz-wird-zum-Raenkespiel-mit-Russland.html, abgerufen 24. Januar 2015.

5 www.wiadomosci.onet.pl/swiat/jutro-prezentacja-raportu-makpremier-nie-przerwie-urlopu/fx7yb, abgerufen 24. Januar 2015.

6 Konrad Schuller:»Herr General, alles klappt«, *Frankfurter Allgemeine Zeitung*, 21. Januar 2011, www.faz.net/aktuell/politik/ausland/flugzeugabsturz-in-smolensk-herr-general-alles-klappt-1580174.html, abgerufen 25. Januar 2015.

7 www.wpolityce.pl/smolensk/189695-bogdan-klich-celem-raportuanodiny-byla-kompromitacja-polski-i-uderzenie-w-polskich-pilotow-nasz-wywiad, abgerufen 25. Januar 2015.

8 Interstate Aviation Commitee, Air Accident Investigation Commission: *Final Report, Tu-154m tail number 101*, S. 147.

9 Ebenda, S. 169.

10 Ebenda, S. 179.

11 www.bibula.com/?p=31711, abgerufen 18. Januar 2015.

12 Fred Weir:»Russia report on Lech Kaczyński plane crash irks Poland«, *Christian Science Monitor*, 13. Januar 2011, www.csmonitor.com/World/Europe/2011/0113/Russia-report-on-Lech-Kaczyński-plane-crash-irks-Poland, abgerufen 17. Dezember 2014.

13 www.mswia.datacenter-poland.pl/FinalReportTu-154MRussian.pdf, abgerufen 26. Januar 2015.

14 Commitee for Investigation of National Aviation Accidents Tu-154: *Final Report from the examination of the aviation accident no 192/2010/11*, Warschau, S. 235.

15 Gazeta Wyborcza:»Smolensk – eine unendliche Geschichte«, www.eu.auslandsdienst.pl/3/25/Artykul/125952, abgerufen 30. Januar 2015.

16 *Biala Ksega Smolenskiej Tragedii*, Warschau, Juni 2011, S. 168, www.jaroslawzielinski.pl/userfiles/file/bialaksiega.pdf, abgerufen 30. Januar 2015.

17 »PiS points finger at Russians«, *New Poland Express*, 1. Juli 2011, S. 1.
18 www.german.ruvr.ru/2014_04_10/Absturz-von-Smolensk-Stein-des-Ansto-es-im-polnisch-russischen-Verhaltnis-6121, abgerufen 10. Dezember 2014.
19 Polskie Radio dla Zagranicy, 13. Januar 2012, www.thenews. pl/1/9/Artykul/82065, abgerufen 5. Dezember 2014.
20 »W strefie z kokpitem znaleziono trzynaście ciał: Nie było wśród nich pilotów«, *Wprost*, 19. Januar 2012, www.wprost.pl/ar/ 288938/Oprocz-Blasika-wkokpicie-znaleziono-dwanascie-cial, abgerufen 23. Januar 2015.
21 Tilmann Müller, Andreas Albes, Bettina Sengling: »Protokoll eines Absturzes«, *Stern*, 17. Juni 2010, S. 52–64.
22 www.derstandard.at/1325486069753/Polen-Vorwuerfe-an-Regierung-nach-Suizidversuch-eines-Staatsanwalts, abgerufen 30. Januar 2015.
23 Gespräch mit dem Autor, Posen, 9. Juli 2014.
24 Österreichische Presseagentur *APA*, Wien, 18. April 2012.
25 *Gazeta Wyborcza*, 25. November 2013, www.wyborcza.pl/1,76842, 15013864,Komisja_etyki_pietnuje_naukowcow_ulegajacych_ wplywom.html, abgerufen 23. Januar 2015.
26 www.wiadomosci.gazeta.pl/wiadomosci/1,114871,15030427,- Prof__Zoll__Macierewicz_skutecznie_zablokowal_srodowisko. html, abgerufen 20. Dezember 2014.
27 Zitiert nach *wSieci*, Warschau, 29. Dezember 2014, S. 127.
28 Chris Cieszewski, Thomas R Jordan, Marguerite Madden, Roger C Lowe, Arun Kumar, Pete Bettinger, »Spatiotemporal analysis of broken tree signatures on high-resolution satellite imagery«, *II Konferencja Smoleńska*, Warschau, 21.–22. Oktober 2013, www. konferencjasmolenska.pl, abgerufen 24. Januar 2015.
29 *Niezalezn*, 3. September 2014, www.niezalezna.pl/58975-blisko-milion-zlotych-od-tuska-dla-laska, abgerufen 20. Dezember 2014.
30 www.faktysmolensk.gov.pl, abgerufen 30. Januar 2015.
31 www.faktysmolensk.gov.pl/aktualnosci/nowe-odcinki-wideoblo-gu-michal-setlak-o-katastrofie-w-huntington, abgerufen 20. Dezember 2014.
32 www.m.wyborcza.pl/wyborcza/1,105226,13866280,Macierewicz__Prof__Binienda_chcial_rozmawiac_z_prokuratura_.html, abgerufen 24. Januar 2015.

33 www.dziennikzwiazkowy.com/na-biezaco/zespol-laska-dowod-na-rzekomy-zamach-w-smolensku-zostal-sfalszowany/, abgerufen 27. Dezember 2014.

34 www.naszeblogi.pl/48735-ku-pamieci-do-pamietniczka-doktora-l, abgerufen 24. Januar 2015.

35 www.smolenskzespol.sejm.gov.pl/zespolsmolensk.nsf/komunikat.xsp?id=9744CACCD36E9277C1257D33003700C3, abgerufen 24. Januar 2015.

36 www.npw.gov.pl/491-Prezentacjanewsa-37479-p_12.htm, abgerufen 24. Januar 2015.

37 www.m.wyborcza.pl/wyborcza/1,105226,13866280,Macierewicz__Prof__Binienda_chcial_rozmawiac_z_prokuratura_.html, abgerufen 25. Januar 2015.

38 www.utsc.utoronto.ca/~pawel, abgerufen 26. Januar 2015.

39 www.aljazeera.com/indepth/features/2013/04/2013410113 411207111.html, abgerufen 25. Januar 2015.

40 Agnieszka Kublik:»Sklejałem modele‹, ›Widziałem wybuch w szopie‹. Kompromitacja ekspertów Macierewicza«, *Gazeta Wyborcza*, 17. September 2013, www.wyborcza.pl/1,76842,14617664,_Sklejalem_modele___Widzialem_wybuch_w_szopie___Kompromitacja.html, abgerufen 26. Januar 2015.

41 www.gazetaprawna.pl/artykuly/732590,kompromitacja-ekspertow-macierewicza-o-zamachu-swiadcza-eksperymenty-myslowe-i-eksplozje-w-szopie.html, abgerufen 25. Januar 2015.

42 www.wskrz.com/en, abgerufen 25. Januar 2015.

43 www.wpolityce.pl/polityka/167431-tylko-u-nas-oswiadczenie-uniwersytetu-akron-prof-binienda-jest-szanowanym-profesorem-z-wieloletnim-dorobkiem-naukowym-ma-prestizowa-pozycje-jest-naczelnym-lotniczego-pisma-naukowego, abgerufen 25. Januar 2015.

44 www.tvp.info/11155590/informacje/polska/zespol-laska-wyklucza-teorie-alternatywne/11154949/konferencja-zespolu-macieja-laska, abgerufen 29. Januar 2015.

45 www.fakt.pl/konferencja-w-sprawie-smolenska,artykuly,422 496,1.html, abgerufen 19. Dezember 2014.

46 www.wiadomosci.wp.pl/kat,119674,title,Prof-Michal-Kleiber-ma-problemy-z-odroznieniem-sensu-od-nonsensu,wid,16012591,wiadomosc.html?ticaid=1140cf&_ticrsn=3,abgerufen 29.Januar 2015.

47 *Gazeta Wyborcza*, 23. September 2013, www.wyborcza.pl/1,76842, 14651331,Prof__Szawarski_o_ekspertach_Macierewicza__To_fanatycy.html, abgerufen 28. November 2014.

48 www.skos.agh.edu.pl/osoba/jacek-Rońda-5720.html, abgerufen 29. Januar 2015.

49 Pawel Majewski: Lasek: »Polemiki nie bedzie. Kleiber sie wycofal. Koniec nadziei na debate«, *Rzeczpospolita*, 19. Oktober 2013, www.rp.pl/artykul/1058091.html, abgerufen 20. Dezember 2014.

50 *Polityka*, Warschau, 29. Oktober 2013, S. 22–24.

51 Gespräch mit dem Autor, Warschau, 8. August 2014.

52 www.newsweek.pl/jacek-Rońda-profesor-od-blefu,artykuly, 273316,1.html, abgerufen 20. Dezember 2014.'

53 www.wiadomosci.wp.pl/kat,1342,title,Prezes-PAN-Michal-Kleiber-wycofuje-sie-z-pomyslu-organizacji-konferencji-naukowej,wid, 16088268,wiadomosc.html, abgerufen 22. Dezember 2014.

54 www.wyborcza.pl/1,76842,14805958,Prof__Kleiber_odwoluje_konferencje_smolenska__Zachowanie.html, abgerufen 22. Dezember 2014.

55 www.faktysmolensk.gov.pl/pytania-i-odpowiedzi, abgerufen 25. Januar 2015.

56 Committee for Investigation of National Aviation Accidents: *Final Report from the examination of the aviation accident no 192/2010/11*, S. 60–61.

57 www.wiadomosci.gazeta.pl/wiadomosci/1,114873,10011320,-Beda_zarzuty_w_sledztwie_prowadzonym_przez_NPW.html, abgerufen 25. Januar 2015.

58 *APA*, Wien, 18. März 2011.

59 Alice Bota: »Alle sind verdächtig«, *Zeit*, 19. Dezember 2012, S. 8.

60 Ulrich Krökel: »Falsche Leichen und der TNT-Test mit Würsten«, *Spiegel online*, 13. Dezember 2012.

61 Maria Szonert-Binienda: »Smolensk Maze, Crash of the polish Air Force One«, *2014 Status Report*, Libra Institut, Cleveland, 2014, S. 26.

62 www.faktysmolensk.gov.pl/pytania-i-odpowiedzi, abgerufen 25. Januar 2015.

63 www.youtube.com/watch?v=aqr6Dp8mNtA, abgerufen 25. Januar 2015.

64 www.radiozet.pl/Programy/Gosc-Radia-ZET/Blog/Gosc-Radia-ZET-Andrzej-Seremet, abgerufen 25. Januar 2015.

Verschwörungstheorie oder Verbrechen: Gab es Explosionen an Bord der Präsidentenmaschine?

1 www.wyborcza.pl/1,76842,13353837,Jak_eksperci_Maciere-wicza_policzyli_wybuchy.html, abgerufen 25. Januar 2015.

2 www.radiozet.pl/Programy/Gosc-Radia-ZET/Blog/Gosc-Radia-ZET-Andrzej-Seremet, abgerufen 23. Januar 2015.

3 Ebenda.

4 www.smallgis.pl, abgerufen 25. Januar 2015.

5 Committee for Investigation of National Aviation Accidents: *Final Report from the examination of the aviation accident no 192/2010/11*, S. 70.

6 Ebenda, S. 71.

7 www.npw.gov.pl/491-Opinieiekspertyzy.html, abgerufen 25. Januar 2015.

8 Cezary Gmyz:»Trotyl na wraku Tupolewa«, *Rzeczpospolita*, 30. Oktober 2012, http://www.rp.pl/artykul/947282.html, abgerufen 24. Januar 2015.

9 Ebenda.

10 Ebenda.

11 www.zeit.de/2012/52/Smolensk-Polen-Flugzeugabsturz, abgerufen 25. Januar 2015.

12 Gemeint sind die Folgen eines solchen Berichts.

13 www.zeit.de/2012/52/Smolensk-Polen-Flugzeugabsturz.

14 Interview, *Newsweek*, Warschau, 17. Juli 2011, S. 27.

15 www.tvn24.pl/wydarzenia-2012,71,m/trotyl-na-wraku-tupole-wa,294980.html, abgerufen 24. Januar 2015.

16 MO-2M: tragbarer und hochempfindlicher Sprengstoffdetektor.

17 www.tvn24.pl/wiadomosci-z-kraju,3/co-prokuratorzy-mowili-o-trotylu-w-pazdzierniku-a-co-w-grudniu,292890.html, abgerufen 23. Januar 2015.

18 Agnieszka Kublik u. a.:»Prokurata: nie bylo trotylu na tupoloewa«, *Gazeta Wyborcza*, 27. Juni 2013.

19 www.mistralsecurityinc.com, abgerufen 24. Januar 2015.

20 Interview, Radiosender RMF FM, 8. April 2014, 8.02 Uhr.

21 www.vurup.sk/sites/vurup.sk/archivedsite/www.vurup.sk/pc/vol49_2007/issue2/pdf/pc_2_2007_matisova.pdf, abgerufen 20. Januar 2015.

22 Gespräch des Autors mit Antoni Macierewicz, 1. Januar 2015.

23 www.ing.dk/artikel/dansk-ingenioer-afviser-forklaring-paa-polsk-flyulykke-166464, abgerufen 23. Januar 2015.

24 www.klubygp.pl/wp-content/uploads/2014/01/Aarhus_Press-Release_05-01-2014.pdf, abgerufen 25. Januar 2015.

25 Ebenda.

26 www.mcfns.com/index.php/Journal/article/view/154, abgerufen 24. Januar 2015.

27 Chris J. Cieszeweski, Roger C. Lowe, Pete Bettinger, Arun Kumar: *Micro-Detail Comparative Forest Site Analysis using High-Resolution satellite Imagery*, University of Georgia, Athens, 30. März 2013, S. 31.

28 Committee for Investigation of National Aviation Accidents Tu-154 M 10: *Final Report from the examination of the aviation acccident no. 192/2010/11*, S. 35.

29 www.faktysmolensk.gov.pl/pytania-i-odpowiedzi, abgerufen 25. Januar 2015.

30 Maria Szondert Binienda:»Smolensk Maze, Crash of the polish Air Force One Smolensk, Russia, April 2010«, *2014 Status Report*, Cleveland, 2014, S. 36.

31 www.wiadomosci.gazeta.pl/wiadomosci/1,114873,13395368,-NPW__Brzoza_zlamana_na_666_cm__A_w_raporcie_Millera. html, abgerufen 25. Dezember 2014.

32 Ebenda.

33 www.niezalezna.pl/25927-smolensk-byly-dwie-eksplozje, abgerufen 24. Januar 2015.

34 www.natemat.pl/79213,prof-kazimierz-nowaczyk-zwolniony-z-uniwersytetu-w-maryland-przez-redukcje-etatow-czy-oszukanie-szefa-w-sprawie-katastrofy, abgerufen 24. Januar 2015.

35 www.simulate-events.com/principals-resume.html, abgerufen 26. Januar 2015.

36 Gregory Szuladziński:»Some technical and structural Aspects of the Smolensk Plane Crash«, *Technical Note* 62, Mai 2012, S. 3, www.simulate-events.com/technical-publications.html, abgerufen 26. Januar 2015.

37 Ebenda, S. 18.

38 Ebenda, S. 26.

39 www.explosionexpert.com/pages/1/index.htm, abgerufen 26. Januar 2015.

40 www.explosionexpert.com/pages/4/index.htm, abgerufen 25. Januar 2015.

41 www.niezalezna.pl/54842-zdjecia-moga-przesadzic-o-wybuchu-ekspert-potwierdza-ustalenia-dr-szuladzinskiego, abgerufen 25. Januar 2015.

42 Grzegorz Szuladziński, Marek Dąbrowski:»Historia Znisczenia Lewego Skrzydla Oraz Kaduluba«, *Tu154*, *Raport 490*, S. 2, Analytical Service, Northbridge, Dezember 2014.

43 www.niezalezna.pl/46627-apolityczny-rektor-szmidt-ktoremu-przeszkadzal-prof-obrebski-teraz-nagrodzil-macieja-laska, abgerufen 25. Januar 2015.

44 Anita Gargas: *Anatomy of a Fall*, Dezember 2012, www.youtube.com/watch?v=Zlbl4q1Uo2k, abgerufen 25. Januar 2015.

Aufklärung oder Vertuschung: Nachbemerkung zur Smoking Gun

1 www.youtube.com/watch?v=nbwa_gOnRgw, abgerufen 25. Januar 2015.

2 Julian Hans:»Russische Soldaten? Welche russischen Soldaten?«, *Süddeutsche Zeitung*, 6. März 2014, S. 6.

3 Gespräch mit dem Autor.

4 Interstate Aviation Commitee, Air Accident Investigation Commission: *Final Report, Tu-154M Tail number 101*, www.webcitation.org/5zf3RPdHw, abgerufen 25. Januar 2015.

5 www.thenews.pl/1/10/Artykul/11621,Poland-Russia-must-take-Smolensk-crash-responsibility-too, abgerufen 3. Januar 2015.

6 www.spiegel.de/panorama/abschlussbericht-zum-flugzeugabsturz-beschwipster-luftwaffenchef-verschuldete-kaczynski-crash-a-739070.html, abgerufen 24.Januar 2015.

7 Jens Matten:»Das Unglück von Smolensk spaltet Polen bis heute«, *Kurier*, Wien, 9. April 2011, S. 6.

8 www.wyborcza.pl/1,76842,8159633,Brak_protokolow_sekcji___czarna_dziura_w_sledztwie.html, abgerufen 5. Januar 2015.

9 Alice Bota:»Warum glauben so viele Polen, ihr Präsident sei umgebracht worden?«, *Die Zeit*, 8. November 2012, S. 10.

10 Monika Scislowska, Vanessa Gera:»Poland exhumes some 2010 Plane crash victims«, *AP*, 23. März 2012, www.news.yahoo.com/

poland-exhumes-2010-plane-crash-victims-075014615.html, abgerufen 5. Januar 2015.

11 Interstate Aviation Committee, Air Accident Investigation Commission: *Final Report, Tu-154M tail number 101*, S. 169.

12 www.tagesschau.de/multimedia/sendung/ts24116.html, abgerufen 25.Januar 2015.

13 Polskie Radio dla Zagranicy, 13. Januar 2012, www.thenews.pl/1/9/Artykul/82065, abgerufen 5. Dezember 2014.

14 Die EKR ist eine konservative und EU-kritische Fraktion im EU-Parlament. In Deutschland gehört ihr die rechtskonservative Alternative für Deutschland, in Polen die Partei Recht und Gerechtigkeit an. Sie stellte die drittgrößte Fraktion im Europäischen Parlament.

15 Gespräch mit Małgorzata Wassermann, Krakau, 8. September 2014.

16 E-Mail von Antoni Macierewicz an den Autor, 9. Januar 2015.

17 Sebastian Borger: »Fall Litwinenko: Russen mobben Großbritannien«, *Spiegel online*, 18. Juli 2007, www.spiegel.de/politik/ausland/fall-litwinenko-russen-mobben-grossbritannien-a-495225.html, abgerufen 19. Januar 2015.

18 Interstate Aviation Committee, Air Accident Investigation Commission: *Final Report, Tu-154m tails number 101*, S. 130.

19 Marcus Bensmann, Uwe Busse, David Crawford, Hauke Goos, Christian Neef, Cordt Schnibben, Jonathan Stock: »Wahrheit in Trümmern«, *Spiegel*, 10. Januar 2015, S. 68.

20 Gespräch mit Małgorzata Wassermann, Krakau, 8. September 2014.

Ein leider notwendiger Epilog

1 www.friedenspreis-des-deutschen-buchhandels.de/sixcms/media.php/1290/1969_mitscherlich.pdf, abgerufen 29. Januar 2015.

2 *Spiegel online*, 25. Januar 2015.

3 Ebenda.

4 Markus Becker: »Das nukleare Gespenst kehrt zurück«, *Spiegel online*, 8. Februar 2015.

5 Zitiert nach *Süddeutsche Zeitung*, 17. Oktober 2014.

6 Ljudmila Ulitzkaya: »Mein Land krankt«, *Spiegel* 34/2014, S. 122.

7 Spiegel-Interview Michail Gorbatschow, *Spiegel*, 10. Januar 2015, S. 97.

8 Julian Hans: »Dann müsste man den Dritten Weltkrieg beginnen«, Interview mit Jewgenij Buschinskij, *Süddeutsche Zeitung*, 31. Januar 2015, S. 13.

9 Luke Harding: »Alexander Litvinenko inquiry: six things we've learned so far«, www.theguardian.com, 30. Januar 2015; abgerufen 31. Januar 2015.